Manfred Mai (Hrsg.)
Lesebuch zur deutschen Geschichte

Manfred Mai (Hrsg.)

Lesebuch
zur deutschen Geschichte

Manfred Mai, geboren 1949, gehört zu den bekanntesten deutschen Kinderbuchautoren. Er hat Geschichte und Deutsch studiert und unterrichtet, bevor er vor mehr als zwanzig Jahren zu schreiben begann. Heute lebt er als freier Schriftsteller auf der Schwäbischen Alb.
Bei Beltz & Gelberg erschienen bereits seine hoch gelobte *Deutsche Geschichte* sowie die *Geschichte der deutschen Literatur*.

www.beltz.de
© 2001 Beltz Verlag, Weinheim und Basel
Programm Beltz & Gelberg, Weinheim
Alle Rechte für diese Ausgabe vorbehalten
Weitere Rechtsauskunft im Anhang
Einbandgestaltung von Max Bartholl
Einbandillustrationen von Julian Jusim
Gesetzt nach der neuen Rechtschreibung
Gesamtherstellung Druckhaus Beltz, 69494 Hemsbach
Printed in Germany
ISBN 3 407 75314 6
1 2 3 4 5   05 04 03 02 01

Inhalt

Vorwort 9

Werner Völker
Die Entscheidungsschlacht 11

Eckhard Jander
Von Göttern und Gott 20

Traugott Haberschlacht
Die listige Hildegard oder Der Vater Europas 29

Paul Kustermans
Direkt ins Paradies 35

Gabriele Beyerlein
Wie ein Falke im Wind 40

Sven Wernström
Der schwarze Tod 51

Wiebke von Thadden
Lesen tut man nur im Winter 59

Manfred Mai
Wie ein Mann 70

Frieder Stöckle
Peinliche Befragung 75

Dietlof Reiche
Siegel und Zeichen 83

Tilman Röhrig
Erzähl mir vom Frieden 90

Karla Schneider
Endlich kann Filo weinen   106

Klaus Kordon
Die oder wir!   115

Othmar Franz Lang
Hungerweg   127

Josef Holub
Sohn eines Räubers   135

Heinrich Mann
Der Untertan (Ein Auszug)   143

Klaus Kordon
November 1918   153

Ursula Wölfel
»Bös!«   166

Josef Holub
Jungmann Böhm   182

Hans Peter Richter
Herr Schneider   194

Mirjam Pressler
Malka Mai, 7 Jahre   204

Willi Fährmann
Das Jahr der Wölfe   211

Peter Härtling
Nenn mich Krücke   222

Paul Maar
Kartoffelkäferzeiten   230

Irmela Brender
Schön und klug und dann auch noch reich   242

Lea Fleischmann
Dies ist nicht mein Land   248

Isolde Heyne
Lauter Lügen   259

Waltraud Lewin
Achterbahn   275

Quellennachweis   285

Vorwort

Geschichte ist spannend und man kann auch spannend von ihr erzählen – es kommt nur auf das Wie an. Doch durch zu viele historische Details, die für Fachleute interessant sein mögen, verlieren viele schon früh die Lust an Geschichte. Das muss nicht sein. Zumindest für den Einstieg kommt es darauf an, sich auf wichtige Ereignisse und große Zusammenhänge zu konzentrieren, ohne dabei die einfachen Menschen aus den Augen zu verlieren. So habe ich die »Deutsche Geschichte« erzählt, von den Germanen bis zur Wiedervereinigung.

Bei vielen Lesungen äußerten Lehrerinnen und Lehrer den Wunsch, ich möge doch zu allen Kapiteln dieses Buches eine Erzählung schreiben, um dadurch die Geschichte noch anschaulicher zu machen. Den Vorschlag fand ich reizvoll, doch er war aus verschiedenen Gründen nicht zu realisieren. Aber er brachte mich auf eine Idee! In der deutschen Jugendliteratur der vergangenen dreißig Jahre liegt eine deutsche Geschichte von den Anfängen bis zur Gegenwart verborgen. Autorinnen und Autoren wie Wiebke von Thadden, Willi Fährmann, Karla Schneider, Dietlof Reiche, Ursula Wölfel, Klaus Kordon, Paul Maar oder Peter Härtling haben in ihren Romanen von beinahe allen Epochen der deutschen Geschichte erzählt. Sie wollten zeigen, dass Geschichte nichts Museales ist, sondern aus ihr unsere Gegenwart erst wirklich verständlich wird. Aus solchen Romanen habe ich Auszüge so ausgewählt und in den jeweiligen Zeitzusammenhang gestellt, dass Geschichte noch lebendiger wird.

Da die Menschen, von denen erzählt wird, zu unterschiedlichen Zeiten in völlig verschiedenen Umständen lebten, habe ich den Geschichten jeweils einen kurzen historischen Abriss vorangestellt. Er soll stichwortartig über die politischen Verhältnisse in der entsprechenden Epoche informieren.

Damit liegt nun ein Lesebuch vor, das sich zum Einsatz im Unterricht ebenso eignet wie zur freien Lektüre. Und wenn es Appetit auf mehr Lesen und Geschichte macht, dann hat es seinen Zweck erfüllt.

Manfred Mai, im März 2001

Etwa 50 Jahre vor Christi Geburt wurden alle germanischen Stämme westlich des Rheins und ganz Gallien (das spätere Frankreich) von römischen Truppen unterworfen und dem Römischen Reich einverleibt. Im Jahre 9 n. Chr. wehrten sich die Germanen unter ihrem Heerführer Arminius (später Hermann der Cherusker genannt) gegen die römischen Besatzer. Im Teutoburger Wald kam es zur Entscheidungsschlacht.

Werner Völker
Die Entscheidungsschlacht

Es regnet jetzt ununterbrochen und der Boden wird immer rutschiger, Sturm kommt auf. Einige Pferde haben tatsächlich das Gemetzel überlebt. Sie werden eingefangen und Arminius drängt ungeduldig zum Aufbruch. Viel hängt jetzt davon ab, ob die Legionen nicht inzwischen gewarnt worden sind. Nach kurzem Ritt erreichen sie die vereinbarte Stelle.

Wieder ist es eine enge Schlucht, wieder nimmt Arminius mit seinen Leuten die Stirnseite ein. Er wird die Legionen des Varus möglichst weit an sich herankommen lassen, während die anderen Verbände unter Inguiomer, Segestes, Adgandester und den anderen Herzögen sich zu beiden Seiten der Talschlucht in den Wäldern postiert haben.

Arminius sitzt unbeweglich auf seinem Pferd, er scheint Sturm und Regen nicht zu spüren. Er schaut hinunter in den langen Gebirgseinschnitt, durch den der schwerfällige Zug des Varus kommen muss. Nur zu gut kennt er Legionen, die mit Sack und Pack in die Winterlager ziehen. Im Schneckentempo bewegen sich diese vorwärts! Wolfhart und Segimund verteilen die Krieger; auch hier haben die Germanen Bäume angesägt, die sie auf Kommando umstürzen können. Einige gewandte Krieger klettern in die benachbarten Bäume, wo sie hocken bleiben, um auf ein Zeichen mit langen Stricken die Bäume umzureißen.

Der Regen rinnt in Strömen, die Sicht wird immer schlechter.

Plötzlich kommt Ansgar aus dem Nebel auf Arminius zugeritten und meldet den Zug des Varus. Arminius verharrt in seiner Unbeweglichkeit, er wirft dem Kampfgefährten nur einen schwer zu deutenden Blick zu. Kurz darauf hören die ungeduldigen Germanen die ersten Legionäre. Als sie in Sichtweite heran sind, erkennt Arminius, dass sie ihre Marschordnung vollkommen aufgelöst haben und in ungeordneten Haufen marschieren. Zwischen einzelnen Abteilungen befindet sich der Tross, schwer beladene Saumtiere und Marketenderwagen. Von der Höhe aus erhalten die germanischen Krieger einen Eindruck von der Länge des ungeheuren Zuges.

Die Germanen sind aufgeputscht. Beute, Beute, Beute – hämmert es in ihren Köpfen. Wieder müssen sie Geduld aufbringen und das fällt ihnen unendlich schwer. Arminius hat ihnen immer wieder eingeschärft, dass davon das Gelingen des gesamten Planes abhängt. Seine durchdringenden Augen sind überall, sie registrieren die kleinste Bewegung, wehe dem, der sich nicht zurückhält!

Nur langsam und schwerfällig nähert sich der Römerzug. Vom Beobachtungspunkt der Germanen sieht man sie jetzt wieder, die kleinen Ameisen, bepackt wie Trossknechte, sie machen gar keinen kriegerischen Eindruck. Doch Arminius weiß aus seiner Erfahrung in römischen Diensten, wie sehr dieser Eindruck täuschen kann. Die Römer sind fast unschlagbar, wenn sie sich frei entfalten können, wenn sie ihre schachbrettartige Formation einnehmen können und den Gegner im ersten Ansturm mit Wurfspeersalven niederzumachen versuchen. Arminius weiß, wie hoch entwickelt die Fechtkunst des einzelnen Legionärs ist, wenn er, geschützt durch Helm, Panzer und

Schild, vorsichtig lauernd den Gegner anfällt, sich wieder zurückzieht und dann in plötzlichem Ausfall unberechenbare Hiebe und Stiche führt. Das alles ist umso gefährlicher, weil der gesamte Verband gleichzeitig operiert. Immer wieder werden bei dieser Kampftechnik Tote oder Verwundete aus den hinteren Reihen ersetzt.

Der Anblick, der sich Arminius und seinen ungeduldigen Leuten jetzt bietet, lässt ihn keinen Augenblick die Gefährlichkeit der Römer vergessen, und er denkt daran, dass dieser Kampf für sie alle mit Gefangenschaft, Tod und Sklaverei enden wird, wenn es nicht gelingt, die Römer vernichtend zu schlagen.

In diese Überlegungen hinein ertönt weit entfernt, doch gut vernehmbar ein germanisches Hornsignal. Das ist der Chattenherzog Adgandester, der das Zeichen gibt, dass sich der römische Zug vollständig in dem Talkessel befindet. Als Antwort darauf erschallen ringsum auf den Bergen weitere Hornsignale der Germanen und überall stürmen aus den dichten Wäldern germanische Krieger hervor, die ein fürchterliches Gebrüll anstimmen, sich auf die Römer stürzen und in wenigen Minuten Hunderte von den völlig ahnungslosen und wie erstarrt stehenden Legionären niedermetzeln.

Bei Jupiter, Mars und allen römischen Göttern, was war das! Die Wälder, die Wälder! Es ist für die Legionäre, als wenn die Wälder plötzlich eine raubtierhafte Lebendigkeit angenommen haben. Die Bäume sind feindliche Riesen, die sich nun auf sie stürzen. O grausames Schicksal! Manche ergreifen ihre Amulette, andere denken an ihre bald beendete Dienstzeit. Mit Speer und Schild bewaffnet, dringen immer mehr Germanen auf die Römer ein. Einige schwingen riesige Keulen und jagen allein schon durch ihren wilden Anblick den römischen Soldaten Angst und Schrecken ein. Bald erfüllt heftiges Kampfgetümmel das Tal.

Lähmendes Entsetzen hat die Römer gepackt. Noch immer sind sie kaum zur Gegenwehr fähig. Gerüchte stehen ihnen plastisch, schrecklich, verwundend und tötend vor Augen. Alles, was sie von den Germanen gehört haben, fällt ihnen wieder ein und macht ihnen Angst.

Nach und nach lassen sie ihr Gepäck fallen und verteidigen sich, so gut es geht. Schon formieren sich die erprobtesten Veteranen und ziehen andere durch ihr Beispiel mit. Offiziere sind nicht zu sehen. Verzweifelt versuchen die Soldaten, bergauf gegen die herabstürmenden Titanen ihre kurzen Wurfspeere zu schleudern.

Bald nachdem sich die Römer von ihrem Schrecken erholt haben, merken sie, dass auch die Germanen nicht unverwundbar sind, keine Halbgötter, doch keine Riesen. Sie suchen sich nur die wunden Punkte des römischen Bandwurms aus. Frauen und Kinder, Trossknechte und Händler, die unbewaffnet sind, sind schon beim ersten Ansturm abgeschlachtet, umgehauen und aufgespießt worden.

Endlich! Vertraute Signale für die Ohren der Legionäre! Varus bemüht sich, den unbeweglichen Zug zu formieren. Meldereiter suchen sich mühsam ihren Weg durch das Chaos. Das Wetter hat sich zunehmend verdunkelt und der Sturm treibt den Kämpfenden den stetig rinnenden Regen ins Gesicht. Reiterlose Tiere und bepackte Lasttiere irren umher, überall liegen Gepäckstücke der Legionäre. Arminius drängt mit seiner Abteilung die Römer immer mehr zusammen, seine Leute richten ein grauenvolles Blutbad an. Die Germanen putschen sich durch ihr Kampfgeschrei gegenseitig weiter auf, noch sind es nicht genug Tote, Verwundete, Sterbende. Ihr Blutrausch scheint maßlos zu sein.

Die Feldzeichenträger der Römer können die Befehle in dem Durcheinander gar nicht so schnell anzeigen, wie sie mit der Tuba oder dem Cornu geblasen werden. Zudem widerspricht ein Befehl dem anderen. Immer wieder greifen die Horden der Germanen den Römerzug an den schwachen Stellen an und ziehen sich sofort zurück, wo sich eine Schlachtreihe zu bilden beginnt. Das ganze Tal ist auf einer Länge von mehreren Kilometern von Kampfgeschrei, Waffenlärm und Todesgestöhn von Mensch und Tier erfüllt. Auch die Germanen haben Verluste, besonders wenn sie die todbringenden Framen weggeschleudert haben und von drei, vier Legionären gleichzeitig angegriffen werden.

Um den Feldherrn Varus beginnen sich trotz der Bedrängtheit und Feuchtigkeit des Geländes reguläre Schlachtreihen zu bilden, er selbst kämpft verbissen und feuert seine Leute an. Allmählich haben die Römer begriffen, wer sie angreift, einige haben sogar Arminius erkannt. Die Nachricht verbreitet sich wie ein Lauffeuer durch den gesamten Zug.

Arminius, wie ist das möglich. Einer von ihnen, römischer Hilfstruppen-Offizier! Ist er nicht gestern noch bei Varus gewesen? Arminius ein Verräter, wer hätte das gedacht! Die Legionäre fluchen vor sich hin, Schmährufe auf den Verräter Arminius kommen, kaum hörbar, als letzter Fluch von den Lippen der Sterbenden. Der so geschmähte und verfluchte Arminius ist auf seinem Schimmelhengst Sleipnir bald hier, bald dort und haut mit seinem Schwert wie wild um sich. Bei diesem Überfall scheint er nicht mehr er selbst zu sein. Das Gesicht ist verzerrt, die Augen sind blutunterlaufen.

Legionäre, die die wurzeldurchzogenen Hänge erstürmen wollen, kommen ins Rutschen, und gleich sind mehrere Germanen zur Stelle, die sie kaltblütig aufspießen. Der Sturm heult und Donar lässt ein entferntes Grollen vernehmen und schleudert von Zeit zu Zeit seine Blitze. Es gießt ununterbrochen. Die germanischen Krieger nehmen alles als Anfeuerung für ihren Kampf, Donar und Wodan unterstützen sie im Streit mit den Eindringlingen, die Götter drohen den Feinden.

Ganz anders die Römer. Ihnen jagt das Gewitter Angst und Schrecken ein, die dunklen Wälder, die riesenhaften Germanen, die Schauermärchen, die alte Veteranen in den Garnisonen erzählt haben, um sich wichtig zu machen, alles das verunsichert sie zutiefst.

Doch Wut und Verbitterung über den Verrat des Arminius verstärken auch bei einigen die Kampfmoral und sie wehren sich immer heftiger und erfolgreicher. Allmählich gelingt es den Offizieren, die römische Übermacht zur Geltung zu bringen, und immer mehr Germanen fallen im Nahkampf, oft mit den römischen Soldaten zusammen. Stunde um Stunde vergeht. Hauen, Stechen, Töten, Niedermachen, Umbringen, Totschlagen. Das Gemetzel nimmt kein Ende.

Mittlerweile ist es dunkler geworden und bald sind im Getümmel Freund und Feind nicht mehr zu unterscheiden. Arminius gibt jedoch nicht das Zeichen zur Beendigung der Schlacht, es ist, als wolle er die totale Vernichtung der Römer noch vor der endgültigen Dunkelheit erzwingen. Immer wieder reißt er seine Leute mit sich, er achtet nicht darauf, dass er aus einer Armwunde heftig blutet.

Doch die Schlacht beendet sich von selbst, als es fast völlig dunkel ist und nur ein schmaler Mond spärliches Licht auf eine grausige Szenerie wirft. Um Verwundete und Tote kümmert sich niemand. Die Germanen plündern das Schlachtfeld und raffen zusammen, was sie an Waffen, Geräten, Helmen und Panzern finden können. Dann verschwinden sie johlend und schreiend in den Wäldern. Sie lassen das heulende Elend bei den Römern zurück.

Legionäre helfen ihren verwundeten Kameraden, suchen zu retten, was noch zu retten ist. Sie fluchen, jammern und weinen. Die Anspannung der stundenlangen Kämpfe fällt von ihnen ab. Sie sind nicht ansprechbar, ignorieren ihre Offiziere und geben sich hemmungslos ihrer Verzweiflung hin. Umherliegende Leichen, Gliedmaßen, Pferdekadaver und zerbrochene Waffen sprechen eine deutliche Sprache. Alle sind durchnässt, erschöpft und mutlos, sie haben nicht einmal mehr die Kraft, ihre Einheiten zu suchen.

Arminius ließ zum Angriff blasen. Er wollte auf jeden Fall verhindern, dass die Römer sich formierten. Von allen Seiten fielen die Germanen über die Römer her. Wieder Geschrei und Waffengeklirr und aufgeregtes Wiehern der Pferde. Doch unglaublich, die Überreste der 17., 18. und 19. Legion brachten trotz alledem eine geschlossene Ordnung zustande, die Maschine setzte sich in Gang, Exerzieren, Drill, Formalausbildung machten sich auch jetzt noch bemerkbar.

Die Germanen jedoch wüteten in ihrem Siegestaumel und es zeigte sich immer deutlicher ihre inzwischen kräfte- und zahlenmäßige Überlegenheit.

Zwei Legionsadler, die über alles gehüteten Zeichen der Legion, hatten sie bereits erbeutet, Waffen und Gepäckstücke rissen die Germanen gierig an sich. Ein Adlerträger wollte den letzten Legionsadler um jeden Preis retten – er floh in wildem Lauf, von einer ganzen Horde Germanen verfolgt. Er blickte sich verzweifelt nach seinen Verfolgern um und rannte geradewegs auf ein sumpfiges Gebiet zu. Die Germanen waren ihm dicht auf den Fersen, blieben jedoch zurück, als sie merkten, dass der Boden nicht mehr trug. Der Legionär stapfte weiter und war schnell bis zu den Hüften versunken. Die Germanen weideten sich an seiner Qual und ließen ihn nicht aus den Augen, bis er gurgelnd, strampelnd und schreiend mit dem begehrten Adler im Moor versank.

Der dritte Schlachttag breitete sich zu einem allgemeinen Gemetzel aus, und auch die von den Römern, die noch nicht verwundet waren, ließen sich widerstandslos niedermachen.

Als es keinen Zweifel mehr an dem überwältigenden Sieg

der Germanen geben konnte, gab Arminius den Befehl zum Sammeln. Er verhöhnte die römischen Feldzeichen und die erbeuteten Legionsadler. Die Ausgelassenheit der verbündeten Germanen kannte keine Grenzen. Hoch aufgerichtet stand Arminius auf einem Hügel am Rande des Schlachtfeldes. Die Feldzeichen und erbeuteten römischen Legionsadler wurden von seinen Männern gehalten. Blut tropfte von seiner Armwunde, doch er schien es nicht zu merken. Voller Stolz schaute er auf die Germanen, die Hochrufe auf ihren Herzog ausstießen. Die Schlacht war beendet. Wer von den Römern nicht tot, verwundet oder gefangen war, hatte sein Heil in der Flucht gesucht.

Der Himmel war immer noch grau und verhangen, nur für Augenblicke hörte es auf zu regnen. Die Sonne hatte sich tagelang nicht blicken lassen.

Inguiomer und Adgandester rückten mit ihren Truppen heran, ebenso die Stämme der Marser unter dem Kommando ihres Fürsten Mallovendus sowie die Stämme der Brukterer, Abteilungen der Chatuarier, der Usipier, der Chasuarier und der Tubanten. Auch Segestes kam mit seinen cheruskischen Kriegern. Neidvoll beobachteten Inguiomer und Segestes die Huldigungen für Arminius. Kaum ein Hochruf auf Inguiomer oder Segestes wurde laut.

Arminius reckte sich mit stolzgeschweller Brust hoch auf und rief mit überschäumender Kraft: »Nieder mit den Römern!«

Ein ungeheures Siegesgeschrei der Germanen stimmte in den Ruf ein.

»Nieder mit dem römischen Joch!«

»Es lebe Arminius!«, riefen die Umstehenden und die Menge fiel ein.

Arminius wartete den Beifall und die Hochrufe ab, dann rief er: »Seht hier die einst so stolzen römischen Adler, wie sie ihre Fittiche hängen lassen, ihnen ist das germanische Wetter nicht bekommen!«

Höhnisches Lachen und Beifall waren die Antwort.

»Wo sind die tapferen Offiziere, wo ist der glänzende Feldherr Varus, ist das alles, was Rom uns zu bieten hat? Der alte Kaiser soll selbst aus Rom kommen mit seinen Legionen, wir werden nicht weichen! Dieses ist unser Land und hier dulden wir keine römischen Eindringlinge!«

Um 500 beherrschten germanische Stämme weite Teile Europas. Aber sie waren untereinander keineswegs einig. Manche Stammesfürsten kämpften mit allen Mitteln um mehr Macht. Dabei tat sich besonders der gerissene und skrupellose Franke Chlodwig hervor. Er wurde schließlich König des großen Frankenreichs, aus dem später Frankreich und Deutschland hervorgingen.

Eckhard Jander
Von Göttern und Gott

Nun trockne endlich deine Tränen!« Chlodwig kann seine Frau Chrodichilde nicht weinen sehen. Dabei geht auch ihm der Tod seines Erstgeborenen nahe.

Chrodichilde scheint sich aber nicht beruhigen zu können: »Gerade einen Tag alt und schon haben wir ihn wieder verloren!« Unverwandt blickt sie auf das tote Kind. Das prächtige, weiße Taufkleid will gar nicht zu dem leblosen Körper passen. »Mit welchem Grund hat unser Gott ihn wieder zu sich genommen?« Zärtlich streicht sie dem Kind über die kalte Stirn.

»Meine Götter waren es nicht, die dieses Kind zu sich genommen haben!«, braust Chlodwig auf. »Es war dein christlicher Gott, der es nicht leben ließ!«

Erschrocken schaut Chrodichilde ihren Mann an: »Wie kannst du das sagen? Du weißt, dass ich an diesen Gott, seine Kraft und Güte glaube!«

Aber Chlodwig glaubt sich im Recht: »Ich habe dir zwar erlaubt, das Kind christlich taufen zu lassen. Du weißt aber, mein tiefster Wille war es nicht. Ich misstraue nach wie vor der Kraft deines Christengottes. Die alten Götter unserer Väter und Urväter hätten sicher auf das Leben dieses Erben besser aufgepasst ...« Chlodwig wendet sich voller Trauer ab.

Aber Chrodichilde gibt nicht so schnell auf, sie kennt ihren aufbrausenden Mann: »Ich weiß, dass du dem Christengott noch misstraust. Aber ich kann auch nicht an deine alten Götter glauben. Du hast mir die christliche Taufe unseres Kindes, wenn auch widerwillig, gestattet. Dafür danke ich dir. Und mit Gottes Hilfe werden wir noch weitere Kinder haben ...«

Rechthaberisch unterbricht Chlodwig seine Frau: »Aber zugeben musst du doch, dass der Christengott sich nicht von seiner stärksten Seite gezeigt hat, wenn er unseren Sohn noch im Taufkleid sterben lässt? So stark, wie ihr Christen immer behauptet, scheint euer Gott denn doch nicht zu sein ...«

In der Trauer um das Kind verliert sich jedoch der Streit der Eheleute um den besten Gottesbeistand. Jeder fühlt sich auf der richtigen Seite des Glaubens.

Auch das zweite Kind, das nach einem Jahr geboren und wiederum christlich getauft wird, kränkelt, ist dem Tod nahe. Die Königin verbringt Tage und Nächte im Gebet an der Wiege. Besorgt schaut Chlodwig in kurzen Abständen in das Gemach seiner Frau. Chrodichilde weiß, dass vom Leben oder Tod des Neugeborenen für sie alle vieles abhängt. Erst nach Wochen ist die Gefahr gebannt. Theuderich, so heißt der Kleine, wird gesund. Ihm folgen noch drei weitere muntere Jungen. Chrodichilde fühlt sich in ihrem christlichen Glauben bestärkt. Die christliche Taufe hat offensichtlich allen vier Kindern geholfen.

Die Eheleute haben aber in all den Jahren ihren Streit über ihre unterschiedlichen Ansichten zum rechten Glauben nicht beigelegt. Entscheidend für Chrodichilde ist, dass Chlodwig nichts gegen die christliche Erziehung der Kinder einzuwenden hat. Und sie nimmt diese Aufgabe sehr ernst. Chlodwig hat ohnehin andere Sorgen ...

Unruhig sind die Zeiten schon immer gewesen. Jetzt aber kommen fast täglich Boten mit schlimmen Meldungen an den

Königshof von Soissons: »Die Alemannen bereiten sich auf neue Eroberungen vor!« Wenige Tage später schon meldet ein völlig abgehetzter Reiter: »Die Alemannen marschieren westwärts zum Rhein! Das Gebiet nördlich des Mains haben sie schon durchquert und ausgeraubt!«

Öfter als sonst berät sich jetzt Chlodwig mit seinen Getreuen. Der König zwingt sich zur Gelassenheit. Keiner seiner Gefolgsleute soll bemerken, dass auch er zutiefst beunruhigt ist. Sorgfältig wie immer sind seine langen, rotblonden Haare gekämmt, als er den Raum betritt und auf seinem Sessel Platz nimmt. Erst jetzt richten sich die Berater wieder auf und schauen auf ihren König. Ja, sein Gesicht zeigt Entschlossenheit. Die hellen Haare, die es umschließen, beweisen, dass er zur Familie der Merowinger gehört und seinen Königstitel von seinem Vater, den einige der Berater noch kannten, ererbt hat. Entschlossen verteidigte Chlodwig in all den Jahren seither die Königswürde. Er führte diesen Kampf mit allen Mitteln, manchmal auch mit dem Mord an Verwandten, die seiner Macht im Wege standen. Jeder in dieser Runde weiß das und bewundert gleichzeitig die Zielstrebigkeit dieses Königs. Aber auch etwas Furcht und Vorsicht im Umgang mit dem König ist für seine Getreuen stets geboten. Chlodwig verfügt über ein gutes Gedächtnis, besonders für Leute, die ihn hintergehen wollten. Seinen gehorsamen Gefolgsleuten gegenüber ist er jedoch stets freigiebig.

Mit kräftiger Stimme befiehlt Chlodwig: »Lasst hören, was es Neues von den Alemannen zu berichten gibt!«

In gehöriger Kürze werden von den Beratern die letzten Nachrichten vorgetragen. Aufmerksam hört der König jedem Bericht zu. Nach einer Bedenkzeit fragt er unvermittelt: »Sollte es nicht an der Zeit sein, sich den Alemannen entgegenzustellen? Können wir warten, bis sie größere Teile des Frankenreiches geplündert haben? Außerdem befürchte ich, dass Theoderich, der mächtige König der Ostgoten, sich mit den Alemannen gegen uns verbündet.«

Ragenar, der älteste Berater des Königs, antwortet als Erster in dieser Runde: »Mein König, die Zeit ist dafür sicher gekommen. Mit jedem Tag werden sonst die alemannischen Heere stärker. Die von ihnen geplünderten Gebiete unseres Reiches werden sehr bald für uns weder Pferd noch Reiter stellen können ...«

Chlodwig fällt ihm ins Wort: »Wohl wahr, aber bedenkt, dass die Alemannen kampferprobte germanische Krieger sind! Das sind keine römischen Gegner wie bisher!«

Aber die meisten Berater räumen diese Bedenken des Königs beiseite: »Gerade das kann auch ein Vorteil sein! Die Waffen der Alemannen sind nicht so vortrefflich wie die der Römer. Außerdem wollen die alemannischen Krieger nicht Schlachten schlagen, sondern auf schnellen Kriegszügen möglichst viel Beute für ihre Heerführer und natürlich auch für sich machen. Sie hinterlassen schlimme Verwüstungen. Sie sind unbarmherzig zu den Wehrlosen und Ausgeplünderten. Aber als Krieger gegen Krieger werden sie sicher weit weniger mutig sein.«

»Bedenkt auch«, meldet sich Audhart zu Wort, »dass jetzt viele ehemalige römische Krieger auf unserer Seite stehen. Sie werden wie wir tapfer gegen die Eindringlinge kämpfen. Auch sie haben Angst, dass die siegreichen Alemannen ihnen ihren Besitz und ihre einflussreichen Stellungen, die sie hier bei uns im fränkischen Reich haben, nehmen könnten.«

»Du redest wohl auch im eigenen Interesse, weil der Bruder deiner Frau einst römischer Offizier hier in Gallien war?« Der König kann sich diesen Einwurf erlauben. Fast erschrocken blickt Audhart den König an. Doch der lächelt ihm zu und ergänzt: »Keine Sorge, wir alle schätzen die treuen und wertvollen Dienste deiner Verwandten. Sie alle sind wie wir von dem

Angriff der Alemannen bedroht. Und gemeinsam werden wir dieser Gefahr entgegentreten!«

Schon will der König die Runde beenden, da räuspert sich Rigomer, einer der treuesten Berater des Königs: »Es ist sicher richtig, den Raubzügen der Alemannen mit Waffengewalt entgegenzutreten. Aber die Kraft der Waffen könnte noch erheblich verstärkt werden ...«

Nun ist auch der König etwas verwundert: »Was soll denn außer dem blanken Schwert die Alemannen noch abwehren können?«

»Mein König, ihr wisst, dass viele Bewohner unseres Landes, wie es in der römischen Vergangenheit üblich war, Christen sind. Sie würden sicher noch kräftiger euch und eure Krieger unterstützen, wenn ihr den gleichen Glauben wie sie hättet.«

Der König runzelt nur kurz die Stirn. Dann bemerkt er freimütig: »Ich weiß deinen Rat zu schätzen. Auch meine Frau drängt mich, diesen Schritt zu tun. Ein gemeinsamer Glaube könnte unser Land wirklich stärken und vor Angreifern schützen. Lasst mir aber noch etwas Zeit, darüber nachzudenken!« Danach erhebt sich der König und befiehlt: »Unverzüglich müssen die Alemannen mit Waffengewalt aufgehalten werden! Bereitet den Feldzug vor!«

Nicht zweimal lassen sich das die Berater sagen. Fast noch vor dem König verlassen sie den Raum, um alles Notwendige zu veranlassen.

Nur Tage sind seit jener Beratung vergangen. Der letzte Morgen vor dem Aufbruch ist gekommen. In Waffen und Rüstung umringen viele der Berater ihren König, um noch Anweisungen zu erhalten. Chlodwig hat bereits sein Pferd bestiegen, als er sich an seine Gefolgsleute wendet: »Euren Rat habe ich durchdacht. Wir werden die Alemannen nicht auf ihren Beutezügen verfolgen, um Teile ihrer Armee zu schlagen, sondern wir fordern sie, wie es sich für echte Krieger gehört, zum Kampf auf freiem Feld heraus! Alle Krieger mögen sich einer großen Schlacht stellen. Zwei Boten werden diese Forderung dem alemannischen Heerführer überbringen. Wenn sie noch etwas Ehrfurcht vor dieser alten germanischen Sitte haben, müssen sie einwilligen.«

»Das ist ein mutiger Vorschlag! Wir und unsere Krieger werden für dich kämpfen!« Laute Zustimmung ist die Antwort auf dieses Wort von Audhart.

»Ja«, ruft der König, »ich will diese entscheidende Schlacht und nicht einen jahrelangen Feldzug. Außerdem«, und nun senkt Chlodwig seine Stimme, »werde ich auch nicht nur mit dem blanken Eisen die Schlacht gewinnen.«

Fragend sehen sich die Berater an. Der König hebt langsam die Schwurhand und ruft mit lauter Stimme, so dass es nicht nur die Berater in seiner Nähe hören: »Jesus Christ, wie mir Chrodichilde, meine Frau, oft genug gesagt hat, bist du der Sohn des lebendigen Gottes. Sie sagt, dass du Hilfe den Bedrängten gibst und Sieg denen, die auf dich hoffen. Ich flehe dich jetzt um deinen mächtigen Beistand an: Gewährst du mir in der kommenden Schlacht den Sieg über meine Feinde, so will ich an dich glauben und mich taufen lassen auf deinen Namen!«

Jubelnd wird dieser Schwur des Königs von seinen Kriegern aufgenommen. Wer es nicht aus dem Munde des Königs direkt gehört hat, dem vermeldet es der Nebenmann. Geeint wie selten, zieht die Truppe Chlodwigs den Alemannen entgegen.

Nur langsam nähern sich Chlodwigs Krieger dem Rhein. Noch immer ist keine Nachricht eingetroffen, ob und wo sich die Alemannen zum Kampf stellen werden. Aufmerksam beobachtet man die Gegend, ob nicht bald die ausgesandten Boten zu sehen sind.

»Was sind das für fremde Krieger, gut gerüstet und mit

edlen Pferden?«, fragt erregt einer der Königsberater und zeigt auf die ankommende Truppe.

»Leider sind es nicht unsere Boten!«, bemerkt finster der König, der unerwartet soeben neben seinen Beratern erschienen ist. Auch er ist neugierig und befiehlt: »Reitet ihnen entgegen und geleitet sie zu mir.«

Kurz darauf knien die fremden Krieger vor Chlodwig. Feierlich spricht ihr Anführer: »Wir kommen auf Befehl unseres Herrn, des Bischofs von Reims, und wollen uns König Chlodwig unterstellen!« Auf den fragenden Blick des Königs antwortet der Anführer: »Unser Bischof, der seinen Sitz in der Feste Reims hat, erfuhr von eurem Vorhaben, euch christlich taufen zu lassen ...«

»Halt! So schnell habe ich das nicht vor. Wenn ihr von meinem Plan gehört habt, so wisst ihr auch, dass daran eine Vorbedingung geknüpft ist. Noch ist kein Sieg über die Alemannen errungen!«

»Eben deshalb schickt uns unser Herr zu euch und euren Kriegern«, antwortet etwas verschmitzt der Anführer der Kriegsschar. Auch Chlodwig schmunzelt: »Reiht euch in meine Truppe ein, wir können jetzt jeden tapferen Krieger brauchen!«

Es wundert den König kaum noch, als auch in den nächsten Tagen weitere Krieger auf Befehl ihrer Bischöfe sich zur Verfügung stellen.

Endlich, endlich treffen auch die ausgesandten Boten ein. Noch abgehetzt, berichten sie sofort dem König: »Der alemannische Heerführer wird auf euren Vorschlag eingehen. Nach tagelanger Beratung befahl er uns endlich, euch auszurichten, dass er sich der Schlacht mit euren Truppen stellen wird.«

Nun ist es entschieden. Die Truppen beider Seiten ziehen zum Ort der Schlacht.

Wie nicht anders zu erwarten, wird es eine blutige Schlacht.

Die Alemannen sind erprobte Haudegen. Durch ihre Schwerter und Lanzen verbluten viele Franken. Und mit ihnen sterben auch ehemalige römische Offiziere und Soldaten sowie Krieger der Bischöfe. Sie alle kämpfen tapfer für das Reich der Franken und deren König Chlodwig. Ist es nun die Hilfe des christlichen Gottes oder der Mut der fränkischen Krieger – die Schlacht geht letztlich für die Franken siegreich aus. Die Alemannen ziehen sich geschlagen zurück.

Chlodwig weiß, dass er seinen öffentlich geleisteten Schwur nun halten muss. Es scheint ihm auch nicht schwer zu fallen, denn der Gott der Christen hat ihm geholfen. Er ist stärker gewesen als die alten Götter der Germanen, an die die Alemannen noch glauben.

Chlodwig findet seinen Frieden auch in seiner Familie. Chrodichilde sieht sich am Ziel ihrer vorsichtigen, aber zielstrebigen Überzeugungsarbeit: Ihr Ehemann und die vier Söhne werden künftig an den gleichen Gott glauben!

Nicht zuletzt weiß Chlodwig zu schätzen, dass die Bischöfe ihn künftig zuverlässig unterstützen werden. Sie beherrschen die festen, ummauerten Bischofssitze in den Städten. Hier finden jetzt auch der König und seine Gefolgsleute einen sicheren Schutz gegen feindliche Kriegsbanden. Die Mauern dieser Bischofsfestungen sind doch etwas anderes als die kleinen und einfachen Heerlager, in denen sich der König bisher aufhalten musste.

So findet sich Chlodwig gegen Ende des Jahres 498 in Reims ein. Er kommt aber nicht allein. Mehr als 3000 seiner Gefolgsleute begleiten ihn. Wer wollte sich auch der Gunst des christlichen Gottes und der des Königs entziehen?

Kaum fasst die Bischofskirche alle Gäste. Remigius, der Bischof von Reims, verbindet das christliche Weihnachtsfest mit der Taufe des Frankenkönigs. In Anwesenheit der gesamten Familie steigt König Chlodwig in das flache Taufbecken und wird dann vom Bischof höchstpersönlich in die Gemeinschaft der Christen aufgenommen.

Chrodichilde verliert nicht wenige Tränen, fühlt sie sich doch in ihrem Glauben bestätigt und am Ziel ihrer Mühe. Mit Freude schaut sie immer wieder auf die hellblonden langen Locken ihrer vier Söhne. Vater und Söhne sind nun nicht nur durch ihre königliche Haarpracht verbunden, sondern auch durch den gemeinsamen christlichen Glauben.

Nach der Taufe des Königs werden alle übrigen Gefolgsleute an das große Taufbecken geführt. Die Kraft des Christengottes ist für sie alle deutlich geworden und so eifern sie ihrem König nach.

Karl der Große wird auch heute noch »Vater Europas« genannt. Sowohl die Franzosen, die ihn Charlemagne nennen, als auch die Deutschen betrachten ihn als ihren Stammvater. Tatsächlich gelang es Karl zum ersten Mal in der Geschichte, alle germanischen Stämme, die später zum deutschen Volk zusammenwuchsen, in einem Reich zu vereinen. Als er 814 starb, war auch die Christianisierung des Reiches weitgehend abgeschlossen.

Der folgende Text zeigt den großen Karl mal von einer ganz anderen Seite.

Traugott Haberschlacht
Die listige Hildegard oder Der Vater Europas

Ja also, die Sache ist die, dass sich der geneigte Leser jetzt vielleicht fragt, wie denn der Frankenkaiser Carolus Magnus in unsere baden-württembergischen Geschichte(n) geraten ist. Man könnte darauf hinweisen, dass der ganze Norden unseres Landes, von der Kurpfalz bis ins Hohenlohische, zum fränkischen Stammes- und Sprachraum gehört. Viel einleuchtender aber ist die Begründung, dass zwei seiner Frauen, Hildegard und Luitgard, waschechte Schwäbinnen gewesen sind. Und dass Frauen die Weltgeschichte oft viel mehr beeinflussen, als ihren Männern lieb ist, das weiß man ja.

Aber, aber!, wird der hoffentlich weiterhin geneigt bleibende Leser nun einwerfen, unser allerchristlichster Abendlandsbegründer Karl der Große, den die Franzosen Charlemagne nennen und für einen der Ihren halten, und mehrere Frauen! O doch! Er hatte deren viere, hintereinander natürlich, das unterschied ihn von seinem Kollegen Harun ar-Raschid in Bagdad, dazu aber noch zahlreiche Nebenfrauen, Konkubinen und sonstige Betthupferle. Sie alle schenkten ihm 14 Kinder, acht eheliche und sechs außereheliche. Soweit die Chronisten es verzeichnet haben.

Hildegard, Karls zweite Frau, stammte aus Schwaben, wie Alemannien zu seiner Zeit wieder hieß. Noch ihr Großvater Godefrid hatte sich Herzog der Alemannen geheißen, die Umbenennung war also noch jungen Datums, und man kann sich vorstellen, wie viele verbitterte Altalemannen es damals gegeben haben muss.

Karl heiratete Hildegard nach seiner Scheidung von der Langobardenprinzessin Desiderata und liebte sie sehr. Was ihn nicht abhielt, es wie in seinen weiteren Ehen auch mit mancher anderen zu treiben und dabei unter anderem Pippin den Buckligen zu zeugen, der später im Kloster Regensburg umgekommen ist, oder Drogo, der es zum Bischof von Metz gebracht hat.

Karl war, wie das bei nebenhinausgehenden Ehemännern ja häufig der Fall ist, krankhaft eifersüchtig und konnte es nicht ertragen, dass seine Hildegard einen fremden Mann auch nur anschaute. Als ihm deshalb eines Tages irgend so ein intriganter Ministerialrat den Floh ins Ohr setzte, die züchtige Hildegard habe insgeheim etwas mit seinem Halbbruder Taland, geriet er in höchste Rage.

Denn dieser Taland war nun wirklich kein Umgang für die Gemahlin von Karl dem Großen. Er war das Ergebnis eines Techtelmechtels seines Vaters Pippin III. mit der Stallmagd Leutburga und im ganzen fränkischen Reich verschrien als Windhund, Schnorrer und Schürzenjäger. Und mit diesem schwarzen Schaf der Karolinger-Sippe sollte seine brave Hilde ...? Karl schäumte, ließ die rothaarige Sächsin Gesuinda, mit der er gerade der Siesta gepflegt hatte, liegen, wie sie lag, und stürzte, urige Drohlaute ausstoßend, zur Kemenate der Königin. Wie ein weißer Wirbelwind riss er die Tür auf, und siehe da, Taland kniete, mit hochroter linker Wange, vor Hildegard. Diese Röte rührte daher, dass sie ihm soeben eine kräftige Ohrfeige verpasst hatte.

Als nämlich die Königin ihm ihr Leid geklagt hatte wegen des ständigen Nebenhinausgehens ihres Gemahls, hatte er ihr vorgeschlagen, sich einfach zu rächen und Gleiches mit Gleichem zu vergelten. Rache könne sehr süß sein, meinte er, und er wisse nichts Angenehmeres, als ihr dabei behilflich zu sein. Um dies zu beweisen, versuchte er alsbald, handgreiflich zu werden. Das allerdings erschien Hildegard, die an feinere Sitten gewöhnt war, zu plump. Wenn schon, dann nicht gerade mit dem, dachte sie. Und weil sie von ziemlich kräftiger Natur war, pätschte es nicht schlecht, als sie zuschlug.

Karl dem Großen aber in seinem Zorn stand der Sinn nicht nach objektiver Aufklärung des Falls. Ihm genügte der (so oft trügerische) Augenschein. »Ertappt«, röhrte er, schlug den ahnungslosen Taland mit einem Hieb k.o. und rief nach dem Henker.

Oje, jetzt isch lätz, dachte Hildegard, die ihren großen Karl kannte. Schon stand der Henker, ein Mordstrumm von einem Mann, unter der Tür stramm, und Karl befahl ihm, den immer noch bewusstlosen Taland ins Verlies zu werfen und ihm dort die Augen auszustechen. »Damit er nie wieder eines davon auf seines Bruders Weib werfen kann«, wie er sich ausdrückte. Dann rauschte er ab, die unterbrochene Mittagspause mit Gesuinda fortzusetzen, ohne die verdatterte Hildegard auch nur eines Blickes zu würdigen.

Die stand jetzt da, unter der Tür immer noch der Henker, vor ihr am Boden ausgestreckt der besinnungslose Taland. Was tun?, dachte sie – das heißt, wahrscheinlich dachte sie: Wa dur-e etzt?, denn sie war ja Schwäbin. Sie tat das Nächstliegende und begann mit dem Henker eine harmlose Unterhaltung, über das und jenes, Smalltalk würde man heute sagen. Wobei sich bald herausstellte, dass er ein Landsmann war, aus Munderkingen. Und wie es so geht, wenn zwei Schwaben sich treffen, fand man nach kurzer Zeit gemeinsame Verwandte. Eine weitläufige Base in Esslingen, ein Gschwistrichskindskind um drei Ecken herum in Weingarten und, ja so was, das Patenkind von seiner Großmutter väterlicherseits war früher bei ihrem Bruder Gerold in Nagold in Stellung gewesen. So kam man sich näher, das Gespräch verlief in menschlicheren Bahnen, und man einigte sich, den Taland zunächst einmal aus dem Verkehr zu ziehen, mit der Augenoperation aber noch zu warten. Der Henker versprach, Karl dem Großen zu seiner Beruhigung zwei Hammelaugen vorzusetzen, die täten denselben Dienst – und Taland nicht so wehe, meinte die Königin.

Hildegard war in den folgenden Tagen zu Gesuinda wie ein umgedrehter Handschuh. Hatte sie die Kleine bisher kurranzt und schikaniert, wo sie nur konnte, so war sie nun katzenfreundlich, nannte sie ihr »liebes Gesuindäle« und hielt sie morgens, mittags und abends dazu an, auch recht lieb und nett zu Karl dem Großen zu sein und ja dafür zu sorgen, dass es ihm an nichts mangele. Gesuinda war es nicht geheuer bei so viel Sonnenschein, Karl aber genoss den häuslichen Frieden in vollen Zügen. Denn nichts war ihm außer der Beherrschung des Abendlandes so wichtig im Leben wie ein glückliches, harmonisches Familienleben. Was sollte er da die leidige Talandgeschichte durch eine Szene mit Hildegard noch einmal aufführen. Mit den vermeintlichen Augäpfeln des Halbbruders war sie für ihn erledigt.

Darauf hatte Hildegard gebaut. Sie bat nun Karl zu sich auf ihre Kemenate. Er kam und wer saß da, als der angehende Beherrscher des Abendlands frohgemut eintrat? Taland! Allerdings sittsam und degenmäßig fünf Schritt von Hildegard entfernt auf einem Stuhl und mit einer dicken, schwarzen Binde vor den Augen.

»Karl«, sagte Hildegard, als die Majestät eintrat, »ich bin unschuldig und der Taland kann auch nichts dafür.«

»Beweise es«, sagte Karl der Große, dessen Blutdruck sich schon wieder unheilvoll erhöhte.

»Nicht ich, die Mutter Gottes vom Bussen wird es beweisen«, antwortete Hildegard.

»Ein Gottesurteil?«, staunte Karl.

»Pscht!«, bedeutete ihm Hildegard und war schon fest beim Beten. »O heilige Mutter Gottes, unsere liebe Frau vom Bussen, du weißt, dass ich unschuldig bin und dass der Taland nix Unrechtes nicht getan hat. O liabs Herrgöttle vo Biberach«, fiel sie in ihr geliebtes Schwäbisch, das man oben so gut versteht wie Hochdeutsch, »o liebe Frau vom Bussa, standet mer bei! Ihr wisset's so guat wia-ni, wia's gange isch. Und zum Beweis ...«, machte sie in allgemein verständlicher deutscher Sprache weiter, »zum Beweise, dass es so ist, ich bitt Euch, gebet dem Taland sein Augenlicht wieder. Amen.«

»Amen«, sagte auch Karl, fügte dann aber hinzu: »Unmöglich! Eigenhändig habe ich seine Augen Gesuindas Hunden vorgeworfen.«

Dees sieht dir gleich, du wüeschter Denger, dachte Hildegard, laut aber sagte sie: »Unserer lieben Frau vom Bussen ist nichts unmöglich, sie wird entscheiden«, und nahm Taland die schwarze Binde ab.

Taland, der wusste, was auf dem Spiele stand, tat sehr erstaunt, blinzelte in Richtung Karl, als schaue er plötzlich in grelle Sonne, und rief: »Ein Wunder ist geschehen! Ich sehe wieder! Meinen hochverehrten großen Bruder Karl und seine züchtige Gemahlin Hildegard!« Er fiel auf die Knie nieder und begann den 116. Psalm zu singen.

Das bewegte Karl den Großen, gemeinsam sangen sie den Psalm bis zum Ende, dann bat er Hildegard um Verzeihung und sie versöhnten sich.

Taland reiste noch am selben Abend ab nach Bayern, froh, mit heiler Haut und ganzen Augen davongekommen zu sein.

Karl und seine Hildegard aber machten gemeinsam eine Wallfahrt zur Lieben Frau auf dem Bussen. Und das blieb nicht ohne Folgen, denn ein Dreivierteljahr später genas Hildegard eines kräftigen Stammhalters, der auf den väterlichen Namen Karl getauft wurde. Überglücklich saß Karl am Wochenbett und schaukelte die Wiege. Und als Hildegard so ganz nebenbei sagte: »… on gell, dei rothaarigs Amenaschlupferle, des schenke mer am Widukind. Dort passt se na«, da nickte er nur und streichelte Weib und Sohn. Er hielt Wort, noch am selben Tag wurde Gesuinda, die immer noch nicht in anderen Umständen war, als Muster ohne Wert nach Westfalen remittiert.

Nach weiteren Bussen-Wallfahrten brachte Hildegard ihrem Karl noch die Könige Pippin und Ludwig sowie drei Töchter zur Welt. Diese auf so wundersame Weise von Königin Hildegard gestiftete Bussen-Wallfahrt hat alle späteren Zeitläufte überdauert und sorgt heute noch dafür, dass Oberschwaben der geburtenreichste Landstrich Baden-Württembergs ist. Nicht ohne Grund also nennt man den Bussen Schwabens heiligen Berg und hängt in der Bussenkirche ein Tafelbild von Karl dem Großen und seiner erlauchten Familie.

Die große Mehrheit der Menschen führte im Mittelalter ein armseliges Leben. Sie hofften, dafür dereinst im Paradies entschädigt zu werden. Religion und Glaube waren für sie also von großer Bedeutung. Viele Christen empfanden es mehr als schlimm, dass die christlichen Stätten im »Heiligen Land« von islamischen Arabern besetzt waren. Im Jahr 1095 rief Papst Urban II. die Christen zum »heiligen Krieg« gegen die Araber auf, und ein Jahr später begann der erste Kreuzzug.

Paul Kustermans
Direkt ins Paradies

Das Jahr 1096 war gekennzeichnet durch seltsame Erscheinungen. Eines Abends im Frühjahr hatte es Sterne vom Himmel geregnet, so dicht, wie man es noch nie gesehen hatte. Danach wurde der Nachthimmel wochenlang durch ein phantastisches Nordlicht erleuchtet, das die Dunkelheit vertrieb und die Welt mit funkelnden Farben überflutete. Und kaum war das seltsame Nordlicht verschwunden, erschien auch schon ein Komet, der Tag und Nacht über den Himmel zog, hinter sich einen Schweif, der länger war als die ausgestreckten Arme eines erwachsenen Mannes.

Große Unruhe war entstanden, und viele fürchteten, es nähere sich das Ende der Welt. Auch daran dachte Walter. Aber allmählich ging das Leben wieder seinen gewohnten Gang. Die Tage wurden länger, der Winter verlor seine Macht über das Land und die erste Drossel sang ihr Lied.

Während die Weiden nach jedem Regen wieder grüner und frischer aussahen und den Bauern die alljährliche Unruhe des Lenzings im Blut kribbelte, schien auch noch ein anderer Wind über Westeuropa zu wehen.

Mit dem tauenden Frühlingswind fuhr zugleich auch ein

neuer Geist in die Herzen der Menschen. Wie der Abt Jodocus es vorhergesagt hatte, zogen predigende Mönche durch das Land. Bis in die kleinsten Dörfer, bis in die einsamsten Gehöfte drang ihre Botschaft. Ob da nur wenige Menschen in ihren ärmlichen Hütten oder Erdhöhlen zusammenhockten, überallhin brachten die Mönche die Worte des Papstes Urban II.: Steh auf, näh dir das Kreuz auf die Schulter oder den Rücken und gehe den Weg ins Heilige Land.

Und die Bauern, die nie weiter gekommen waren als bis in die Stadt, deren Türme schon seit Menschengedenken am Horizont aus den Äckern emporstiegen, diese Bauern hörten nun von Königen und Kaisern, Herzögen und Grafen, die in märchenhaften Reichen herrschten. Sie, die nie weiter als bis zur Ecke ihres Kornfeldes dachten, sollten sich nun auf den Weg machen, den die Mönche ihnen aufzeichneten, durch ganz Europa; Deutschland, Ungarn, Griechenland, Kleinasien ... bis nach Jerusalem, der goldenen Stadt, der unsagbar schönen Hauptstadt des Landes, in dem Milch und Honig fließen, Gottes heiliger Stadt.

Und die Bauern bekreuzigten sich und schauten zum Himmel, und sie sahen keine vorübersegelnden Wolken mehr, sondern Türme und gezackte Mauern, flatternde Fahnen und Wimpel, Schiffe mit geblähten Segeln und ganze Kolonnen von Rittern und Pilgern mit weiten Kutten.

Und sie fühlten das Kreuz in ihren Herzen brennen und sie vergaßen ihre klagenden Frauen und ihre weinenden Kinder. Sie legten bedächtig ihre Hacke auf den Boden und zogen gen Osten. In ihren Augen leuchtete der Friede Gottes.

Viele waren schon an Haemdinge vorbeigezogen und oft hatte Walter ihnen nachgeschaut, und nachdem sie schon über den Hügel verschwunden waren, blieb in seinem Herzen noch lange ein Gefühl des Verlangens und des Neides.

Eines Tages erschien auch auf Haemdinge ein predigender

Mönch. Er kam quer durch den gerade erst aufgehackten Acker, über dem einige Kiebitze herumtollten, die sich die pralle Sonne auf den weißen Leib scheinen ließen. Die graue Kutte des Mönches, um die er als Gürtel eine geflochtene Kordel trug, war bis an die Knie verschlammt und verdreckt, seine Sandalen waren alt und abgetragen.

Kurz vor dem Tor drehte er sich um, als wollte er den Weg, der hinter ihm lag, noch einmal überschauen. Dann trat er ein, ohne der Wache einen Blick zu gönnen. Er ging quer über den Hof und stellte sich mit in die Hüfte gestemmten Armen auf die Steintreppe.

Von überall her kamen Mägde und Soldaten und danach die Bauern. Auch Walter kam angerannt, den Mist der Ställe noch an den Füßen. Er sah, dass Steven und Michel mit ihrem Vater bereits auf der Freitreppe vor dem großen Saal standen.

»Brüder und Schwestern ...«

Der Mönch machte eine kurze Pause, schaute um sich und fuhr fort: »Brüder und Schwestern in Christus, über weite Wege bin ich auf Befehl seiner Heiligkeit Papst Urban II. gekommen, um euch seine Botschaft zu bringen.«

Er drohte mit dem Zeigefinger.

»Vor Hunderten von Jahren haben die Propheten das Ende der Welt vorhergesagt. In unserer Zeit sollte es geschehen. Und die ersten Anzeichen dafür sind schon da. Die See hat die Deiche durchbrochen und ganze Landstriche überflutet. Zu Tausenden sind die Sünder in ihrem Wasser umgekommen. Alle vorhergesagten Plagen verheeren unsere Lande. An vielen Orten herrscht Hungersnot, überall wütet die Pest, überall kommt es zu Missgeburten, fallende Sterne und Kometen erhellen die Nächte.«

Der Mönch hob die Arme zum Himmel, so dass die weiten Ärmel seiner Kutte bis über die Ellbogen zurückrutschten. Er brüllte: »Das ist Gottes Zorn, weil das Grab seines Sohnes in den Händen Ungläubiger ist, weil sarazenische Hunde alle heiligen Stätten aus dem Leben unseres Herrn entehren und verspotten, gläubige Pilger misshandeln, berauben und ermorden. Und die, die am Leben bleiben, werden von den Heiden als Sklaven in Ketten gelegt. Um ihren Hals wird eine Kette geschmiedet und daran ein wohl zehn Pfund schweres kupfernes Kreuz befestigt. Das müssen sie als ewige Verspottung ihres Glaubens bis ans Ende ihrer Tage mit sich schleppen.«

Ein paar Mägde brachen in Tränen aus, die Männer ballten die Fäuste.

Mit gedämpfter Stimme sprach der Mönch weiter. Jeder spitzte die Ohren, um auch ja jedes Wort zu hören.

»... das Ende der Welt ... Es wird schrecklich sein. Die Erde wird aufbrechen wie die Schale einer reifen Traube. Städte werden in ihrem Innern verschwinden und aus den Abgründen wird das Höllenfeuer hoch auflodern. Schwefelwolken werden die Luft verpesten. Die Wasser der Flüsse und Seen werden sich in Blut verwandeln, die Sterne werden herabstürzen und die Erde unter dem himmlischen Feuer zerstören.«

Einige fielen auf die Knie, alle bekreuzigten sich.

»Die Flammen des Höllenfeuers schlagen immer höher. Bei jedem Schritt, den ihr macht, kommen die leckenden Flammenzungen näher. Tut Buße, bevor ihr auf ewig in die Flammen geworfen werdet, nehmt das Kreuz, ziehet nach Jerusalem und befreit das Grab des Herrn aus den Händen der stinkenden sarazenischen Brut.«

Seine Stimme erreichte nun hysterische Höhen. Mit weit ausgebreiteten Armen rief er: »Gott will es!«

Und alle riefen mit ihm: »Gott will es!«

Manche fielen auf die Knie und schlugen den Kopf auf den Boden, andere umarmten sich.

»Gott will es!«

Viele Männer hatten unbewegliche, grimmige Gesichter,

starrten nach Osten, als sähen sie über den Palisadenzaun die Mauern von Jerusalem aufsteigen.

»Gott will es!«

Aber der Mönch war noch nicht fertig. »Unser Herr selbst hat zum Papst gesprochen und Folgendes versprochen. Wer auf dem Weg nach Jerusalem stirbt oder im Kampf gegen die Heiden fällt, kommt direkt ins Paradies. Alle Sünden werden ihm vergeben. Wie schwarz seine Seele auch gewesen sein mag, sie wird mit seinem Blut gewaschen werden, bis sie rein ist wie die Seele eines Täuflings.

Und wer lebend in die Stadt Christi einzieht, den erwartet eine andere Belohnung ...«

Er hielt einen Moment inne, um seine Worte besser in die harten Bauernschädel eindringen zu lassen. In der Stille sang laut und mit perlender Stimme ein Rotkehlchen.

»Seine Heiligkeit der Papst verspricht euch die Freiheit. Wer als Höriger geht, kehrt als freier Mann in seine Heimat zurück.«

Das 12. und 13. Jahrhundert war die hohe Zeit des Rittertums. Die Ritter bildeten einen eigenen Stand mit einer eigenen Lebensweise und strengen Regeln. Wenn die Ritter nicht für ihre Herren in einem Krieg kämpften, galten die Jagd und die Teilnahme an Turnieren als standesgemäßer Zeitvertreib. Dabei wurde um die Gunst und Zuneigung adliger Frauen gekämpft. Manche rühmten diese Frauen auch in Erzählungen und Gedichten, die sie zur Laute vortrugen. Solche Ritter nannte man »Minnesänger«.

Gabriele Beyerlein
Wie ein Falke im Wind

Im Burghof zwischen Wohnturm und Bergfried hatten sich die Burgbewohner versammelt: Agnes in ihrem Festgewand aus grünroter Seide, Konrads kleine Schwester Elisabeth, das Gesinde. Hartmann mit seinem Knappen trat eben mit dem Gast hinzu.

Konrad maß den Fremden heimlich mit abschätzendem Blick. Wer war er? Ein Edelfreier wie sie selbst? Aber wäre er dann nicht reicher gekleidet? Ein Dienstmann eines adligen Lehnsherrn, vielleicht ein Ritter? Aber seine Erscheinung hatte so gar nichts Kriegerisches – neben Hartmann wirkte er schmal und fast zerbrechlich! Bürger einer Stadt schien er auch nicht zu sein, ebenso wenig wie ein Geistlicher, und ein Bauer schon gleich gar nicht. Dieser Gast ließ sich nicht so einfach einordnen.

Der Kaplan nickte würdevoll nach allen Seiten und ging gemessenen Schritts zum Tor. Konrad trat zu dem Fremden und grüßte ihn mit einer stummen Verbeugung.

Der Fremde war ein älterer Mann, Grau mischte sich in seine schulterlangen braunen Haare, Falten hatten sich in seine hohe Stirn gegraben. Auf unerklärliche Art wirkte er bescheiden und selbstbewusst zugleich. Irgendetwas zog Konrad zu ihm hin, ließ ihn wünschen, ihn näher kennen zu lernen.

»Das ist mein Bruder Konrad«, sagte Hartmann zu dem Gast. »Kaum zu glauben, was? Na ja, wir sind nur Halbbrüder, trotzdem frage ich mich oft, wie es möglich ist, dass wir den gleichen Vater haben! So ein schmächtiges, schwaches Bürschchen! Ich lasse ihn zum Kirchendienst ausbilden. Schreiber, Diakon, Priester, was weiß ich, irgendwie wird man für ihn als Kleriker schon eine Verwendung finden, zum Ritter taugt er jedenfalls nicht. Er kann ja nicht einmal anständig reiten!« Hartmann lachte.

Konrad trieb es das Blut in den Kopf. Schon oft hatte er Hartmann so reden hören, aber jetzt, vor diesem Fremden! Er zerknüllte den Stoff seines Rockes.

Der Fremde stimmte nicht in Hartmanns Lachen ein. Nachdenklich sah er Konrad an. Konrad erwiderte nur kurz den Blick, schaute schnell wieder weg.

»Ist es denn dein Wunsch, Kleriker zu werden?«, fragte der Fremde ihn leise.

Diese Frage: Noch nie hatte sie ihm jemand gestellt – nicht einmal er selbst. Aber nun, einmal ausgesprochen, war sie da, und er wusste, auch die Antwort war da. Aber er wagte sie nicht zu geben.

Stumm starrte er den Gast an.

Hartmann lachte noch lauter, doch ein gereizter Unterton schwang in seiner Stimme mit: »Oswald vom Finkengrund! Fragt einen unmündigen Knaben nach seinem Willen, als ob es auf den ankäme! Ein Sänger wie du ist immer zu einem Spaß aufgelegt, was?! Aber spar dir den Spaß lieber für heute Abend! Nun komm, es wird Zeit zum Gottesdienst!«

Gemeinsam gingen sie in geordnetem Zug zur Kirche am Hang hinter der Burg. Einige verspätete Leute aus dem am Fuß des niedrigen Höhenzuges liegenden Dorf ließen ihnen an der Kirchtür ehrerbietig den Vortritt.

Der Vespergottesdienst begann. Konrad kniete hinter Oswald vom Finkengrund. Konrads Lippen sprachen die lateinischen Verse der Liturgie mit. Doch in seinem Kopf war nur der eine Satz: »Ist es denn dein Wunsch, Kleriker zu werden?«

Er heftete seinen Blick auf den Rücken des Fremden. Wenn er nur mit ihm reden könnte! Wer war dieser Mann, der mit einer einzigen Frage ins Bewusstsein geholt hatte, was so lange im Verborgenen war?

Einen Sänger hatte Hartmann ihn genannt. Ob er von niederem Adel war? Oder im Dienst eines großen Herrn stand?

Er war doch kein einfacher fahrender Spielmann, oder? Nein, so einen hätte Hartmann nicht als Gast willkommen geheißen.

Früher waren oft Spielleute in die Burg gekommen. Die Mutter hatte die Musik und die Lieder geliebt. Jedes Lied, das sie einmal gehört hatte, hatte sie sich gemerkt und es selber immer wieder zur Zither gesungen. Sie hatte so schön singen können. Und die Fiedel spielen!

Jetzt hatte er schon lange kein anderes Lied mehr gehört als die Psalmen und Kirchengesänge des Kaplans. Nichts war mehr so wie früher, als die Mutter noch gelebt hatte und der Vater noch daheim gewesen war und er selbst noch nicht Latein hatte lernen müssen ...

Die anderen erhoben sich. Hastig stand auch Konrad auf. Sie schritten an den grüßenden Dorfbewohnern vorbei und traten ins Freie. Es war kühl geworden. Rötlich leuchteten die zinnenbewehrten Mauern und der hohe Bergfried ihrer Burg auf dem Felsen am Ende des Höhenzuges.

Konrad versuchte an Herrn Oswalds Seite zu gelangen, aber Hartmann trat neben den Gast und führte ihn am Wirtschaftshof vorbei, über die Zugbrücke und durch den Torbau in den engen Burghof, auf der Freitreppe zum Eingang des Wohnturms hinauf und in den kleinen Saal. Agnes hatte eine Tafel errichten und festlich decken lassen. Talgkerzen beleuchteten den mit Leintüchern bedeckten Tisch, Frühlingsblumen waren darauf gestreut. Die Plätze lagen weit auseinander, und der Sänger, zwischen Hartmann und Agnes sitzend, war für Konrad unerreichbar.

Hartmann redete laut und viel, prostete immer wieder dem Gast zu, spießte Fleischstücke mit seinem Messer auf und legte sie dem Sänger eigenhändig vor.

Oswald vom Finkengrund aß mit großem Appetit, doch trank er wenig Wein. Er hörte höflich zu, lächelte hin und wieder, sagte hie und da ein paar halblaute Sätze. Konrad versuchte sie zu verstehen, aber es gelang ihm nicht.

Das Essen nahm kein Ende. Während man an gewöhnlichen Tagen oft nichts anderes hatte als Brei, Brot, Bier und Käse, ließ Agnes heute alles auftragen, was die Küche in der Eile leisten konnte: Suppe und Pastete, gebratenes Hühnchen, Schweinesülze und Hasenrücken, dazu stark gewürzten Wein und schließlich Kuchen, süßen Brei und Käse.

Konrad merkte kaum, was er aß, wartete nur auf das Ende des Mahles, auf den Augenblick, in dem Oswald vom Finkengrund nach seiner Leier, seiner Laute oder seiner Fiedel greifen würde. Doch statt den Gast zum Singen aufzufordern, bat nun Hartmann: »Erzähl uns, Oswald, was du auf deiner Reise Neues erfahren hast! Worüber spricht man so in den Burgen und Städten?«

Nur weil es Oswald vom Finkengrund war, der da sprach, hörte Konrad zu. Immer unerträglicher sehnte er sich danach, dass der Gast singen würde – und Fiedel spielen. Endlich gab Agnes den Dienern das Zeichen, die Speisen abzutragen und den Tisch aufzuheben, Tischplatte und Tischböcke aus dem Raum zu tragen, die Stühle und Hocker vor das Kaminfeuer zu rücken. Und endlich nahm Oswald die Laute und spielte probeweise einige leise Töne. Mit schmerzhafter Spannung erwartete Konrad das erste Lied.

Der Sänger griff in die Saiten. Hartmann schloss die Augen. Jetzt.

Da erhob sich der Kaplan und befahl: »Konrad, verabschiede dich und geh nach oben!«

Das konnte nicht sein. Das durfte nicht sein. Nein!, wollte er schreien. Er schwieg. Etwas schnürte seinen Hals zu.

»Aber, Hochwürden!«, rief Agnes. »Ihr wollt doch Konrad nicht verbieten, die Lieder unseres Gastes zu hören!«

Der Kaplan machte eine steife Verbeugung vor ihr: »Frau Agnes, die weltlichen Zerstreuungen sind Gift für einen angehenden Kleriker.«

Oswald vom Finkengrund sah von der Laute auf, streifte Konrad mit einem aufmerksamen Blick und sagte: »Ihr könnt ganz unbesorgt sein, Hochwürden. Ich werde meinen Vortrag mit Bedacht wählen. Ihr seht, wie er sich darauf gefreut hat!«

Der Kaplan kniff die Lippen zusammen. »Es lenkt seinen Blick vom Eigentlichen ab!«, erklärte er.

Konrad hatte sich geschworen, niemals, nie, seinen Erzieher oder seinen Bruder um etwas zu bitten. Doch nun legte er die Hände zusammen, sah erst den Kaplan und dann seinen Bruder an und sagte: »Bitte! Lasst mich bitte zuhören! Ich wünsche es mir mehr als alles! Und ich würde alles dafür versprechen! Hartmann!«

Hartmann machte eine ungeduldig abweisende Bewegung. »Gehorche dem Kaplan, er ist dein Erzieher!«, sagte er knapp.

Ich hätte es wissen müssen, dachte Konrad voll bitterer Verzweiflung. O Gott, warum bist du so fern im Himmel, warum hilfst du mir jetzt nicht!

»Komm, Konrad!«, befahl der Kaplan.

Hinter dem Kaplan kletterte Konrad die steile Stiege hinauf. Ganz leer und kalt war ihm innerlich.

Aber dann, als er die letzte Stufe verließ und die schmale Kammer betrat, die er gemeinsam mit dem Kaplan bewohnte, stieg plötzlich heiße Wut in ihm auf, und er wusste: Er würde sich widersetzen. Diesmal würde er sich dem Kaplan und dem Bruder nicht beugen, diesmal nicht. Er würde Herrn Oswald singen hören. Um jeden Preis.

Neben dem Kaplan kniete er nieder, sprach mit ihm das lateinische Gebet und dachte nichts anderes als: Ich tue es. Er stand auf, schlug die Decke vom Strohsack zurück, als wolle er sofort schlafen gehen.

Der Kaplan verließ die Kammer.

Konrad schlich zur Tür, lauschte auf die Schritte des Kaplans, auf das Knarren der Tür zum Hof. Dann wartete er noch eine Zeit.

Er wusste, jetzt würde der Kaplan sich noch einmal das Burgtor öffnen lassen und zur Kirche gehen, um dort allein sein Abendgebet zu verrichten. Fast eine Stunde konnte es dauern, bis der Kaplan zurückkehren und ihm mit der Kerze ins Gesicht leuchten würde. Aber dem Kaplan vorzutäuschen, dass er längst tief und fest schlafe, war nicht schwer. So blieb ihm Zeit genug, heimlich die Kammer zu verlassen und Herrn Oswald zuzuhören!

Behutsam öffnete Konrad die Tür, stieg vorsichtig die Stiege hinunter, horchte im engen Flur an der Tür zum Saal. Durch das dicke Eichenholz drang kaum ein Ton. Die Tür einen Spalt zu öffnen, wagte er nicht – vielleicht würde sie knarren oder man würde im Raum den Luftzug spüren. Also blieben nur die Fenster.

Er spähte in den dunklen Burghof. Nichts regte sich, nur die Musik drang aus den Fenstern des Saals. Er trat auf den Absatz der hölzernen Freitreppe, zog vorsichtig die Tür hinter sich zu, schwang sich auf das Geländer und hangelte sich von dort zum ersten Bogenfenster des Saales, zog sich hinüber, zwängte sich durch die Wölbung zwischen den zwei steinernen Säulen, die das Fenster unterteilten, und ließ sich in die Fensternische gleiten. Jetzt im Frühjahr waren die schweren Holzläden geöffnet, mit denen im Winter die Fenster verschlossen wurden, doch die dichten Vorhänge vor den Nischen waren zum Schutz vor der Kühle des Nachtwindes zugezogen, so dass Konrad vom Saal aus nicht gesehen werden konnte.

Er setzte sich auf die mit Kissen bedeckte steinerne Bank in der Fensternische, zog die Knie an und umschlang sie bebend mit den Armen. Doch schon nach wenigen Augenblicken vergaß er Kälte und Aufregung, vergaß den Kaplan und alles um sich herum, achtete nur noch auf eines: das Singen.

Oswald vom Finkengrund leitete seine Lieder mit Lautenspiel ein und begleitete seinen Gesang. Er sang Minnelieder: Lieder von der Liebe zu einer fernen, hohen und unerreichbaren Frau, von der Sehnsucht nach ihr, dem Schmerz um sie, aber auch von der Freude und dem Glück, sie zu sehen und ihr zu dienen.

Bilder und Erinnerungen stiegen in Konrad auf: seine Mutter, wie sie am Fenster saß und Zither spielte – er selbst auf dem Schoß seiner Mutter, den Kopf an ihrer Schulter, wie er den Liedern zuhörte, die sie leise an sein Ohr sang ...

Ein seltsam weiches Gefühl war in ihm. Als sei er von schwerer Krankheit genesen.

Er öffnete den Vorhang einen schmalen Spalt, spähte hindurch. Da sah er, wie der Sänger nach der Fiedel griff, die an der Wand gelehnt hatte. Die Fiedel!

Eine Fiedel ähnlich wie die, auf der zu spielen er von seiner Mutter gelernt hatte, als er kaum groß genug gewesen war, das Instrument zu halten, die Saiten mit seinen kleinen Fingern niederzudrücken, sie mit dem Bogen zu streichen. Früher hatte die

Mutter immer gesagt: »Konrad spielt Fiedel, wie ein Vogel fliegt!«

Als die Mutter gestorben und kurz darauf der Vater zum Kreuzzug aufgebrochen war, damals, vor vier Jahren, war die Fiedel sein ganzer, sein einziger Trost gewesen.

Aber dann war der Kaplan gekommen und hatte sie ihm weggenommen. Und nie wieder hatte er Fiedel spielen dürfen, ja nicht einmal mehr hören. Nie wieder, bis zu diesem Augenblick.

Oswald vom Finkengrund spielte eine einfache Melodie auf dem Instrument und alles begann in Konrad zu klingen. Schon nach wenigen Tönen wusste er, welches Lied jetzt folgen würde, unzählige Male hatte er es die Mutter singen hören: ihr Lieblingslied.

»Nun möchte ich ein Lied vortragen, das ich nicht selbst erdichtet habe, sondern mein Lehrer, der Herr von Kürenberg«, sagte der Sänger und begann:

»Ich zog mir einen Falken länger denn ein Jahr ...«

Konrad sang leise, fast lautlos, mit. Er konnte einfach nicht anders. Er dachte nicht mehr an die Gefahr, entdeckt zu werden. Er war so glücklich.

Oswald vom Finkengrund sagte: »Lasst mich nun als Letztes ein altes Heldenlied vortragen, das seit langem von Sänger zu Sänger weitergegeben wird. Es erzählt eine Geschichte aus längst vergangener Zeit. Vielleicht kennt ihr sie: die Geschichte von Siegfried.«

Konrad beugte sich vor, öffnete den Vorhang noch ein Stück weiter, ließ den Blick nicht mehr von dem Sänger. Dieser spielte einige Klänge auf der Leier, und dann begann er, seinen Sprechgesang hin und wieder mit einigen Klängen der Leier begleitend, das Lied von Siegfried, dem Königssohn aus Xanten.

Er erzählte, wie der junge Siegfried allein im Wald auf die beiden Könige der Nibelungen mit ihrem Gefolge stieß, die eben ihren unermesslichen Schatz aus einer Höhle ans Tageslicht gebracht hatten, um ihn unter sich aufzuteilen, und wie die Könige Siegfried baten, die Teilung des Schatzes zu übernehmen, wofür sie ihm das berühmte Schwert Balmung zum Lohn boten. Doch als sie mit seiner Aufteilung unzufrieden waren, fielen sie zornig über ihn her. Da zog Siegfried das Schwert Balmung und tötete die Könige.

Konrad erschrak: Wie sollte Siegfried sich nun gegen die Gefolgsmänner der Könige wehren? Zwölf Riesen waren unter ihnen, Hunderte starker Ritter und ein durch Zauberkraft übermenschlich starker Zwerg. Gegen sie alle musste Siegfried ganz allein kämpfen!

Konrad biss sich auf die Lippen, bis er erfuhr, dass Siegfried in seinem Kampfeszorn alle Gegner bezwungen und den Hort des Königs Nibelung gewonnen hatte, zu dem nicht nur Unmengen Gold und Edelsteine gehörten, sondern auch die Tarnkappe, die ihren Träger unsichtbar machte und ihm die zusätzliche Kraft von zwölf Männern verlieh. Und so wurde Siegfried zum Herrn und König über Nibelungenland ...

Gebannt hörte Konrad weiter zu. Er erfuhr, wie Siegfried mit einem Drachen kämpfte und in dessen Blut badete, so dass seine Haut unverletzlich wurde, und wie Siegfried von der schönen Kriemhild hörte, der Schwester der Könige von Burgund, wie er an den Königshof zu Worms ritt, um sie zur Frau zu gewinnen, und für die Könige von Burgund in den Krieg gegen die Sachsen zog. Und als Oswald vom Finkengrund von den Heldentaten sang, die Siegfried in diesem Krieg vollbrachte, dachte Konrad: Einen größeren Helden als Siegfried kann es nie gegeben haben! Gegen den wäre selbst Hartmann nichts! Lachen würde Siegfried über einen Gegner wie Hartmann!

Draußen im Burghof wurde das Tor geöffnet und kurz darauf wieder geschlossen. Konrad bemerkte es nicht. Konrad hörte dem Sänger zu.

Dieser beendete das lange Lied mit einem Nachspiel auf der Leier. Hoffentlich singt er noch einmal von Siegfried, dachte Konrad, ich muss einfach wissen, wie es Siegfried weiter ergangen ist!

Doch der Sänger legte sein Instrument beiseite und sagte: »Wenn es euch beliebt, so berichte ich euch morgen weiter von Siegfried und von seiner Fahrt gemeinsam mit dem Burgunderkönig Gunther nach dem Isenstein zu Brünhild.«

Und was ist mit Kriemhild?, dachte Konrad. Ich muss morgen wieder Herrn Oswald zuhören! Ich muss!

Er sah Agnes nach dem Sträußchen Frühlingsblumen greifen, da sie an ihrem Oberkleid befestigt hatte. »Oswald vom Finkengrund«, sagte sie, »ich danke Euch! Ihr habt uns einen wunderbaren Abend bereitet!« Damit warf sie dem Sänger ihr Blumensträußchen zu.

Dieser fing es auf und verbeugte sich lächelnd: »Meine Dame, Ihr macht mich zum glücklichsten Mann der Welt!«

Konrad kletterte vorsichtig durchs Fenster und über das Geländer auf den Treppenabsatz, stand vor der Tür in der klaren Nacht. Der Mond war hervorgekommen und erhellte den Burghof. Doch Konrad dachte nicht an den Kaplan. Er dachte an das, was er gehört hatte.

Endlich gab er sich einen Ruck und betrat den Wohnturm, kletterte langsam die Stiege hinauf, öffnete die Tür zur Kammer. Da schloss sich mit eisernem Griff eine harte Hand um seinen Arm. Er wurde herumgerissen, sah im Mondlicht den Kaplan, hörte dessen empörte Stimme: »Du hast also mein Verbot missachtet! Ich bin sicher, du hast den Sänger belauscht! Leugne nicht!«

Wütende Schläge prasselten auf Konrad nieder. Er biss die Zähne zusammen.

Doch schlimmer noch als die Rute traf ihn, was der Kaplan

sagte: »Ich werde dafür sorgen, dass du diesem Sänger nicht noch einmal begegnest! Solange er in der Burg ist, wirst du diese Kammer nicht mehr verlassen!«

Die Zeit zwischen dem 13. und 15. Jahrhundert wird oft als »finsteres Mittelalter« bezeichnet. Viele Menschen wurden als Hexen und Ketzer verbrannt. Und im Lauf des 14. Jahrhunderts fiel etwa ein Drittel der Bevölkerung in Europa der Pest zum Opfer. Ganze Landstriche verödeten. Die Welt musste den Menschen als ewiges Jammertal mit Hunger, Pest, Kriegen und Elend erscheinen. Immer mehr begannen zu zweifeln, ob das alles in Gottes Sinn war.

Sven Wernström
Der schwarze Tod

Dem Namen nach war Gerda Hausfrau. Sie gehörte zu einem der reichsten Haushalte der Stadt. Ihr Verlobungsgeld und ihre Mitgift blieben ihr persönliches Eigentum. Sie hatte die Schlüssel für alle Räume, in denen Henriks und ihr Eigentum sich befand. Sie trug ein Kopftuch, weil kein Erwachsener heute mehr barhäuptig ging. Sie durfte auch über die Knechte des Hofes befehlen. Weil sie aber im Haus der Schwiegereltern wohnte, konnten diese über sie befehlen. Sigrid war die eigentliche Hausfrau und Gangvid bestimmte, wann Gerda im Lagerhaus oder im Laden arbeiten sollte.

An einem der ersten Julitage wurde sie mit einer Nachricht zum Zollhaus am Hafen geschickt. Als sie die Schriftrolle abgegeben hatte, blieb sie noch ein Weilchen im Gewimmel am hölzernen Kai stehen, wo die Leute gerade aufhörten zu arbeiten, um zuzusehen, wie ein Schiff anlegte.

Da stand sie plötzlich neben Martin.

»Die Krankheit kommt nicht mit dem Wind, sie verbreitet sich von Mensch zu Mensch.«

Gerda war damit beschäftigt, dem Schiff zuzusehen. Sie begriff nicht gleich, wovon er sprach.

»Ich bin in Finspång gewesen. Ich musste dort etwas für meinen Vater ausrichten. Der Schwarze Tod ist schon angekommen und hat die Männer in den Gruben angesteckt. Ich finde, du solltest über die Krankheit alles erfahren. Zuerst kriegen die Ratten die Krankheit und sterben dann. So sagen die Bergleute. Dann stecken sich die Menschen an, bekommen schwarze Flecken oder Beulen. Manchmal kommt auch ein Blutsturz aus ihrem Mund. Dann muss man schnell weglaufen, denn sie sind krank.«

»Kann man nicht versuchen, sie zu heilen?«, fragte Gerda.

»Es gibt keine Heilung. Wer vom Atem eines Kranken getroffen wird, erkrankt selber. Das Böse kommt nicht mit dem Wind, es geht von Mensch zu Mensch. So sagen es die Bergmänner und das sind kluge Leute.«

Im Angesicht des Schwarzen Todes handelten die Menschen sehr unterschiedlich, je nach Stimmung und Möglichkeit. Die Reichen flohen – wie ihr Herrscher.

Der Königshof von Malmbohus lag schon am ersten Tag öde und verlassen da. Das lockte die Ärmsten an. Sie wollten sich holen, was noch da war. Einige fielen bereits bei der Brücke hin und rollten sterbend ins Wasser.

Diejenigen, die weiterkamen, fanden zwei tote Krieger hinter dem Eichentor im Königshof. Sie kletterten über sie hinweg und suchten in den Häusern nach den wenigen Überresten. Doch sie konnten sich an der Beute kaum freuen, denn ihre Kräfte waren vom Hungern so geschwächt, dass die meisten umkamen. Wenigstens hatte sie die Freude, in einer prächtigen Umgebung zu sterben.

Unterhalb des Berges, auf dem der Königshof lag, fingen rund um die Stadt die Feuer zu brennen an. Man glaubte, dass das Feuer das Gift in der Luft verbrennen könnte. Die Feuer brannten Tag und Nacht.

Arbeitende Menschen können nicht fliehen – wo sollten sie auch hingehen? Von allen Höfen in der Umgebung wurde das gleiche Elend wie in der Stadt gemeldet. Man konnte also keinen Schutz erhoffen.

Das Los des Gesindes ist es, tote Ratten und andere Tiere wegzuräumen. Sie mussten auch den Kranken Wasser und Speise bringen und sie nach draußen vor die Türen legen, wenn sie gestorben waren.

Dadurch steckten sie sich selber an.

Die Krankheit fing unterschiedlich bei den einzelnen Menschen an. Bei einigen zeigten sich schwarze Flecken auf der Haut, bei anderen schwarze Beulen in den Armhöhlen und den Leistenbeugen. Spucken, Kopfschmerzen, Schwindel und Atemnot gehörten dazu. Manche erbrachen Blut. Sie konnten nur stammeln, wenn sie reden wollten, und taumelten, wenn sie zu gehen versuchten. Die meisten lagen wie gelähmt und wussten, dass sie in drei Stunden oder in drei Tagen tot sein würden.

Der Kaufmann Gangvid glaubte fest daran, dass die Krankheit mit dem Wind kam. So befahl er, sein Haus zu verriegeln. Zuerst wurden die Tore zum Weg geschlossen. Dann mussten die Mägde alles Essbare ins Wohnhaus tragen – und das war nicht wenig, denn Gangvid hatte das Zunftfest vorbereitet, das nicht stattgefunden hatte.

Dann wurde noch das Bierfass hineingetragen und die Tür verschlossen. Den Mägden und Knechten wurde befohlen, draußen Wache zu halten. Wovon sie sich während der Zeit ernähren sollten, darüber wurde nicht gesprochen.

Gangvid befahl seiner Familie, alle Ritzen in den Wänden und Türen abzudichten. Er selbst spannte Tierhäute vor alle Öffnungen im Erdgeschoss und im ersten Stockwerk.

Dann saßen sie da und warteten. Gangvid, Sigrid, Henrik

und Gerda sowie Sigrids alte Mutter, die einen Schlaganfall gehabt hatte und nicht mehr sprechen konnte.

»Gottes Zorn kann man nicht durch Verschließen fern halten«, sagte Henrik.

Gangvid antwortete: »Ich sperre den Wind aus. Das ist Wissenschaft. Und jetzt schweigst du, sonst werfe ich dich in den Hof hinaus!«

So saß Gerda also da, eingeschlossen mit vier schweigenden Menschen, einem Fass lauwarmem Bier und einer Menge von Speisen, die schnell schlecht wurden.

Am Tag ging es noch, die Nächte waren schlimmer. Henrik rührte sie nicht an, aber sie sollte durch endloses Beten Buße tun. Er selbst lag auf den harten Fußbodenbrettern, um seinen Körper zu kasteien. Er machte sich eine Geißel aus Stricken mit hineingeflochtenen Holzsplittern und schlug damit seinen Rücken blutig. Er verlangte von Gerda dasselbe, doch sie weigerte sich.

Henrik verlor die Besinnung und schrie wirre Worte, die sie aber nicht verstand, weil sie meist lateinisch waren. Dass sie selber nicht den Verstand verlor, war ihr ein Rätsel, über das sie lange nachdenken sollte.

Jeden Tag stand der Kaplan Johannes draußen vor dem Haus und wollte herein. Doch Gangvid weigerte sich, das Tor zu öffnen.

In der Stadt war der Wahnsinn ausgebrochen. Jeden Morgen lagen Tote vor den Toren. Viele Menschen verließen ihre Kranken, gingen mit Kreuzen in den Händen umher und riefen zusammenhanglose Worte. Immer mehr Menschen verließen die christlichen Gewohnheiten und kehrten zu den Zaubereien der alten Zeiten zurück.

Man sprach davon, die bösen Mächte zu beschwichtigen. Eine Gruppe von Leuten im Norden der Stadt suchte nach einer Jungfrau, um sie lebendig zu begraben. Ob es wirklich geschehen ist, weiß man nicht. Jahrelang aber flüsterte man davon, dass Kinder von überlebenden Armen gekauft wurden, um als Menschenopfer getötet zu werden.

Laut wurde später niemals von diesen Dingen gesprochen.

Aber von Priestern und Mönchen erzählte man, die in die Stadt zu den sterbenden Menschen eilten. Sie versuchten gegen Geld ihre Künste im Beten und Ölen, sie vergaben Sünden gegen Geld und sammelten Gaben und Testamente für ihre Klöster ein. Auch Nonnen aus dem Kloster Askaby waren dabei.

Die Klöster und Bischöfe wurden dadurch immer reicher, doch viele Priester und Nonnen wurden krank und starben.

Gangvids Dienerschaft hatte sich Getränke und Speisen beiseite geschafft. Knechte und Mägde zogen zusammen ins Gesindehaus. Jeder schlief mit jedem, um die Zeit zu nutzen, die ihnen noch blieb. Diese Gewohnheit verbreitete sich auf den Spuren der Pest.

Einer der Knechte wurde krank und starb draußen auf dem Hof. Da entdeckten die anderen, dass sie mit zwei Hunden im Hof eingesperrt worden waren. Als sie mit ansehen mussten, was die Hunde mit ihrem toten Gefährten machten, öffneten sie die Tore gegen den Befehl des Herrn und flüchteten.

Die Tage vergingen und der Monat August ging seinem Ende entgegen. Das Eingeschlossensein im Haus von Kaufmann Gangvid wurde unerträglich. Die Speisen waren schlecht geworden und das Bier schal. Die Luft stank nach Kot und Harn. In den Menschen war Leere. Sie wussten nichts zu sagen und konnten nicht mehr denken. Sigrids Augen waren erloschen. Henrik bewegte seinen Kopf nur noch ruckweise wie ein Vogel. Gangvid saß mit geballten Fäusten auf den Knien da und wiederholte immer wieder die Worte: »Wir leben! Alle zusammen! Seht ihr – wir leben!«

Sogar Sigrids alte Mutter lebte. Sie schien diejenige zu sein, die sich am wenigsten verändert hatte.

Anfangs hatte Gerda die anderen gemieden, hatte sich geweigert, mit ihnen zu sprechen, und die Augen zugemacht, um sie nicht sehen zu müssen. Als Gangvid anfing, immer die gleichen Worte zu wiederholen, begann sie, die anderen zu beobachten. Sie lebten, doch was war aus ihnen geworden!

Eines Abends gegen Ende August taumelte Henrik und stieß gegen die Wand. Als er sich umdrehte, sah Gerda, dass er einen dunklen Fleck im Gesicht hatte. Der saß am oberen Backenknochen und streckte sich bis zum Mundwinkel hinunter.

Das Entsetzen, das sie packte, gab ihr Mut. Sie erhob sich vom Hocker, lief zur Tür und öffnete sie. Frische Luft füllte ihre Lungen und begleitete sie bis zum offenen Tor.

So nah war es die ganze Zeit bis zur Freiheit gewesen.

Draußen vor dem Tor hörten zwei Hunde auf, sich zu beißen, stellten sich bedrohlich vor Gerda und starrten sie mit einem tiefen Knurren in den Kehlen an. Sie griff eine Mistgabel in ihrer Nähe und drückte sich an ihnen vorbei.

Die Hunde hatten sie gezwungen, in die falsche Richtung zu laufen. Sie kam zum Hafen. Wie staunte sie, als dort Menschen bei den Schiffen arbeiteten.

Durch Querstraßen gelangte sie zurück zur Stadt in Richtung auf den Markt zu. Die Luft war doch nicht so frisch, wie sie es zuerst empfunden hatte. Jeder Lufthauch führte den Geruch von Rauch, Unrat und Verwesung mit sich. Sie sah leere Häuser und niedergerissene Zäune. Ein Garten war zu einem Friedhof gemacht worden. Hunde und Schweine wühlten in den flüchtig zugeschaufelten Gräbern.

Sie begegnete schweigenden Menschen, die ihr aus dem

Weg gingen. Auf dem Marktplatz saßen zerlumpte Fremde, Menschen, die sie noch nie vorher gesehen hatte. Sie umfasste die Mistgabel fester und ging an ihnen vorbei bis zum alten Brauhaus, das ihr Elternhaus war.

Dort war alles öde und verlassen. Der Garten war von allem Essbaren geplündert. Die Tür des Wohnhauses schlug im Wind hin und her. Auf der Feuerstelle im Wohnhaus stand eine graue Katze mit drei Jungen und fauchte Gerda an.

Sie versteckte sich ganz hinten im Vorratshaus zwischen Eisen, Fellsäcken und Geräten. Sie hatte Bauchschmerzen und einen scheußlichen Geschmack im Mund.

Dort schlief sie ein.

Als sie wieder aufwachte, hatte sie noch immer Bauchschmerzen. Sie mochte den Mund nicht öffnen, weil sie sicher war, dass ihre Zunge noch schlimmer schmecken würde als vorher. Ein schräger Sonnenstrahl fiel vor dem Vorratshaus über den Hof. Es war Morgen.

Draußen hörte sie Schritte. Ein Schatten glitt am Türloch vorbei. Eine Stimme rief leise und eindringlich: »Gerda! Gerda, Esbjörns Tochter!«

Ohne zu antworten, erhob sie sich und griff die Mistgabel. Sie musste einen Schutz haben. Die Mistgabel hatte einen kräftigen Stiel mit zwei gebogenen Eisenzähnen am Ende. So fühlte sie sich stärker.

Der Schatten kam zurück. Es war der Kaplan Johannes. Er sah durch die Türöffnung und fand Gerda.

»Gerda!«, sagte er. »Henrik ist krank.«

Gerda antwortete noch immer nicht. Sie zog den Kopf ein und drängte sich mit dem Rücken an die Holzwand.

»Er ruft nach dir. Er kann schon heute Abend tot sein.«

»Das kümmert mich nicht mehr«, sagte Gerda mit einer Stimme, die so klar war, dass sie sich selbst wunderte.

»Es ist deine christliche Pflicht, bei deinem Mann zu sein. Und meine Christenpflicht ist es, dich dorthin zu holen!«

Er kam näher. Seine Hand packte sie hart am Arm und zog sie hinaus. Die Mistgabel kam auch mit ans Tageslicht, weil sie sie fest in der Hand behielt.

Gerda riss sich los und versuchte zu fliehen. Schwere Schritte und ein flatterndes Hemd folgten ihr. Da blieb sie stehen, hob die Mistgabel und stach mit aller Kraft auf den Verfolger ein. Die beiden Eisenhaken drangen tief durch das Priesterhemd in die Brust. Als sie aus dem Hof lief, hörte sie das Scharren von Holz und Eisen auf dem Kies des Hofplatzes.

Es waren auch und gerade Gelehrte, denen das ausgehende Mittelalter finster erschien. Deshalb wandten sie den Blick zurück in eine Zeit, die ihnen heller vorkam. Von Italien ausgehend, erwachte ein neues Interesse am Altertum. Durch die Wiedergeburt, die »Renaissance« der Antike sollte eine neue Zeit beginnen. Dass die neuen Gedanken schneller als früher verbreitet werden konnten, war dem Mainzer Johannes Gutenberg zu verdanken, dem es um 1450 erstmals gelungen war, Texte mit beweglichen Buchstaben aus Metall zu drucken.

Wiebke von Thadden
Lesen tut man nur im Winter

Schon von weitem sah Thomas den Vaganten. Er kam langsam auf der staubigen Straße heran, die in weiten Schleifen von der Alb herab zum Dorf hin führte. Erst dachte Thomas, er müsse sich irren, denn es war noch viel zu früh im Jahr. Der Herbst hatte eben erst begonnen und es waren noch ein paar Wochen hin bis Michaelis, bis die Blätter sich allmählich verfärbten. Der Vagant kam sonst immer erst gegen Simon und Juda, spät im Oktober, dann, wenn das Wetter kippte, wenn der Sturm die letzten Blätter von den Bäumen fegte und wenn fahrende Leute, wandernde Studenten und andere Hungerleider sich nach einem Unterschlupf für den Winter umsahen. Zweifelnd sah Thomas noch einmal zur Straße am gegenüberliegenden Hang. Aber er hatte sich nicht geirrt: der schlenkernde Schritt, die rudernden Arme, die ein wenig gebeugte Gestalt – das war der Vagant.

Ein Glück, dass Thomas sich gerade heute mit der Arbeit beeilt hatte – fast so, als hätte er etwas geahnt! Rasch bückte er sich nach der letzten Zaunlatte und nagelte sie mit ein paar kräftigen Hammerschlägen fest. Holzlatten und eiserne Nägel waren der Lohn für seine Hilfe bei der Erntearbeit auf dem großen Meierhof unten im Dorf. Den Hammer mit dem eisernen Kopf hatte er sich dort aber nur ausgeliehen, weil man Eisennägel nicht mit dem Holzhammer einschlagen konnte, der im elterlichen Schuppen lag. Den Hammer musste er nachher noch zurückbringen; aber sonst war er mit der Arbeit am Zaun fertig.

Der Vagant kam jedes Jahr und jedes Jahr von neuem wartete Thomas sehnsüchtig auf ihn. Was mochte ihn wohl in diesem Jahr so früh ins Winterquartier getrieben haben? Thomas las die herumliegenden Späne und Lattenreste zusammen, trug sie zum Brennholzstapel neben dem Schuppen, steckte den Hammer in den Gürtel und rannte los. Wenn er von der elterlichen Hütte am Hang aus querfeldein lief, konnte er den Vaganten noch gut am Dorfeingang abfangen und zum Wirtshaus begleiten. Viel Zeit hatte er nicht, denn die Mutter wollte heute noch den Pflaumenbaum abgeerntet haben, aber für die wichtigsten Fragen an den Vaganten würde es schon reichen.

Der Vagant war ein merkwürdiger Mann. Niemand wusste, wie alt er war; jedenfalls war er noch nicht mit dem Lernen fertig. Das wusste Thomas von ihm selber oder besser: dass er noch studierte. Man hätte den Vaganten also ebenso gut einen Studenten nennen können und viele taten das auch. Aber Thomas fand das Wort »Vagant« schöner. Ein Vagant, das hatte dieser selbst erklärt, war jemand, der umherschweifte und wanderte, und das war für Thomas eine wunderbare Vorstellung. Im Dorf wanderte sonst niemand; jeder blieb, wo er war.

Was der Vagant genau studierte und an welcher Universität, das wusste niemand im Dorf, auch Thomas nicht. Ob es der Pfarrer wusste, mit dem der Vagant sich manchmal unterhielt? Der Gastwirt wiederum nannte ihn im Scherz auch einen fahrenden Scholaren; dazu schüttelte er zwar den Kopf, doch schien er es auch nicht ungern zu hören. Das Wichtigste für Thomas aber war, dass der Vagant im Winter Schule hielt im Dorf. Thomas hatte unter seinen Schülern gesessen, seit er alt genug war, um einen Griffel zu halten, und es gab ein geheimes Band zwischen ihnen: die unwiderstehliche Anziehungskraft, die schwarze Buchstaben auf weißem Papier auf sie ausübten. Schwarze Buchstaben auf weißem Grund waren etwas Wunderbares. Man konnte selbst welche malen und dann probieren, ob andere sie verstanden; man konnte aber auch die schwarzen Buchstaben, die andere gemalt hatten, so lange anstarren, bis sie ihr Geheimnis preisgaben und erkennen ließen, was ihr Schreiber hatte sagen wollen. Schwarze Buchstaben auf weißem Papier waren das Spannendste, was es gab, und bestimmt die aufregendste Art, sich mit anderen zu verständigen.

Für Thomas waren es allerdings weiße Griffelbuchstaben auf dem Grau der Schiefertafel, denn Papier war für eine Dorfschule viel zu teuer. Nur der Vagant benutzte Gänsefeder und Papier, aber das geheime Band zwischen ihnen hatte mit solchen Äußerlichkeiten nichts zu tun. Es waren ja die gleichen Buchstaben und es ging für beide der gleiche Zauber von ihnen aus. Thomas wusste nicht genau, wie gut er inzwischen schon lesen und schreiben konnte, bestimmt besser als alle anderen im Dorf, den Pfarrer natürlich ausgenommen. Doch alles, was mit Schiefertafel und Griffel, mit Gänsekiel und Papier zu tun hatte, galt erst, wenn der Vagant da war. Lesen tat man nur im Winter.

Wenn man beim Laufen zu viel nachdachte, ging das immer schief! Über einen der Weidezäune am Hang zur Straße hinunter musste Thomas noch einmal zurückkehren, denn der Hammer war ihm aus dem Gürtel gerutscht und er kam durch die Zaunlücke nicht an ihn heran. Ein eigener Eisenhammer wäre schon eine sehr gute Sache! Aber an etwas so Teures war nicht zu denken.

Leider war es auch ziemlich teuer, zur Schule zu gehen; auch das ging Thomas wieder einmal durch den Kopf. Eigentlich viel zu teuer! Aber der Vagant musste schließlich auch von irgendetwas leben und sich den Unterricht bezahlen lassen. Der Wirt gab ihm nur eine kleine, zugige Kammer auf dem Dachboden des Wirtshauses, die allerdings kostenlos, weil er den ganzen Winter über Gäste ins Wirtshaus zog, die etwas geschrieben oder vorgelesen haben wollten – einen Brief oder eine Mahnung zum Beispiel oder einen Einspruch oder eine Aufstellung von Rechnungsposten. Er hatte für alle diese Fälle Schreibvorlagen bei sich und er konnte auch ganz gut rechnen. Thomas wusste das, denn er hatte oft staunend daneben gesessen, wenn sein Lehrer nach dem Unterricht die Kunden bediente.

Die Männer am Wirtshaustisch waren sich einig, dass es so viel Schreiberei früher nicht gegeben hatte. Früher hatte das gesprochene Wort gereicht, jedenfalls auf dem Dorf. Aber jetzt lag etwas Neues in der Luft. Die Welt und ihre Geschäfte wurden von Tag zu Tag schwieriger, das war klar. Vor allem von den Städten her wehte ein Wind, der nach einer neuen Zeit und nach Lesen und Schreiben roch. Dem Wirt war auch das nicht unrecht. Wenn ihm diese neue Zeit die Menschen ins Wirtshaus trieb, dann war sie eine gute Zeit. Das fand auch die Wirtin, aber als Entgelt für den schreibenden Vorboten erschienen ihr dennoch die Kammer und der warme Platz in der Schankstube genug; den Vaganten auch noch durchzufüttern, fühlte sie sich nicht verpflichtet.

So mussten die Schüler für den Unterricht bezahlen, und das war hart, vor allem wenn, wie bei Thomas, der Vater schon vor vielen Jahren gestorben war und die Mutter das Brot allein verdienen musste. Thomas wusste noch genau, wie er ihr eines Tages erklärt hatte, wenn er morgen nicht etwas zu essen für den Studenten mitbringe, dürfe er nicht mehr bei der Schule mitmachen. Er war gleich zum Herd gegangen, um sich nach etwas Brauchbarem umzusehen, aber die Mutter hatte nur den Kopf geschüttelt. Es war schon lange nach Weihnachten, da konnte die Familie froh sein, wenn sie auf ihrem winzigen Häuslergütchen selbst bis zur warmen Jahreszeit durchkam. Doch als die Mutter sah, wie enttäuscht Thomas war, überlegte sie eine Weile und holte dann etwas aus der Truhe: eine kleine Holzschachtel, aus der sie eine Münze nahm. Eine ganz kleine. Die wickelte sie gut ein und gab sie Thomas mit. Der war zu dieser Zeit noch viel zu klein, um zu wissen, woher eine solche Münze kam und was sie wert war, und er schämte sich ein wenig, als er am anderen Tag die Hand mit dem winzigen Ding vor dem Lehrer ausstreckte. Er zitterte vor Angst, der würde ihn auslachen und wegschicken. Zu seinem großen Erstaunen aber durfte er den ganzen Winter über bleiben, und nicht nur er, sondern auch seine Schwester, die Magdalena. Denn die nahm er einfach am nächsten Tag mit, weil sie genauso gerne lesen lernen wollte. Inzwischen konnte sie es beinahe ebenso gut wie er. Magdalena war nicht das einzige Mädchen, das bei dem Vaganten am Schultisch in der Schankstube saß, und dem war das recht. Für Mädchen gab es nur leider immer etwas zu tun, auch im Winter, wenn die Jungen schon mal die Beine unter dem Tisch ausstrecken konnten. Meist war es das Spinnen und Weben, das offenbar nie ein Ende nahm und mit dem die Mutter das Geld verdiente. So konnte Magdalena nicht immer mitkommen; doch dann erklärte ihr Thomas abends, was sie am Morgen gelernt hatten.

Bares Geld hatte der Vagant seit damals nie wieder bekommen, aber doch regelmäßig ein Stück Speck, ein paar Eier, einen Topf Kraut, einen Laib Brot, ein Säckchen Bohnen oder auch einen Arm voll Brennholz zum Heizen der Schankstube während des Unterrichts. Und bei Thomas drückte der Vagant sogar ein Auge zu, wenn er einmal mit leeren Händen kam.

»He!«, rief Thomas und sprang über den Graben vor der Straße dem Vaganten genau vor die Füße. »Ich hab dich schon von weitem gesehen! Warum kommst du so früh?«

Der Vagant war sichtlich erfreut, Thomas zu sehen. Sein verschlossenes, ein wenig hölzernes Gesicht hellte sich auf. »Gerade habe ich an dich gedacht«, sagte er. »Wie geht es dir? Und deiner Mutter und deiner Schwester?«

»Gut!«, antwortete Thomas verblüfft, denn für den wortkargen Mann waren drei Sätze schon fast ein Redeschwall. Auf seine Frage hatte Thomas freilich keine Antwort bekommen und der Vagant verfiel auch auf der Stelle wieder in Schweigen. Er nickte Thomas nur kurz zu, das hieß wohl so viel wie: »Komm mit!«

Sie wanderten wortlos nebeneinander her Richtung Wirtshaus.

Der Vagant war auf die Sitzbank am Wirtstisch gesunken und sah sich in der Schankstube um. Er starrte die weiß gekalkten Wände, die niedrige Decke mit den eichernen Balken und die kleinen, hölzern vergitterten Fenster an, als sei das alles – ja, als sei es ein Käfig oder ein Gefängnis. Dann ließ er den Kopf auf den Tisch fallen und stöhnte, dass es Thomas angst und bange wurde.

»Was ist denn mit dir los?«, fragte er erschrocken.

»Lass mich!«, sagte der Vagant. Doch dann schien er sich eines anderen zu besinnen und richtete sich auf. »Ich brauchte nur einen Augenblick Ruhe«, sagte er. »Vielleicht bin ich ein bisschen zu früh losgegangen, weil ich sicher sein wollte, dass ich es bis hierher schaffe. Aber ich hab was für dich, etwas zum Lesen. Das heißt, es gehört natürlich nicht dir, sondern jemandem, der mich dafür bezahlt. Aber du kannst es dir ansehen. Es ist etwas Richtiges zum Lesen, nicht nur ein Übungsblatt. Du bist jetzt alt genug dafür.«

Etwas Richtiges zum Lesen! Thomas' Herz begann zu klopfen.

Der Vagant griff nach seinem Mantelsack und holte das Etwas heraus. Eine Art Heft, ein paar zusammengeheftete Blätter.

»Eine Flugschrift«, erklärte er. »Und ein Kalender außerdem.« Eine Flugschrift? Fliegende Blätter, die Neuigkeiten auf ein paar gehefteten Seiten ins Volk streuen? Thomas hatte schon von so etwas gehört. Das war wirklich etwas anderes als die ewigen Übungsblätter mit den Geschichten über Feuersbrünste oder Kälber mit zwei Köpfen. Begierig griff er zu. Und beim raschen Durchblättern zählte er: sechs Seiten!

Eine Mahnung der Christenheit wider die Türken. Das stand in großen Buchstaben am Kopf der ersten Seite zu lesen. Und augenblicklich begann der Zauber der kleinen schwarzen Buchstaben zu wirken; Zaun, Pflaumenbaum, Schmierflecken und falsche Jahreszeiten waren vergessen. Thomas hockte sich auf das andere Ende der Bank. Es wurde still in der Schankstube.

Wer die Türken waren, wusste Thomas. Sie waren eine Bedrohung für die Christenheit, eine große Bedrohung sogar, aber dafür wohnten sie auch sehr weit weg. Das wusste Thomas von Gesprächen im Wirtshaus, und über die Türken, die Osmanen, sprachen die Leute oft. In groben Zügen kannte Thomas deshalb auch die Geschichte, die er jetzt las: wie diese Muselmanen nach kurzer Belagerung die große christliche Stadt Konstantinopel erobert und zerstört und den letzten Kaiser des byzantinischen Reichs erschlagen hatten. Es war eine aufregende Geschichte, aber sie musste doch schon eine ganze Weile her sein, und es war wirklich sehr, sehr weit von hier bis Konstantinopel!

Wenn er ehrlich war, fand Thomas an dieser ersten Flugschrift seines Lebens auf einmal etwas ganz anderes spannend – etwas, das gar nicht in der Geschichte stand und auch nichts mit den Türken zu tun hatte: Irgendwann hatte sich irgendwo jemand hingesetzt und etwas aufgeschrieben, das er wichtig fand und deshalb anderen mitteilen wollte. Und hier in der Schankstube, in der seine Mitteilung auf vielen Umwegen angekommen war, saß jemand, der etwas erfahren wollte, nämlich Thomas, und las das, was der Schreiber mitgeteilt hatte. Keiner kannte den anderen; aber zwischen ihnen standen diese sechs Blätter, und die sorgten dafür, dass jeder von ihnen beiden bekam, was er wollte. Und wahrscheinlich gab es viele andere Leute, die diese Flugschrift ebenfalls lasen, vielleicht sogar im selben Augenblick. Keiner von ihnen wusste vom anderen und doch waren sie durch das Lesen dieser Geschichte untereinander verbunden.

Ein verrückter Gedanke! Und viel spannender als der Fall von Konstantinopel.

Inzwischen hatte der Vagant sauber geordnet verschiedene Papiere auf den Tisch gelegt: die Unterrichtsvorlagen für den Winter. Doch er war offenbar noch nicht fertig, denn er hielt eine Hand halb zu seinem Mantelsack hin ausgestreckt, als wolle er noch etwas herausholen. Warum zögerte er und warum lag auf seinem Gesicht plötzlich ein Ausdruck der Angst? So, als könne ihm im nächsten Augenblick ein wildes Tier an die Gurgel springen?

Thomas vergaß die Landkarte der Christenheit. »Was hast du denn?«

Statt einer Antwort griff der Vagant in den Mantelsack. Aber was da zutage kam, war kein wildes Tier, sondern nur ein viereckiges Paket. Wieder zögerte der Vagant.

»Was ist?«, frage Thomas. »Soll ich es auspacken?«

Aber der Vagant wollte offenbar das Paket nicht aus der

Hand geben. Zum Vorschein kam etwas, das für Thomas die Krönung dieses aufregenden Tages war: ein Buch. Ein ganzes Buch!

Bücher hatte Thomas bisher nur an einem einzigen Ort gesehen: in der Kirche. Dort gab es die Bibel auf dem Altar und das kleine Messbuch, das der Pfarrer für den Gottesdienst brauchte. Doch das war etwas ganz anderes. Das waren keine gewöhnlichen Bücher. Die durfte deshalb auch ein gewöhnlicher Mensch, ein Laie, nicht einfach in die Hand nehmen. Aber das Buch, das jetzt vor ihm auf dem Tisch lag, konnte man anfassen. Es war eines der Bücher, von denen der Vagant manchmal erzählt hatte und die Thomas schon auf Abbildungen gesehen hatte. Ein Buch zum Lesen. Sofort begann der Zauberbann zu wirken.

»Ein Buch!«, flüsterte er andächtig.

Dem Vaganten schien jetzt etwas wohler zu sein. Er nahm seinen unerhörten Besitz sogar stolz in die Hand und blätterte darin. Das Buch war nicht sehr dick, aber ziemlich groß, so dass es fast schon unhandlich schien. Der Einband war mit Leder überzogen; die dicken Seiten knisterten beim Umblättern.

Thomas sah dem Vaganten über die Schulter. Er konnte jedes einzelne Wort lesen, aber er verstand gar nichts.

»Was soll denn das?«, fragte er entgeistert. »Ich verstehe kein einziges Wort von dem, was da steht!«

»Das ist Latein«, erklärte der Vagant düster. »An der Universität gibt es nur lateinische Bücher.«

»Kannst du das denn lesen?«

Ein tiefer Seufzer war die Antwort. Dann erklärte der Vagant: »Latein wird an den Universitäten kräftig gepaukt und geübt. Das ist nicht das Problem. Aber die Art, wie es geübt wird!«

Ein neuer Seufzer. Da war es wohl besser, nicht weiter nachzufragen. Aber es war auch noch etwas anderes Seltsames an dem Buch, das Thomas neugierig machte.

»Die Schrift sieht ganz anders aus als auf unseren Schulblättern«, stellte er fest.

Die Antwort des Studenten verschlug ihm endgültig die Sprache: »Es ist ja auch ein gedrucktes Buch.«

Es war das erste Mal, dass Thomas ein gedrucktes Buch sah, er wusste nicht einmal, was »Drucken« war. Doch mit einem Schlag wusste er, dass von allen bisherigen Wundern dieses Tages das größte vor ihm auf dem Tisch lag, etwas, das alle Geheimnisse der neuen Zeit, von der alle redeten, in sich barg. Atemlos starrte er das Buch an, und es dauerte eine Weile, bis er wieder einen Satz herausbrachte.

»Wie bist du daran gekommen?«

»Das geht dich nichts an!«, war die unwirsche Antwort.

Und damit hatte er nichts ahnend die Lawine des Elends losgetreten, die die ganze Zeit über ihren Köpfen gehangen hatte.

»Weil ich von jetzt ab ununterbrochen in dem Buch arbeiten muss. Sonst falle ich auch beim nächsten Mal wieder durch die Prüfung, diese verdammte Prüfung zum Bakkalaureus der Freien Künste.«

»Und dann?«, fragte Thomas sachlich. Er kannte weder Prüfungen noch wusste er, was ein Bakkalaureus oder Freie Künste waren.

»Dann ist es aus. Dann kann ich sehen, wo ich bleibe. Dann kann ich auch im Sommer Schule halten und mich in diesem Loch hier von einem Mustopf zum nächsten durchhungern.«

Der Vagant ließ einen verzweifelten Blick durch die Wirtsstube schweifen und legte dann mit einem tiefen Seufzer den Kopf auf die Tischplatte.

Dabei war es eine lächerliche Vorstellung, im Sommer auf dem Dorf Schule halten zu wollen. Lesen tat man wirklich nur im Winter. Aber Thomas spürte, dass er das jetzt lieber nicht sagen sollte. Er verstand zwar nicht recht, worin das Verhängnis bestand, das dem Studenten da drohte; aber er begriff, dass es ein wirkliches Verhängnis sein musste. Die vielen leeren Flecken in seinem eigenen Kopf, die er eben gespürt hatte, fielen ihm wieder ein. Konnte es sein, dass man dem Zauberbann der kleinen schwarzen Buchstaben verfiel, ohne doch ihr Herr zu sein? Dass sie einen narrten und auf unsichere Wege lockten? Dass man sogar sein Leben an sie wandte, ohne doch von ihnen leben zu können? Und wahrhaftig – wovon dann? Das war zwar nicht seine Sorge; er selbst wollte ja – besser gesagt, er musste – Bauernknecht werden, und niemand würde jemals danach fragen, ob er beim Lesen etwas begriff oder nicht. Aber der Vagant war anders, der konnte nicht von Bauernarbeit leben. Thomas verspürte tiefes Mitgefühl. Und dann sage er von allem, was man jetzt sagen konnte, offenbar genau das Falsche.

»Darf ich das Buch einmal anfassen?«

»Nein!«, schrie der Vagant in plötzlich auflodernder, hilfloser Wut. »Nein! Hände weg von meinem Buch! Das ist nichts für dich, du Bauernlümmel!«

Für die große Masse der Menschen auf dem Land änderte sich durch die neuen Gedanken und Erkenntnisse so gut wie nichts. Die meisten waren als »hörige« oder »leibeigene« Bauern weiterhin von ihren Herren abhängig und ihrer Willkür ausgesetzt.

Manfred Mai
Wie ein Mann

Mit dem ersten Hahnenschrei wurde Martin wach. Er reckte und streckte sich auf seinem Strohsack, schloss die Augen noch einmal und wollte sich umdrehen.

»Nichts da!« Der Vater stieß ihn mit dem Fuß an. »Aufstehen! Und du auch«, sagte er zu Martins Schwester Anna.

Die beiden standen auf und rieben sich den Schlaf aus den Augen. Die Mutter stellte eine Schüssel mit Haferbrei auf den Tisch. Martin und Anna setzten sich auf die Holzbank und löffelten den Brei aus der Schüssel. Auch der Vater aß von dem Brei.

»Genug jetzt«, sagte er schließlich. »Wir müssen an die Arbeit.«

Er holte die Kuh aus dem Stall und führte sie zum nahen Acker. Martin und Anna trugen einen Korb mit Rübensetzlingen hinterher. Der Morgen war frisch. Tau lag auf dem Gras. Martin und Anna spürten die feuchte Kühle unter ihren nackten Füßen.

Auf dem Acker spannte der Vater die Kuh vor den Pflug und drückte die Pflugschar in den Boden. Martin musste die Kuh führen, damit die Furchen gerade wurden. Anna steckte die Setzlinge in die Furchen und bedeckte sie mit Erde.

»Hüh!«, rief der Vater, dem die Kuh zu langsam zog. »Du sollst die Kuh führen, nicht bremsen, du Nichtsnutz!«

Martin schlug die Kuh mit einem Stecken. Aber die Kuh

konnte den Pflug nicht schneller ziehen. Sie war trächtig und würde bald kalben. Als sie etwa die Hälfte der Arbeit geschafft hatten, blieb die Kuh stehen.

»Hüh!«, rief Martin und zerrte am Kopfstrick. Aber die Kuh machte keinen Schritt mehr.

Der Vater ließ den Pflug los. »Was ist denn jetzt schon wieder?«, schimpfte er, riss Martin den Stecken aus der Hand und schlug damit auf die Kuh ein. »Hüh! Willst du wohl ziehen, du faules Stück!«

Die Beine der Kuh knickten ein, sie sackte zu Boden. Martin trat mit dem Fuß gegen ihren prallen Leib. »Steh auf!«

Der Vater stieß Martin zurück. »Schluss! Die kann nicht mehr.« Er hieb mit dem Stecken so über einen Stein, dass Martin und Anna zusammenzuckten. »Lauf und hol die Mutter!«, befahl der Vater Anna.

Anna lief, so schnell sie konnte. Der Vater und Martin spannten die Kuh aus und trugen den Pflug an ihr vorbei. Dann legte der Vater Martin einen Strick über Schulter und Brust und band sich selbst den anderen um. »Wenn die Kuh nicht mehr ziehen kann, müssen wir anschirren!«

Martin erschrak – und nickte.

Anna kam mit der Mutter angelaufen.

»Gerechter Gott!«, rief die Mutter.

»Nimm den Pflug«, sagte der Vater.

»Aber das ist doch …«

»Die Rüben müssen heute noch gesetzt werden«, schnitt ihr der Vater das Wort ab. »Morgen und übermorgen muss ich für den Herrn arbeiten.«

Die Mutter seufzte und stellte sich hinter den Pflug. Der Vater und Martin hängten sich mit ganzer Kraft in die Stricke und zogen den Pflug vorwärts.

Als die Sonne schon hoch am Himmel stand und Martin sich noch einmal mit letzter Kraft bis zum Ende des Ackers geschleppt hatte, blieb der Vater stehen. Auch er atmete schwer. »Zeit fürs Vesper«, sagte er.

Die Mutter holte Brot und Käse und sogar ein Stück Speck. Anna lief zum Bach und holte Wasser. Sie gab dem Vater den Krug. Der reichte ihn Martin und ließ ihn zuerst trinken. Das hatte er noch nie getan und Martin war richtig stolz. Er fühlte sich wie ein Mann, obwohl er erst dreizehn war.

Während sie aßen und tranken, hörte Anna Hundegebell und Hufschlag. »Die Herren jagen wieder«, rief sie.

»Wenn sie nur nicht ...« Die Mutter brach den Satz ab, denn schon sah sie zwei Hirsche um ihr Leben rennen, dicht gefolgt von bellenden Hunden und den Reitern. Und alle kamen genau auf ihren Acker zu.

»Nein!«, rief sie und schlug die Hände vors Gesicht. Der Vater ballte die Fäuste und stieß einen Fluch aus. Martin sah die Hirsche und Hunde über den so mühsam, ja qualvoll gepflügten Acker jagen und er sah die vielen Reiter heranpreschen. Plötzlich sprang er auf und stellte sich ihnen in den Weg. Ein Pferd scheute und warf beinahe seinen Reiter aus dem Sattel. Ein zweiter Reiter versetzte Martin einen Fußtritt, dass der zu Boden taumelte. »Aus dem Weg, Bauernlümmel!«

Dann ritten alle schnell weiter. Die Pferdehufe zertrampelten viele Rübensetzlinge oder wirbelten sie durch die Luft.

Der Vater trug Martin aus dem Acker und legte ihn auf die Wiese. »Dummer Bub«, sagte er. »Du kannst dich den Herren doch nicht in den Weg stellen.«

»Aber die Rüben«, stöhnte Martin und richtete sich langsam auf.

Die Mutter gab ihm Wasser zu trinken. Anna strich ihm liebevoll übers Gesicht. »Tut's weh?«

Martin schüttelte den Kopf. »Nicht arg.«

»Dann müssen wir ...« Der Vater drehte sich um – die Reiter kamen zurück.

Die Mutter fing an zu beten. Anna drückte sich fest an Martin.

Die Herren zügelten ihre Pferde. »Her mit dem Lümmel!«

»Herr«, sagte der Vater, »wir haben die Rüben heute Morgen gesetzt ...«

Da zischte die Reitpeitsche des Herrn nieder und zog einen roten Striemen über das Gesicht des Vaters. »Habe ich dich nach deiner Meinung gefragt?« Der Herr sah Martin an. »Steh auf!«

Anna wollte ihren Bruder nicht loslassen. Nun fetzte die Reitpeitsche auf ihren Rücken und Martin stand schnell auf.

»Wegen dir sind uns die Hirsche entkommen«, sagte der Herr und zog die Peitsche über Martins Gesicht. »Ich sollte dir dafür die Augen ausstechen lassen.«

Die Mutter fiel vor dem Herrn auf die Knie. »Erbarmen, Herr, habt Erbarmen. Er ist doch noch ein Kind.«

»Ein Kind?« Der Herr lachte bitter. »Ein verdammter, aufsässiger Bursche ist das, der die schlimmste Strafe verdient hat. Aber damit ihr seht, wie gut ihr es bei mir habt, bekommt er nur zehn Hiebe mit der Peitsche.«

Er winkte zwei Männer zu sich. Die packten Martin, rissen ihm sein Leinenhemd vom Leib, banden ihn an einen Baum und peitschten ihn aus. Der Vater, die Mutter und Anna mussten zusehen.

Martin stöhnte vor Schmerz und biss sich die Lippen blutig. Aber er schrie und weinte nicht.

»Das soll dir und euch allen eine Lehre sein«, sagte der Herr. Dann gab er seinem Rappen die Sporen und ritt mit seinem Gefolge davon.

Der Vater schnitt die Fesseln auf und Martin sackte zusammen. Die Mutter kühlte Martins geschundenen Rücken mit einem nassen Tuch.

»Da haben wir noch einmal Glück gehabt«, sagte der Vater.

Die Mutter nickte. »Dem Vater im Himmel sei Dank!«

»Glück?« Martin biss vor Schmerz und Wut ins Gras. Dann drehte er sich langsam um. »Glück?«, fragte er noch einmal. »Die ganze Arbeit war umsonst. Alles haben sie zerstört. Und wir müssen uns vom Herrn auch noch schlagen lassen. Nein, das ist kein Glück, das ist Unrecht!«

»Sei still, Junge!«, sagte der Vater scharf. Martin schwieg. Aber er schwor sich, dieses Unrecht nicht länger zu erdulden.

Martin Luthers Bibelübersetzung und seine Schrift »Von der Freiheit eines Christenmenschen« ermutigte die Bauern, für die Abschaffung adliger Vorrechte zu kämpfen. »Als Adam grub und Eva spann, wo war denn da der Edelmann?«, sangen sie in Süddeutschland und wagten 1525 unter dem Zeichen des Bundschuhs zum ersten Mal einen Aufstand. Anfangs waren sie auch sehr erfolgeich, aber dann schlug die Obrigkeit brutal zurück.

Frieder Stöckle
Bis er gesteht

Marx Kuffers Augen hatten sich noch immer nicht an die Dunkelheit gewöhnt. Wie viele Stunden mochte es nun her sein, dass er in diesem Loch festgeschmiedet war? Wie viele Tage?

Marx Kuffer stützte den Oberkörper auf die Ellenbogen und starrte ins Dunkel. Der Fußreif aus geschmiedetem Eisen scheuerte den Knöchel wund. Woher nur hatten sie seinen Namen? Wen hatten diese verdammten Blutsauger weich gemacht?

Am hellen Mittag waren die Vogtsknechte in seine Hütte eingedrungen und hatten ihn vom Tisch weggeschleppt. Seine Frau hatte geschrien und die beiden Kleinen hatten sich an seine Beine geklammert. Kuffer spürte eine eiskalte Wut in sich aufsteigen, wenn er daran dachte, wie die beiden Vogtsknechte seine Kinder weggestoßen hatten ...

Wie lange lag er nun schon in diesem stockfinsteren Loch? Dreimal schon hatte er Verhöre über sich ergehen lassen müssen. Namen, sie wollten Namen wissen. Aber Marx Kuffer hatte geschwiegen. Er hatte keinen der Brüder vom Bundschuh verraten. Sie hatten auf dem Hungersberg damals geschworen, der »göttlichen Gerechtigkeit einen Beistand zu tun«. Und dieser Schwur galt. Die Zeit war reif. Die Herren sollten beseitigt werden ... Ob sie auch Jost Fritz gefasst hatten?

Draußen hörte er Schritte. Marx Kuffer richtete sich auf und lauschte. Sollte das schon wieder ein Verhör geben? Kam das kärgliche Mahl? Kein Zweifel, es waren die hallenden Schritte der Knechte, dieses unregelmäßig dumpfe Poltern, Rasseln von Ketten und Quietschen der eisernen Schlösser. Nun gut, er würde gelassen bleiben. Aber in einem Winkel seines Herzens saß die Angst. Zu gut hatte er noch im Ohr, was sie ihm beim letzten Verhör angedroht hatten ... sie würden ihm die Zunge lösen ... die Namen würde er nennen ... vielleicht sogar singen ... Folter?

Ein Lichtschimmer drang durch die Ritzen der Tür, der eiserne Riegel schlug krachend zurück, und Kuffer musste sich wegdrehen, so blendete ihn das Licht. Wortlos beugten sich die Knechte über seine Füße und lösten die Schlösser der Fußfesseln.

»Los!« Marx Kuffer wurde zur Tür gestoßen. In gebeugter Haltung tastete er sich vorwärts. Das freie Stehen war er nicht mehr gewöhnt. Es ging über die ausgetretenen Sandsteinstufen hinauf in den schwer ummauerten Vorhof und dann durch eine niedrige Tür in einen gewölbeartigen Gang. Jetzt begann Kuffer zu begreifen – es ging zum »Turm«. Zum Malefiz-Turm. Sie brachten ihn in den berüchtigten Folterturm.

Jeder in der Stadt kannte diesen Turm! Wuchtig und massig drohte er über der breiten Mauer und jagte den Bewohnern Furcht und Schrecken ein.

Also doch! Benommen fasste sich Kuffer an die Stirn und blieb stehen. Nicht in die Tortur. Nur nicht da hinunter! Aber ein Knecht versetzte ihm roh einen Stoß in den Rücken, der ihn fast umgeworfen hätte.

»Los! Du hast noch genug Gelegenheit zum Stöhnen! Auf,

man wartet schon auf dich!« Und zum Nebenmann gewendet, fuhr er höhnend fort: »Bin gespannt, wie viel Runden der mitmacht, viel werden's nicht, sieh ihn dir an, wie den schon jetzt die Angst auffrisst! Wollen wir wetten, dass er noch vor den spanischen Stiefeln mit den Namen rausrückt?«

Marx Kuffer presste die Lippen zusammen, richtete sich auf und ging rasch weiter. So einfach würde er es ihnen nicht machen. Und vielleicht war das alles nur Bluff! Vielleicht wollten sie ihn nur weich machen, indem sie ihn in den Folterturm schleppten. Wahrscheinlich würden sie ihm nur die Folterwerkzeuge zeigen. Zur Einschüchterung. Das war üblich bei Gefangenen, die hartnäckig leugneten. Nein, davon würde er sich nicht kleinkriegen lassen. Ihn würden sie nicht einschüchtern!

Und im Übrigen, wenn er beim Anblick der Folterwerkzeuge einige Namen seiner Bundschuhbrüder nennen würde, wie sicher mussten sich dann die Schergen sein, dass sie durch die Folter noch weitere Namen erpressen konnten! Sie würden von ihm nichts erfahren!

Zwischen feuchten Wänden führte der Gang auf eine niedere Holztüre zu, über der eine eiserne Maske grinste: der Eingang in den »Turm«! Unwillkürlich dachte Kuffer an die vielen Opfer, die schon durch diese Türe gestoßen wurden. In welcher Stimmung waren die hineingegangen und wie wieder herausgekommen? – wenn sie noch gehen konnten!

Ein kalter Schrecken würgte ihn. Erst jetzt erfasste er richtig, wo er hingeführt wurde. Wie würde es ihm ergehen? Welche Schmerzen würde er aushalten? Würde er die Namen der Genossen verraten?

Schmerz! Kuffer versuchte sich an verschiedene Anlässe und kleine Unfälle zu erinnern, bei denen er Schmerzen aushalten musste. Einmal, als ihm die kochende Brühe aus einem Schweinekessel über die Beine lief, als ihm beim Holzschlagen eine fallende Fichte ein Stück von der Rückenhaut abriss, als ihm beim Feuern flüssiges Wachs über die Arme schwappte ...

Unsanft wurde er aus seinen Gedanken gerissen. Ein Knecht gab ihm einen Stoß, so dass er die wenigen Stufen in den kellerartigen Raum hinunterstolperte.

Jetzt war er drin, stand im Malefiz-Keller des berüchtigten Folterturmes. Im flackernden Schein einiger Fackeln erblickte er einen großen Tisch. Dahinter bequeme Stühle mit breiten Armlehnen. Etwa in der Mitte des Raumes eine roh gezimmerte Bank. Auf dem Tisch brannten in regelmäßigen Abständen Talglichter.

Marx Kuffer sah sich um. Er konnte nichts weiter erkennen. Nur die feuchten Wände schimmerten im Schein der Lichter.

Das Gewölbe war offenbar ziemlich hoch und führte auch noch weiter in die Tiefe. Der Fackelschein reichte jedenfalls nicht hin, um den ganzen Raum auszuleuchten. Wo waren denn die Werkzeuge? Die Tortur-Instrumente? Kuffer versuchte das Dunkel mit den Augen zu durchdringen.

Die Gerichtsherren traten ein, geführt von einem fackeltragenden Knecht. Nachdem sie an dem großen Tisch Platz genommen hatten, rückte sich einer ein Talglicht zurecht, öffnete einen Holzkasten und legte sich Schreibzeug und Pergament bereit. Kuffer kannte die Herren und auch den Schreiber. Sie hatten sich schon einige Male an anderem Ort gegenübergestanden.

Ein Knecht schloss die Tür und blieb vor dem schweren Schloss stehen.

»Nun?«, kam es scharf vom Tisch der Gerichtsherren. »Willst du uns jetzt die Namen vom Bund nennen? Du weißt, wo du bist?«

Marx Kuffer presste die Lippen aufeinander und sah finster zu dem Gerichtsherrn hinüber, der sich in seinem Sessel zurückgelehnt hatte.

»Wirst du jetzt freiwillig bekennen oder bleibst du bei deiner Verstocktheit? Wir haben Mittel, die dir die Zunge lösen werden!« Er machte eine Pause und wandte sich an den Schreiber: »Wir fangen an, bitte schreiben!«

Kuffer drehte sich erschrocken um. Hinter ihm war der Schatten einer massigen Gestalt sichtbar geworden. Drohend hob er sich von der Wand ab: der Scharfrichter Wolf! Wolf, um den jeder einen Bogen in der Stadt machte, der im Wirtshaus allein in der Ecke vor seinem Humpen saß, der durch die Angstträume der Kinder geisterte – Wolf stand hinter ihm. Und leise wie zur Bestätigung nickte er Kuffer zu: »Ich bin's, der Scharfrichter Wolf!«

»Zum letzten Mal: Marx Kuffer, nennt uns die Namen derer, die mit Euch im Bund waren!«, kam es scharf vom Richtertisch.

Kuffer drückte das Kinn auf die Brust und schwieg. Die drohten nur. Der Wolf sollte ihm Angst einjagen. Er würde die Namen nicht rausrücken ... Sie hatten auf dem Hungersberg geschworen, auf die Heilige Jungfrau und auf die Fahne.

»Wolf, zeigt vor, leuchten!« Zwei Knechte eilten herbei und stellten sich mit ihren Fackeln neben den Scharfrichter. Und jetzt erkannte Kuffer die grausigen Gerätschaften, die bis jetzt im Dunkel geblieben waren.

»Die Schnüren«, grinste Wolf und nahm ein dünnes zusammengerolltes Hanfseil von dem Tischchen. »Damit fangen wir an. Hier, die beiden Knechte werden dich halten und dir die beiden Arme zusammenstrecken. Und ich werde dir dann die Schnur um die Handgelenke legen und mit der Wicklung beginnen, bis hinauf zum Ellbogen.«

Kuffer starrte auf die muskulösen Arme des Scharfrichters.

»Nach jeder Umwindung werde ich stark anziehen, so dass die Schnur tief ins Fleisch einschneidet!«

»Nein!« Der Bundschuher machte unwillkürlich einen

Schritt weg von dem entsetzlichen Menschen, suchte Schutz bei dem Tisch der Gerichtsherren.

»Marx Kuffer«, kam es unerbittlich von dort, »die Namen, wenn Ihr Euch die Prozedur ersparen wollt! Wer war mit Euch im Bund?«

Marx Kuffer hatte sie wieder vor sich, unter den dichten Fichtenkronen des Hungersberges – »nichts denn die Gerechtigkeit Gottes!« –, sie hatten sich über die Fahne an den Händen gefasst, sich umarmt, ewige Verschwiegenheit versprochen bis in den Tod.

»Weiter, Meister Wolf!«

Kuffer schreckte auf und starrte wieder hinüber zu dem Scharfrichter.

»Wenn wir mit den Seilen nicht weiterkommen, dann versuchen wir es mit dem Daumenstock, hier, siehst du den Stuhl?«

Kuffer sah zur Seite, natürlich hatte er vom Stuhl gehört. Jeder kannte die Marterwerkzeuge. Jetzt bloß keine Regung zeigen! Er biss die Zähne zusammen.

»Nun, wenn du diesen schönen Stuhl nicht sehen willst, dann erkläre ich ihn dir. Im Daumenstock lassen sich deine Daumen einspannen und zudrücken, dass sie dünn werden wie ein Buchenblatt...«

Die Stimme des Scharfrichters hallte in dem geräumigen Gewölbe.

»Nun, Kuffer, die Namen!«, forderte die Richterstimme.

Aber Kuffer reagierte nicht, er hatte den Hungersberg vor sich und den Schwur.

»Meister, weiter!«, schnitt die scharfe Stimme die Pause ab, die entstanden war.

»Wenn dich das noch immer nicht zur Vernunft bringt, dann vielleicht die spanischen Stiefel!« Ein helles Metallgeräusch ließ Kuffer aufhorchen. Meister Wolf schlug beinförmige Eisenschalen gegeneinander, die innen mit eisernen Nocken dicht bestückt waren. »Mit den spanischen Stiefeln bringe ich Euch zur Vernunft, das verspreche ich!«

»Die Namen, zum allerletzten Mal!«

Kuffer wusste, dass er jetzt an einem Punkt angekommen war, wo keine Steigerung mehr möglich war. Die Namen! Er hatte sie bis jetzt nicht preisgegeben und er würde sie auch unter der Folter – Herr im Himmel, würde er es denn aushalten? Sollte er die Namen nicht doch preisgeben? Einen Moment war tiefe Stille.

Doch dann schüttelte Kuffer den Kopf und sagte tonlos: »Nein, niemals!«

»Dann – los!«, kommandierte der Richter.

Im selben Moment wurde Marx Kuffer von den zwei Knechten auf die niedere Holzbank gedrückt. Sie rissen ihm die Arme nach hinten, dass ein jäher Schmerz in die Gelenke fuhr, und streiften sein leinernes Hemd bis über die Ellbogen zurück. Und noch bevor er zur Besinnung kam, hatte der Scharfrichter ihm die Arme zusammengebunden und schlang nun in dichten Windungen die Schnüren um den Arm. Wieder zuckte ein wahnsinniger Schmerz durch die Arme in den Körper, schwoll an und schüttelte ihn. Es war, als würden ihm die Arme abgerissen. Kuffer schrie, warf den Kopf hin und her und die Adern traten ihm dick auf die Schläfen. Aber die Namen behielt er bei sich, er presste die Zähne aufeinander und schloss die Augen.

»Wer war bei der Verschwörung dabei? Marx Kuffer, die Namen –!«

Kuffer hing in den Seilen, die jetzt bis zum Ellbogen hinaufgeschnürt waren, er wimmerte und ließ den Oberkörper kraftlos nach vorn hängen. Kaum merklich schüttelte er den Kopf. Er würde die Freunde nicht verraten. Er würde stärker als die Folter sein, der Bundschuh wird siegen!

»Daumenstöcke!«, befahl der Vorsitzende.

Kuffer fühlte, wie seine Hände gepackt wurden, spürte das Eisen und hörte das Geräusch, mit dem es geschlossen wurde.

»Schraubt zu, Meister Wolf!«

Der Schmerz zuckte erneut durch den Körper. Kuffer stöhnte, biss sich Zunge und Lippen blutig, aber blieb stumm.

»Schraubt fester zu!«

»Aufhören!«, brüllte Marx Kuffer und bäumte sich unter dem Schmerz auf.

»Die Namen! Wer war bei der Verschwörung beteiligt?«

Ich halte das nicht länger aus! Es muss aufhören, bloß aufhören, waren die einzigen Gedanken des Gequälten.

»Schraubt fester!«

»Nein – aufhören, macht Schluss! Ich will, ich will die Namen sagen!«

»Aufhören! Schreiber, seid Ihr bereit?«

Mehr gehaucht als gesprochen kam es Marx Kuffer von den Lippen: die Namen der Bundschuhbrüder, denen er droben auf dem Hungersberg absolute Verschwiegenheit geschworen hatte. Mit jedem Namen, den er nannte, zuckte er erneut zusammen. Tränen schwammen in den Augen und er kämpfte mit seiner Stimme. Jedem Genannten würde es binnen kurzem ebenso gehen wie ihm: Stotzen, Heinrich; Gernolt, Hans; Wurtz, Jörg; Roß, Jacob; Clein, Hans von Zell; Schutzen, Ulrich; Sellen, Matheus zu Blienschweiler; Vitt Schmidt und Peter Heid aus Dambach; Boltz, Hans; Kunlin, Veltin, ebenfalls aus Dambach …«

Im 14. Jahrhundert hatte der Aufstieg der Städte und damit des Bürgertums begonnen. Ausschlaggebend dafür war der rasch zunehmende Handel mit Waren aus aller Herren Länder. Um diesen Handel besser organisieren zu können, schlossen sich die Kaufleute zu »Gilden«, die Handwerker zu »Zünften« zusammen. Die Zunftordnung regelte zum Beispiel Rechte und Pflichten der Meister, Gesellen und Lehrlinge. Auch was in welcher Anzahl und Qualität hergestellt werden durfte, bestimmte die Zunft. Ebenso die Preise und Löhne.

Dietlof Reiche
Siegel und Zeichen

Vier Wochen arbeitete Martin nun schon bei Kratzer. Und er fühlte sich dort außergewöhnlich wohl. Das durfte man wörtlich nehmen, denn es war nicht das gewöhnliche Verhältnis zwischen Meister und Gesellen, das sich zwischen ihm und Kratzer herausgebildet hatte. Selbstverständlich teilte Kratzer die Arbeit ein und befahl auch mal, wie dies oder jenes zu geschehen hatte. Aber in der Regel beriet er sich vorher mit Martin wie mit einem Partner und ließ auch seine Meinung gelten.

Kratzer entsprach nicht dem Bild des gewöhnlichen Meisters. Er war weit herumgekommen, auch in fremden Ländern, und konnte packend davon erzählen. Wichtig war für Martin, dass Kratzer über seine Erlebnisse und den »Gang der Welt« nachdachte.

Einmal hatte Martin gefragt, ob das Loderhandwerk sich aus der Herrschaft der Handelsherren befreien könnte. Als Antwort hatte Kratzer zu erzählen begonnen: »Vor Jahren bin ich in Holland gewesen und dort in einem großen Haus mit weiten Stuben. In einer Stube haben zwanzig Männer und Frauen gesessen. Die haben den ganzen Tag nichts anderes gemacht als Wolle geschlichtet. In einer anderen Stube haben zahllose Frauen an Spinnrädern gearbeitet. Und in einer dritten sind Tücher gekardet worden. Viele solche Stube hat es gegeben. Und in jeder ist immer nur ein Arbeitsgang verrichtet worden, einer von den vielen, die es braucht, um ein Wolltuch fertig zu machen.«

Bei der Vorstellung, tagaus, tagein nichts anderes arbeiten zu dürfen als Tücher zu karden, hatte Martin sich geschüttelt. »Aber«, hatte er gefragt, »was hat das mit meiner Frage zu tun?«

»Ganz einfach«, hatte Kratzer geantwortet, »die Leute dort müssen nur ihre paar Handgriffe können. Es sind auch nur wenige, die das Handwerk gelernt haben. Darum kriegen sie geringen Lohn. So sind die Tücher billig im Herstellen, aber so gut wie die vom Handwerk. Du kannst dir denken, wie hoch der Verdienst ist für den Herrn, der das Haus eingerichtet hat! – Nur: Zum Einrichten gehört Geld. Und wer hat Geld? Die Handelsherren. Ich glaub, dass die Handelsherren auch bei uns irgendwann solche Häuser bauen. Dann kann das zünftige Loderhandwerk einpacken. So seh ich das. Die Handelsherren werden das Handwerk so lang drücken, bis sie's nicht mehr brauchen. Das ist die Antwort auf deine Frage.«

Martin bezweifelte, dass Kratzer Recht hatte. Wer würde schon Loden kaufen, die nicht von Meistern und Gesellen gewirkt und zugerichtet worden waren, sondern von Leuten, die das Handwerk nicht gelernt hatten? Dennoch hatte ihn Kratzers Antwort beeindruckt. »Der hat mehr im Kopf als andere Meister«, hatte er gedacht, »der hält seinen Stuhl nicht für den Nabel der Welt.«

Kratzer schien diese Gespräche während der Arbeit zu mögen. Und er sprach offener zu Martin als zwischen Meister und Geselle üblich.

»Als ob ich sein Sohn wäre«, hatte Martin einmal gedacht,

»so redet er mit mir. Und ich glaube, das ist es: Weil er mit einem missratenen Sohn, dem Christian, geschlagen ist, sucht er einen Ausgleich.«

Die Zeichenmeister prüften gründlich. Besonders genau nahm es der Spitzbart. Während er den oben liegenden Loden Elle für Elle über den Schragen zog, beäugte er jede Handbreit Gewebe. Vermutlich entging ihm kein grober Faden, keine Runzel und keine dünne Stelle. Ununterbrochen bewegte er die Lippen – er zählte die Ellen, die er mit dem Messstock am Loden abgriff. Peinlich genau setzte er dabei den Daumen vor den Stock. Die Daumenbreite durfte zu jeder Elle hinzugezählt werden.

Jetzt hatte er fertig gemessen und der Loden lag in Falten vor dem Schragen. Der Spitzbart band die Schnüre auf, die das Mal verdeckten.

»Meister Bucher!«, rief er.

Bucher löste sich aus einer Gruppe schwatzender Meister.

»Der Loden ist um eine Elle zu kurz!«

Auf dem Gang und im Saal wurde es still.

Bucher war bleich geworden. »Das ... das kann nicht sein«, stotterte er.

Der Spitzbart stemmte die Arme in die Seite. »Wollt Ihr damit sagen, dass ich falsch gemessen hab, hä? Ihr könnt ja verlangen, dass nachgemessen wird. Tut Euch keinen Zwang an, hähä!«

Kratzer flüsterte Martin zu: »Wenn er nachmessen lässt und der Loden ist tatsächlich zu kurz, muss er die doppelte Strafe zahlen!«

Inzwischen stand auch Rehe vor Bucher. »Also was ist? Wollt Ihr, dass nachgemessen wird?«

Müde hob Bucher die Schultern. Dann winkte er ab.

»Gut. Einen Gulden Strafe dann. Der Loden bekommt nur das Siegel aus Wachs. Reißt den Vorschlag ab!«

Das war an den Spitzbart gerichtet. Der ergriff das Ende des Lodens, in das der schwarze Endfaden gewebt war, und riss es mit einem Ruck ab. Dann sah er Bucher höhnisch grinsend an.

Langsam nahm Bucher den Loden auf und ging mit schleppenden Schritten zum Ende des Saales, wo die Loden gesiegelt wurden. Seinen »Rissloden« konnte er jetzt nur noch ellenweise auf dem Markt verkaufen. Und dem Handelsherrn Widemann musste er die als Vorschuss gewährte Wolle schuldig bleiben. Diesen Loden nahm der nicht. Und zu allem kam noch der Gulden Strafe.

»Armer Hund!«, murmelte Kratzer.

»Warum hat er denn nicht nachmessen lassen?«, fragte Martin.

»Ich kenn den Bucher. Dem passiert's schon mal, dass er sich vermisst. Er war sich wohl nicht sicher. Vielleicht hat auch die Wolle nicht gereicht und er hat auf sein Glück vertraut. Außerdem ist das mit dem Nachmessen so eine Sache. Da hätte der Bucher einen zum Messen bestimmen können. Aber der Ratsherr Ernst hätte den Zweiten bestimmt. Und im Zweifelsfall hätte der doch das letzte Wort gehabt. – Du bist halt immer der Angeschissene!«

Die Lodenstapel auf den Schragen schmolzen zusammen.

Ein Meister nach dem anderen wurde in den Saal gerufen, erhielt das Siegel an seinen Loden geschlagen und entrichtete die Schaugebühr. Zuletzt gab er eine seiner Zählmarken ab, mit denen die Zunft die Zahl der von ihm gewebten Loden kontrollierte. Dann war er entlassen.

Mit zusammengekniffenen Augen beobachtete Kratzer, wie der Gang sich leerte. »Das ist mir noch nie passiert«, murmelte er. »Ich werd doch hoffentlich nicht der Letzte sein?«

Aber er hoffte vergebens: Alle Schragen waren leer, lediglich dort, wo der Spitzbart prüfte, hing noch ein Loden. Und auf dem Gang warteten allein Kratzer und Martin.

Aus den Augenwinkeln spähte der Spitzbart zu ihnen herüber. Dann beugte er sich über den Loden und begann zu messen, eilig und auch nachlässig, wie Martin schien. Bald lag der Loden vor dem Schragen. Der Spitzbart entfernte die Schnüre.

»Oh!« Er tat erstaunt. »Das ist ja das Mal vom Jörg Kratzer! – Meister Kratzer! Seid so gut und bemüht Euch her. An Eurem Loden fehlt leider, leider eine halbe Elle, hähä!«

»Das darf nicht wahr sein!«, knurrte Kratzer. »Der versucht's tatsächlich!« Mit langen Schritten ging er auf den Spitzbart zu. »Ich hab aufgepasst, du Lump! Den Daumen hast du schlampig angehalten! Betrüger!«

Rehe vertrat ihm den Weg. »Meister Kratzer! Wie könnt Ihr es wagen, so mit einem Zeichenmeister zu sprechen! Ihr beleidigt die Zunft! Mäßigt Euch!«

Aber Kratzer war nicht zu bremsen. »So? Ich beleidige die Zunft? Ich will Euch mal was sagen: Dieser Mistkerl ist eine Beleidigung der Zunft! Und die tut sich die Zunft selber an! Weil gewisse Leute diese Kreatur immer wieder zum Zeichenmeister bestimmen! – Aber was soll's! Ihr steckt ja alle unter einer Decke! Und jeder ist Euch recht. Wenn er nur die Meister kujoniert!«

Rehe versteifte sich, als hätte er einen Messstock verschluckt. Eisiges Schweigen herrschte im Saal. Der Ratsherr Ernst hatte sich halb von seinem Stuhl erhoben, die Zeichenmeister sahen gespannt auf Rehe.

Nach einer Weile sagte dieser langsam: »Damit seid Ihr zu weit gegangen, Kratzer! Das würde reichen für eine Bestrafung! – Trotzdem werde ich davon absehen und Eure Rede nicht vor den Rat bringen, weil keine anderen Meister sie gehört haben. Aber sie soll Euch unvergessen bleiben, das schwöre ich Euch!«

Kratzer sah Rehe scharf an. Dann rieb er sich den Stoppelbart. »Schwört, was Ihr wollt«, knurrte er. »Aber ich verlange jetzt, dass nachgemessen wird! Die erste Messung war unsauber!«

Martin hatte die Szene mit klopfendem Herzen beobachtet. »Um Kopf und Kragen redet der sich«, war ihm durch den Kopf geschossen. Nun war er erleichtert, dass Kratzer wieder zur Sache kam. Er sprang vor. »Ich hab auch gesehen, dass der Spitz... der Zeichenmeister nachlässig gemessen hat!«

Mit einem Ruck wendete sich Rehe ihm zu. »Ach, der Herr Geselle! Hat der auch was zu sagen! Das wird ja immer besser! – Martin Wagner, was? Geselle beim Kratzer? Schön, schön! Deinen Namen will ich mir gut merken. – Mach, dass du wieder auf den Gang kommst! Hier haben nur Meister was zu suchen!«

Kratzer hatte Martin verwundert angesehen. Jetzt nickte er ihm lächelnd zu. Martin ging auf seinen Platz zurück.

Der Ratsherr Ernst winkte Rehe zu sich. Leise sagte er: »Es war klug, dass Ihr die Sache nicht aufgebauscht habt. Je weniger öffentliches Geschrei es um das Handwerk gibt, desto besser. Aber behaltet den Mann im Auge, der ist gefährlich. Der Geselle ist unwichtig. – Jetzt bringt die leidige Angelegenheit zu Ende. Nachgemessen wird nicht, denn da hat der Kratzer Recht: Euer Mann hat schlampig gemessen, ich hab's auch bemerkt. Dem solltet Ihr mehr auf die Finger sehen, solche Zwischenfälle wie eben sind vermeidbar. Gebt dem Kratzer sein Siegel und Schluss!«

Rehe nickte. Zu Kratzer hin verkündete er: »Da die Zeit fortgeschritten ist, verzichten wir darauf, den Loden nachzumessen. Er bekommt das Siegel. Aber ich befehle Euch, Meister Kratzer, dass Ihr ihn nach dem Walken gut aufspannt, damit er auf die ordnungsgemäße Länge gezogen wird. Ihr seid entlassen. Die Zeichenmeister zu mir!«

Eilig scharten sich die Zeichenmeister um Rehe. Er begann leise und eindringlich auf sie einzureden, vorwiegend jedoch auf den Spitzbart, der immer mehr in sich zusammenkroch.

Kratzer stand unschlüssig. Schließlich raffte er seinen Loden zusammen und trug ihn zum Stock. Der Zunftknecht schob ein quer geschlitztes Bleischeibchen über das Ende des Lodens. Dann legte er das Blei auf den Stock mit dem unteren Prägestempel und setzte den oberen Stempel auf. Ein Hammerschlag – und der Loden war mit dem Nördlinger Adler gesiegelt. Gedankenvoll besah sich Kratzer das Siegel.

»Scheißvogel!«, murmelte er dann.

Martin Luthers Kritik am Papst und an der katholischen Kirche führte im 16. Jahrhundert zur Kirchenspaltung. Lutheraner, die Protestanten genannt wurden, und Katholiken standen sich feindselig gegenüber. 1618 begann ein Krieg zwischen ihnen, der dreißig Jahre dauerte und großes Leid und Elend über die Menschen brachte.

Tilman Röhrig
Erzähl mir vom Frieden

Aber die Großmutter ...«, fuhr das Mädchen auf.

»Maria!«, ermahnte Ursula Markart. Gehorsam löffelte die Tochter und schwieg.

Der Weißgerber hatte stumm die Brauen hochgezogen. Er liebte es nicht, wenn bei Tisch gesprochen wurde. Obwohl in diesen Jahren alle Gesetze, alle Ordnung mit in den Sog des Kriegsstrudels gestürzt waren, versuchte er, sich selbst und der Familie den Halt zu bewahren, den er von seinem Vater übernommen hatte – mehr als nur ein Gebet, mehr als den ungeregelten Besuch seiner Kinder beim Küster, der gleichzeitig Lehrer von Eggebusch war. Auch wenn Gewalt und Hunger ihn schmerzvoll zwangen, Gewissen und Glauben immer weiter auszuhöhlen, wollte Christoph Markart nicht auch die letzten gewohnten Formen preisgeben.

Solange er und seine Frau noch nicht satt waren, warteten die Kinder jedes Mal ungeduldig, bis die Eltern ihre gefüllten Löffel zum Mund führten. Erst dann schaufelten gleich fünf Holzlöffel den Brei. Jockel dachte sehnsüchtig an die Waldmäuse. Wie sehr hätte ihr bisschen Fleisch die Rübenmahlzeit verbessert.

Das Klappern der Holzlöffel wurde durch weit entfernte Schüsse unterbrochen.

Wie gelähmt starrten alle zur Hüttentür und zu der mit Lumpen verhangenen Fensteröffnung. Dann sprang der Weißgerber auf. »Ursula, verschwinde mit den Kleinen in die Werkstatt hinter den Lohkäsrahmen!« Der Befehl war knapp. »Maria, nimm die Decke von der Großmutter, wickel dich ein und leg dich in den Mist neben der Lohgrube. Wühl dich rein und rühr dich nicht!«

Jockel stürzte zu den großen Messern, die unter dem Wandregal hingen. Eins nahm er an sich, das andere gab er seinem Vater.

Zuerst warf Ursula Markart die Löffel in den Rest des Rübenbreis, dann nahm sie die Schüssel. »Kommt schnell!«, rief sie und verschwand mit den drei Kleinen nach draußen. Maria folgte, die Lumpendecke hatte sie wie einen Mantel umgeworfen.

Mit einem Schub leerte der Weißgerber die hölzerne Aschenkiste in die Herdglut, dann rannte er zusammen mit Jockel hinüber zum Stall. Sie zerrten die laut schreiende Ziege ins Freie, banden ihr das Maul mit einem Lederriemen, fesselten die schmalen Läufe aneinander und trugen das verängstigte Tier hinter die Wohnhütte. Hier bedeckten sie die Ziege mit vertrockneten Zweigen und alten Brettern.

»Jetzt aufs Dach!«, zischte der Weißgerber. Vater und Sohn stiegen hinauf und legten sich flach auf das mit eckig gestochenen Grasnarben abgedichtete Hüttendach.

Das Trommeln der Hufe näherte sich vom Fahrweg her – mit jedem Atemzug wurde es lauter. »Wenn wir doch nur unsere Kirchenglocken noch hätten!«, schimpfte der Weißgerber. »Nicht alle können die Schüsse gehört haben. Wir müssen warnen.« Er richtete den Oberkörper auf und schrie in alle Richtungen: »Soldaten!«

Sein Alarm wurde in der Nachbargasse aufgenommen und weitergegeben.

»Soldaten!« von der Kirche her. »Soldaten!« endlich auch vom nördlichen Ende des Dorfes.

Dann fiel eine lähmende Stille über Eggebusch. Das Trappeln der Pferde verstummte.

»Was ist? Reiten sie weg?« Ungläubig stöhnte Jockel auf.

»Bleib liegen!«, flüsterte der Vater. »Sie kommen. Sie zünden ihre Fackeln an...«

Weiter kam er nicht, denn jetzt sprengten die Pferde die Straße zum Dorfplatz hinauf. Ihre Reiter waren in der Dunkelheit nicht zu erkennen. Es war, als näherten sich nur brennende Fackeln. Der Truppe konnte nicht groß sein, denn die unruhigen Lichtpunkte teilten sich nicht. Gasse für Gasse flackerten die Flammen an jeder Hauswand entlang – wie Hunde spürten sie nach Beute.

Dann sammelten sie sich vor einem Haus. Jetzt waren auch die Umrisse der bewaffneten Gestalten zu erkennen. Drei von ihnen sprangen ab und stürmten hinein. Jockel hörte das Poltern und Zerschlagen von Holz.

Plötzlich schrie ein Mann, er schrie, bis die Stimme mitten im Schrei abbrach. Übrig blieb ein Gelächter, kehrte aus dem Haus zurück, hallte immer noch, als die Pferde weitertrabten.

»O Gott, es sind Teufel!«, keuchte Christoph Markart. Fest legte er den Arm um seinen Sohn und presste ihn an sich. »Wenn ich nicht mehr bin, Jockel«, flüsterte er, »versprich mir: Töte Mutter und Maria – bevor sie in die Hände dieser Wölfe fallen. Töte auch die Kleinen.«

Jockel schüttelte wild den Kopf. »Niemals, Vater. Ich bring alle in die Wälder. Nein, niemals!«

Der kräftige Mann verschloss mit den harten Fingerkuppen den Mund seines Sohnes. »Sei still! Du bist ein tapferer Junge. Lass nie zu, dass sie leiden müssen.«

Jockel nickte. Seine Augen waren weit aufgerissen.

Wieder schrie es gellend, diesmal aus der benachbarten Gasse.

Eine Frauenstimme! Das laute Grölen der Männer schwoll an, das Schreien wandelte sich zu einem qualvollen Röcheln.

Nur ein Stück näher platzten Tongefäße auf dem Pflaster, Holz zerbrach. Und immer noch das Röcheln der Frau, das langsam in dem grölenden Chor erstarb.

Jockel weinte. Fest stach er das Messer in eine Grasschindel und umklammerte den Griff. Die Wehrlosigkeit verzweifelte ihn.

»Still, Junge! Bitte, sei still! Sie dürfen uns nicht hören«, flehte sein Vater. Die Stimme war dunkel und gehorchte ihm nicht mehr.

Dann näherten sich die Fackeln – Reiter auf hohen Pferden. Jockels Tränen versiegten in der Atemlosigkeit. Da – jetzt hielten sie neben der Mauer an. Für einen Moment schien die Meute uneinig. Rufe, Antworten und Zögern. Entschlossen trieben die Ersten wieder ihre Pferde an, dann die anderen – doch ein Soldat blieb bei der Mauer zurück und hielt die Fackel hoch.

Auf einen Zuruf hin setzte das Pferd über den niedrigen Wall.

Dicht pressten Jockel und sein Vater ihre Gesichter in den modrigen Dachschutz. Sie hörten das Schnauben des Gauls. Der Säbel klirrte, als der Soldat abstieg. Mit einem Tritt wurde die Tür aufgestoßen. Der Tisch stürzte um.

Stille.

Jockel zuckte zusammen, als der Eisenkessel in den Hof schepperte.

Stille.

Auf dem Lehmboden waren die Schritte nicht zu hören. Plötzlich: »He, Alte! Raus mit dir!«

Großmutter!, hämmerte es Jockel im Kopf.

Unter Flüchen verließ der Reiter die Hütte. Jockel sah auf. Mit der einen Hand hielt der Söldner die Fackel hoch, die andere hatte den Kittel der alten Frau hinter ihrem Hals gekrallt.

»Wo sind deine Leute?«, schrie der Kerl und schüttelte die schmächtige Gestalt.

»Vater unser, der du bist im Himmel!«

»He, wo sind sie?! Was habt ihr gerade gefressen?«

»Geheiligt werde dein Name!« Die zittrige Stimme war nicht zu unterbrechen.

»Hör auf!«

»Vergib uns unsere Schuld!«

»Aufhören!«, brüllte der Mann außer sich.

»Wie wir vergeben unseren Schuldigern.«

Die brennende Fackel schlug auf das Haupt der alten Frau. »Aufhören!« – Wieder und wieder. Die brennenden Pechfunken flogen umher und flackerten verstreut im Hof weiter.

Zusammengesunken lag die Großmutter zwischen den kleinen Lichtern.

Schon saß der Soldat wieder im Sattel, ließ das Pferd über die Mauer setzen und folgte seiner Mordbande.

Jockel wollte aufspringen, doch sein Vater presste ihn auf das Dach zurück. »Bleib liegen. Vielleicht kommen sie wieder«, befahl der Weißgerber leise.

»Großmutter«, stammelte Jockel.

»Sie ist tot.« Der große Mann wischte sich langsam über die Stirn. »Schnell ist es gegangen – Mutter.«

»Sie hat uns nicht verraten.« Jockel blickte zu den kleinen Pechlichtern hinunter, die nacheinander verglühten.

Wenige Augenblicke später entstand neuer Lärm, nur einen Steinwurf entfernt. Begleitet von Siegesgeheul, trieben Flammen dicke Rauchwolken in den nächtlichen Himmel. Das Feuer leckte mit langen Zungen über die Wände und verschlang das Holz knisternd und berstend. Im Nu wurde die Hütte zur großen Fackel.

Jockel beobachtete, wie die Meute sich lauernd in die Gassenecken zurückzog.

»Sie warten darauf, dass alle kommen und löschen. Das Feuer soll uns aus den Verstecken herauslocken«, nickte Christoph Markart grimmig.

Doch jeder in Eggebusch wusste, was die Söldner im Schilde führten, und niemand kam – nur die Ratten verließen mit schrillen Pfiffen den Brandort und schlüpften in das nächste unbewohnte Haus. Der Wind war in dieser Nacht gnädig und die Flammen mussten sich mit dieser einen Hütte begnügen.

Unter Wutgeheul schwärmten die Reiter jetzt aus. Sie drangen wahllos in die Häuser ein, zerschlugen die Einrichtungen und nahmen mit, was sie gebrauchen konnten. Einige rissen die Abdeckung des Dorfbrunnens herunter. Laut brüllend schleiften andere einen leblosen Körper heran, legten ihn auf den Brunnenrand und hackten den Leichnam in Stücke. Die Teile warfen sie in das tiefe Wasser. Durch die Lust der Grausamkeit wurde ihre Wut gekühlt und das Gebrüll schlug wieder um in grobes Lachen.

Hinter der Kirche knallten Schüsse. Alarmiert stießen die Männer den Körperrumpf achtlos über den Brunnenrand und ritten in die Richtung, aus der das Schießen gekommen war.

Noch einmal brandeten Johlen und Gelächter auf, dann verließ das Pferdegetrappel Eggebusch und verebbte den Fahrweg zum Waldrand hinauf.

Wie betäubt lagen Jockel und sein Vater auf dem Hüttendach. Erst als nichts mehr von den Soldaten zu hören war, richteten sie sich langsam auf.

Der Feuerschein der brennenden Hütte zuckte immer wieder hoch hinauf und die Luft roch beißend nach schwelendem Holz.

Voller Schrecken blieben die Bewohner von Eggebusch in ihren Häusern. Männer und Frauen klammerten sich dankbar aneinander, wenn die nächtlichen Ungeheuer sie verschont hatten. Die Mütter nahmen ihre kleinen Kinder und wärmten sie, bis ihnen die Augen zufielen. Die Väter zogen das gerettete Vieh aus den Verstecken und die Halbwüchsigen suchten in den verwüsteten Wohnräumen die Möbelstücke und Küchengeräte zusammen, die den Ansturm überstanden hatten.

Christoph Markart trug seine tote Mutter in die Werkstatt. Er bedeckte sie mit einem Schaffell, dann setzte er sich neben den Leichnam und blieb dort – unbeweglich und still.

Nachdem Jockel und Maria den Hüttenraum, so weit es im Schein einer Kerze möglich war, notdürftig wieder hergerichtet hatten, verließ der Fünfzehnjährige den Raum.

Er hastete durch die Gassen. Katharina! Angstvoll klammerten sich seine Gedanken an diesen Namen. Über zerbrochene Küchengeräte, zurückgelassene Bottiche, vorbei an den schwarzen Fenstern und Türöffnungen, erreichte er endlich den Hof des Dorfvogts.

Das Tor war unversehrt! Sie hatten es nicht aufgebrochen. Erleichtert lehnte Jockel die Stirn an das Holz. Ihr war nichts geschehen. »Katharina«, murmelte er – wie schön war dieser Name.

Nur zögernd graute der Morgen des 4. Oktober. An diesem Freitag stand im Osten ein schmaler Wolkenstreifen und über den Äckern und Wiesenhügeln spannten sich weiße Nebelbrücken. Eggebusch lag in ohnmächtiger Stille. Zwischen den verkohlten Balken der eingestürzten Hütte schwelte noch der Brand.

Mit großen Schritten ging der Küster die Friedhofsmauer entlang, blickte in jeden Winkel und suchte die Gräber ab. In seinem Gesicht standen Sorge und Verzweiflung.

Elsa Hobe erreichte atemlos den Marktplatz. Ihre Augen glitten voller Bangen über die aufgebrochenen Vorratskisten, Scherben und verbogenen Küchengeräte – die verstreuten Reste der Plünderung. Dann erreichte ihr Blick den Dorfbrunnen und die achtlos heruntergeworfene Holzabdeckung. Von Angst gequält, rannte sie über den Platz, als sie das Blut auf dem gemauerten Rand vor sich sah, sank sie schluchzend auf die Bretter des Brunnendeckels. »Anne – mein Kind.«

Vom Kirchhof her hatte Mathias den Zusammenbruch seiner Frau beobachtet und hetzte zu ihr hinüber. Elsa hatte nur noch die Kraft, auf das Blut zu zeigen, dann vergrub sie wieder ihr Gesicht in den Händen. Hasserfüllt ballte der Küster die Fäuste. Das schwarze Blut klebte an den Steinen wie auf einer Schlachtbank.

»Nein, es kann nicht Anne sein.« Heftig schüttelte er den Kopf. »Sie sind gleich weggeritten. Hier waren sie nicht mehr.«

Jetzt ging er näher an die Brunnenöffnung heran. Der Ekel nahm Mathias den Atem. In einer breiigen Lache entdeckte er zerfetzte Beinkleider.

Die Söldner hatten Anne noch vor dem Haus den Kittel heruntergerissen!

Schnell hob der Küster die Hose auf. Sie gehörte einem Mann. »Elsa!«, rief er. »Elsa!« Und die Tränen schossen ihm aus den Augen. Seine Frau blickte auf.

»Es ist nicht Anne. Hier.« Zum Beweis streckte er der Mutter den blutgetränkten Stofffetzen hin, dann ließ er ihn müde aus der Hand fallen.

»Aber wo ist mein Kind?« Anklagend wandte sich Elsa vom Brunnen ab und erhob sich. »Wo, Mathias?! Wo?«

Ratlos ergriff der Küster ihren Arm, doch in wildem Aufbäumen riss die Frau sich los. »Wo?!« Sie rannte und schrie es über den Marktplatz. »Wo?! Anne, mein Kind!«

Nur mit Mühe konnte Mathias sie einholen. Fest umschloss

er sie mit den Armen. »Sie haben Anne mit ins Lager genommen. Vielleicht ist ihr nichts geschehen.« Doch es war kein Trost. Elsa barg weinend den Kopf an der Schulter ihres Mannes.

»Komm, wir finden Anne nicht mehr.«

Erschöpft und ohne Hoffnung verließen die Eltern den Platz. Immer wieder musste der Küster seine Frau stützen, wenn ihr die Verzweiflung jede Kraft nahm.

Tobias fand Jockel schlafend im Stall neben der Ziege. Er hockte sich zu ihm und berührte leicht seine Schulter. Mit einem Schrei sprang der Fünfzehnjährige auf und hielt das Messer stoßbereit in der rechten Hand. Tobias zuckte zurück. Doch jetzt hatte der Sohn des Weißgerbers den schmächtigen Jungen erkannt und stieß erleichtert den Atem aus. »Du hast mich erschreckt.« Jockel warf sein Messer auf den Boden und die Spitze drang tief in den Lehm ein.

Stumm setzte er sich zu dem Freund. Beide starrten sich an. In beiden Gesichtern stand die Erinnerung an die vergangene Nacht wie eine tiefe Wunde.

»Großmutter ist tot«, flüsterte Jockel.

Doch Tobias antwortete nicht, seine Lippen blieben fest aufeinander gepresst. Ihn erreichte der Schmerz in Jockels Stimme nicht. Die Sorge um Anne ließ alles andere Elend dieser vergangenen Nacht untergehen.

»Sie hat uns nicht verraten.« Jockel sah die riesige Pechfackel, wie sie auf seine Großmutter niedersauste. »Gebetet hat sie.«

Doch Tobias starrte den Freund regungslos an. Sie hatten Anne in ihrer Brautkiste gefunden. Gleich zwei hatten sie gepackt und nach draußen gezerrt. Als die Söldner mit Schüssen die anderen herbeiriefen und das gierige Gebrüll anschwoll, hatte Tobias sich die Ohren zugehalten. Dann die Rufe, mit denen sie ihre Pferde antrieben. Sein Vater war gleich nach draußen gestürzt – aber die Schwester war nicht mehr da.

»Anne«, stammelte Tobias. Entsetzt fasste Jockel den Freund an der Schulter. »Ist sie –?« Er wagte nicht weiterzusprechen. Der Sohn des Küsters schüttelte den Kopf und öffnete nur stumm den Mund.

Jockel schrie ihn an: »Was ist mit Anne?«

Hilflos schüttelte Tobias immer wieder den Kopf. In verzweifelter Zärtlichkeit umschlang der Stärkere den Freund und presste das Gesicht an seine Wange. »Sag doch. Sag's doch.«

Zitternd löste sich in Tobias die angstvolle Lähmung. »Sie haben Anne mitgenommen.« Aneinander geklammert blieben die beiden Jungen sitzen.

Nach einer Weile ließ Jockel den Freund los. Mit dem Handrücken wischte er sich über die Augen. »Wir müssen sie suchen.« Beschwörend fuhr er fort: »Vielleicht konnte sie weglaufen. Wir suchen ihre Spuren bis zum Lager am Fluss. Vielleicht finden wir Anne.«

Der Sohn des Weißgerbers stand entschlossen auf und zögernd folgte ihm Tobias.

Vielleicht – tausendmal vergebens und doch immer wieder neu gesprochen und gedacht. Jede Hoffnung in Eggebusch war mit diesem Wort überschrieben.

Später, oben in der Wegbiegung, führten die Hufspuren über die Straße hinaus und gerade weiter zwischen den ersten Sträuchern hindurch. Auf niedergetrampelten Blaubeerbüschen lag das nackte Mädchen.

Anne rührte sich nicht.

Entsetzt standen die beiden Jungen. Tobias sah seine Schwester und doch war er nicht fähig, irgendetwas wahrzunehmen. Dann erkannte er den faustgroßen Stein, der blutverschmiert neben ihrem Kopf lag. Und plötzlich erfasste ihn die Wirklichkeit: Ihre Stirn, die Lider, das ganze Gesicht waren blaurot geschwollen. Die Spuren überdeckten den ganzen Körper. Der Unterleib und die Schenkel waren blutverschmiert.

Das ist nicht Anne, wehrte sich Tobias. Ungläubig ging er auf das zerschundene Mädchen zu und kniete sich neben die Regungslose. Immer wieder drängte es in ihm, dass seine Schwester doch zu Hause sei!

»Anne!«, rief er leise. Jetzt fiel auch Jockel neben dem Mädchen auf die Knie. Vorsichtig fasste er die zusammengeballte Hand. Sie war weich, ohne Mühe konnte er die Faust öffnen. Hoffnungsvoll blickte Jockel den Freund an. »Ich glaub, sie lebt.«

Fast erschrocken griff der Bruder die andere Hand. »Anne, hörst du mich?«, fragte er drängend.

»Anne.« Die aufgerissenen Lippen bewegten sich. »Wach auf!«

Jockel brachte seinen Mund dicht an ihr blutverschmiertes Ohr. »Anne, Anne«, flehte er. Die verquollenen Augen zuckten und öffneten sich einen Spalt.

»Jockel«, flüsterte sie.

»Du bist lebendig.« Aufgeregt beugte sich Tobias über das Gesicht seiner Schwester.

»Tobias«, hauchte Anne mühsam. »Mir ist kalt. Ich bin so müde.«

Der Bruder richtete sich hastig auf, löste mit zitternden Fingern den Gürtel und zog seinen Kittel über den Kopf. Voller Zärtlichkeit deckte er sie zu. »Gleich wird dir warm.«

Anne versuchte zu lächeln. »Ich kann mich nicht bewegen. Ich muss schlafen.«

Heftig schüttelte Jockel den Kopf. »Nein, Anne, nicht schlafen.« Er blickte Tobias beschwörend an. »Wir müssen sie wach halten. Sie darf nicht einschlafen.«

Behutsam strich er über ihr Haar, dann stockten seine Finger. Die Kuppen wurden nass und warm. Langsam zog er die blutigen Finger zurück und starrte auf den Stein, an dem getrocknetes Blut klebte.

Jockel untersuchte erschreckt die handtellergroße Wunde. Doch Anne murmelte: »Es tut nicht sehr weh. Jockel, warum kann ich mich nicht bewegen?«

Jockel stand hastig auf. »Ich lauf und hol Hilfe. Eine Trage. Tobias, gib nur Acht, dass Anne nicht einschläft.«

Dankbar sah der Bruder den Freund an. »Ich behüte sie.«

Der Sohn des Weißgerbers ließ seinen Stock liegen und rannte zurück zur Wegbiegung und hinunter nach Eggebusch.

Die frühe Oktobersonne war im Osten über die Hügel gestiegen und ihre Strahlen erreichten schon den kleinen Platz am Waldrand.

Tobias kniete unbekleidet neben seiner Schwester. Ratlos starrte er in ihr entstelltes Gesicht.

Warum waren die Lippen so rissig und vorgequollen wie harte Brotrinden?

Tobias fühlte die Winternächte, wenn er und seine Schwester sich frierend zusammenkuschelten und kichernd die kalten Nasen aneinander rieben. Und jetzt war über ihrem Mund nur noch diese unförmige, blutige Schwellung.

Diese neue Wirklichkeit hatte noch keinen Raum. Verzweifelt glitt der Blick des Jungen über den halb bedeckten Körper, die Verletzungen schnitten sich in sein Bewusstsein. Er zog den Leinenkittel noch etwas nach unten und verhüllte den Unterleib und die Schenkel, als könne er so das Schreckliche lindern.

»Alle wird gut, Anne.« Tobias sehnte sich selbst so sehr nach Zuversicht. »Jockel holt Hilfe und Mutter wird dich gesund pflegen. Du darfst nur nicht einschlafen.« Liebevoll streichelte er den Arm seiner Schwester.

Wieder öffnete Anne langsam den Mund. »Ich hab so Durst.«

Wasser? Verzweifelt blickte der Bruder über die Blaubeersträucher. Nein, hier oben gab es nirgendwo einen Bach.

Wasser! Anne muss trinken. Tobias überlegte fieberhaft. Wasser gab es nur im Dorf.

In seiner Not spuckte Tobias in eine Hand, tauchte den Finger in den Speichel und tupfte ihn auf ihre Zungenspitze. Sofort öffnete Anne den Mund, so weit es ihr möglich war. Die Zunge bewegte sich zitternd. Und Tobias bestrich immer wieder die Spitze.

Doch es war so wenig. Schließlich beugte er sich über die rissigen Lippen und ließ seinen Speichel direkt aus dem Mund langsam in ihren tropfen. Gierig nahm Anne die Feuchtigkeit auf.

Aber die Aufregung ließ rasch die Quelle im Mund des Jungen versiegen. »Es geht nicht mehr. Gleich wieder.« Bekümmert setzte sich Tobias zurück.

Seine Schwester hielt die Augen geschlossen.

»Anne. Du musst wach bleiben.«

»Ich – ich bin wach.« Nach einer Weile: »Tobias, wo sind die Soldaten?«

»Weg. Zurück ins Lager.«

Das Mädchen atmete flach. Seine Lippen bemühten sich, das nächste Wort zu formen. »Warum gibt es Soldaten?«, fragte es dann stockend. Tobias zuckte mit den Schultern. »Weil Krieg ist.«

»Und wenn kein Krieg ist?«

»Dann –.« Der Bruder hatte noch nie daran gedacht, schließlich sagte er: »Dann gibt es auch keine Soldaten mehr.«

In dem verquollenen Gesicht zuckte es.

Die Gedanken schwirrten Tobias durch den Kopf. Schnell. Er musste sprechen. Anne durfte nicht einschlafen. Plötzlich fühlte sich Tobias allein. Alles um ihn herum war so still! Das Mädchen lag regungslos.

Was ist, wenn es keine Soldaten mehr gibt?

Frieden? Davon hatte Jockels Großmutter doch erzählt. Vor dem Krieg war Frieden.

»Nach dem Krieg, dann –.« Tobias zögerte einen Moment. Unsicher fuhr er fort: »Dann ist Frieden.«

Anne antwortete mit einem Lächeln. »Ja – erzähl mir, Tobias. Ich bleib noch wach.«

Jockels Großmutter hatte gestrahlt, wenn sie ihre Geschichten von früher begann. »Der Frieden hat einen dicken Bauch und rote Backen.« Ganz genau konnte sich Tobias an ihre lustigen Augen erinnern, wie sie von einem Kind zum anderen hüpften.

Der Frieden hat einen dicken Bauch. Tobias streichelte über die Würgemale am Hals seiner Schwester. »Weißt du, Anne, wenn Frieden ist, dann können wir so viel essen, wie wir wollen. Ja, ganz bestimmt. Und wenn kein Brot mehr in der Kammer liegt – das ist auch nicht schlimm. Jeden Abend ziehen zwei Männer einen großen Karren durch die Straßen. Die Männer haben ganz weiße Mäntel an und viele Locken auf dem Kopf.«

Prüfend beugte sich Tobias über das Gesicht seiner Schwester.

»Hörst du, Anne?«

Mit geschlossenen Augen lächelte sie. »Weiter. Was machen die Männer mit den Locken?«, hauchte sie erschöpft.

Sie bleibt wach, dachte Tobias glücklich. Ich muss nur erzählen. »Also, die weißen Männer klopfen abends an jeder Tür. Nein, nur einer klopft und der andere passt auf den Karren auf.« Tobias lachte. »Nein, es klopfen doch beide. Weil im Frieden ja keiner was wegnimmt. Also, dann macht die Mutter die Tür auf. Die Männer fragen: ›Habt ihr noch genug zu essen?‹« Bei der Frage hatte Tobias versucht, so tief wie sein Vater zu sprechen.

»Ja, und jetzt«, berichtete der Bruder weiter, »jetzt muss die Mutter nur noch den Kopf schütteln. Dann laufen die Männer zu dem Karren und bringen Brot und Käse, ein Huhn, Würste und Speck.« Nachdenklich nickte Tobias. »Ja, bestimmt, auch Speck.«

Anne sagte etwas, doch der Junge konnte sie nicht verstehen.

Er legte sein Ohr fast auf ihre zerschlagenen Lippen.

»Und Milch«, flüsterte das Mädchen.

»Natürlich. Die bringen Milch, so viel du willst«, versicherte er.

Mühsam bewegte sich Annes Mund. »Wo sind die Soldaten?«

Tobias blickte auf das gequälte Gesicht. »Die sind alle tot. Die alten Soldaten sind alle tot und neue gibt es einfach nicht.«

Die Lider flatterten und Anne versuchte, die Augen zu öffnen. Nur einen schmalen Spalt, mehr ließ die dunkle Schwellung nicht zu.

»Wann? Wann ist das, Tobias?«

Der schmächtige Junge hob die Hände. »Bald. So in hundert oder in zweihundert Jahren. Aber bestimmt in dreihundert Jahren. Bald, Anne.«

Langsam schloss das Mädchen die Augen.

Vom Tal unten drang Rufen herauf.

»Siehst du, Anne«, tröstete er, »jetzt wird alles gut. Wir bringen dich nach Hause, hörst du?«

Seine Schwester bewegte die Lippen nicht mehr.

»Anne!« Unruhig starrte Tobias sie an. »Soll ich weitererzählen?«

Er wartete. »Hast du noch Durst? Nicht schlafen, hörst du?«

Angstvoll horchte er nach ihrem Atem, nach dem Herzschlag – doch alles in ihr war still.

Ohne Kraft ließ Tobias den Kopf auf ihre Brust sinken und weinte.

Während der Französischen Revolution von 1789 wurden in Europa zum ersten Mal die Bürger- und Menschenrechte verkündet. Den europäischen Fürsten passte das überhaupt nicht. Sie kämpften gegen das neue Frankreich. Im Verlauf der verschiedenen Kriege trat ein Mann immer mehr in den Vordergrund: Napoleon Bonaparte. Er wurde der mächtigste Herrscher in Europa und veränderte auch Deutschland grundlegend. Bald empfanden viele Deutsche die französische Dominanz als Besatzung und wollten sich von ihr befreien. In der »Völkerschlacht« bei Leipzig wurde die französische Armee im Oktober 1813 geschlagen.

Vom Geschehen am Rand des Krieges erzählt »Die abenteuerliche Geschichte der Filomena Findeisen«.

Karla Schneider
Endlich kann Filo weinen

Eins der Pferde wieherte; am Waldrand wimmelte es von lästigen Bremsen. Jäh brachen die Stimmen ab. Filo schielte hinter dem Strauch hervor. Es waren nur zwei Männer. Sie zogen einen kleinen Wagen hinter sich her und hatten Monturen und Tschakos abgelegt. Auf dem Karren türmten sich Fässchen und Säcke.

Unsicher flitzten die Augen der Männer umher, bis sie die Planwagen und die Pferde zwischen den Zweigen entdeckten. Sie gestikulierten heftig, zeigten immer wieder erfreut auf die Pferde. Einer blieb beim Karren, der andere bewegte sich langsam vorwärts. Er sah sich beständig nach allen Seiten um und hielt die Pistole schussbereit. Als er sie wegsteckte und Flora losband, Thereses Pferd, stand plötzlich Zinna vor ihm.

»Nimm deine Hände vom Halfter, Soldat! Hast du so viel zusammengeplündert, kannst du's auch selber ziehen.«

Sofort zog er die Pistole wieder und richtete sie auf Zinna. Ihr Haarknoten hatte sich gelöst, ihre Ohrringe schaukelten, unter dem geschürzten Rock sah ihre nackte Wade hervor. Zum ersten Mal ging Filo auf, dass Zinna eine hübsche Frau war.

Auch der Soldat betrachtete sie überrascht. Er rief nach seinem Spießgesellen. Der packte Zinna, die sich wehrte wie eine Katze. Inzwischen schirrte der erste Flora vor den Karren mit dem Plündergut und kam zurück.

Zinna, auf den Boden geworfen, stieß hohe gellende Schreie aus. Sie brachten sie um, die Lumpen brachten sie um!

Gleichzeitig nahm Filo auch alles andere um sich herum wahr: das klagende Ruhruhruh einer Taube, das Gelärme der Meisen, das Glucksen des Waldbachs und das Rascheln hinter ihr im alten Laub, wo eine Amsel nach Futter wühlte. Sie ließ die eine Filo bei diesen Geräuschen zurück. Die andere stürzte hervor, so laut sie konnte, Namen schreiend: »Pruna, Pruna, komm schnell! Gil! Szajko, Kajetan! Therese! Abel! Zoe, Seppi!«

Dann stach sie mit ihrem Kosakendolch auf den Rücken ein, der über Zinna lag. Zoe hat ihr den Dolch gut geschärft. Seitdem baumelte er immer an ihrer Hüfte: für Pilze, für Schafgarbe und Löwenzahn.

Sie hörte einen Knall und etwas verbrannte ihr die Schulter. »Pruna! Gil! Szajko! Therese! Kommt, kommt alle hierher!«

Der eine Soldat lief davon und ließ sein Beutegut im Stich. Zinna wälze den anderen von sich herunter und stand auf. Sanft nahm sie Filo den Dolch aus der Hand, wischte ihn an der Hose des Liegenden sauber und steckte ihn in das Messingfutteral zurück. Dann riss sie ein Stück vom Hemd des Soldaten ab und presste es auf Filos Schulter. Es saugte sich voll Rot und Filo konnte auf einmal den Arm nicht mehr bewegen. Ein Schmerz, wie sie noch nie einen gespürt hatte, fing an, in der Wunde zu wühlen. Sie rutschte auf den Boden.

Zinna küsste sie und hielt sie in den Armen und riss zwischendurch ein neues Stück Hemd ab. Mit halb offenen Augen schien der Soldat ihr dabei zuzusehen. Auf einmal waren alle da, die Filo gerufen hatte. Zu spät für die Rufe, doch viel früher als erwartet.

Zinna berichtete, was vorgefallen war. Pruna kniete sich neben die Freundin. »So wein doch«, sagte sie eindringlich, »wein dich aus. Schrei, Filo. Du musst weinen und schreien, sonst wirst du krank.«

»Nichts wie weg hier.« Szajko sah sich unbehaglich um. »Wenn der andere, der abgehauen ist, uns nun seine ganze Schwadron auf den Hals hetzt?« Und zu Zinna: »Wir haben kein Glück gehabt. War kein Hälmchen Heu, keine Hand voll Getreide mehr zu finden, weder Mensch noch Vieh, nichts Lebendiges. Dafür eingeschlagene Türen und Fenster, der Hausrat zerbrochen im Hof, die Betten aufgeschlitzt. Es muss ein Gefecht gegeben haben, ganz in der Nähe. Fort hier, bloß fort.«

Er und Gil schleppten den Toten ein Stück weit in den Wald hinein.

»Vater, hier ist ein Säckchen Mehl und ein Sack Hafer!«, rief Abel. Er hatte den stehen gelassenen Beutewagen untersucht. »Zwei Fässchen Branntwein und Uniformen, auch Uhren sind hier und Stiefel. Wollen wir das etwa hier lassen?«

Zoe riss Filos Ärmel auf. »Bloß ein Streifschuss, Püppchen. Dein Schutzengel hat seine Hand dazwischengehalten. Kaum der Rede wert. Such mir Wegerich, Pruna, so viel du finden kannst. Was sehe ich da? Ihr wollt doch den guten Schnaps nicht im Wald verkommen lassen, Szajko. Wenigstens ein Fässchen, das brauch ich für meine Arzneien.« Sie nötigte Filo ein paar Schlucke von dem Branntwein auf und pappte ihr graues Moos und Wegerichblätter auf die Schulter. Dann verließen sie den Ort.

Filo durfte im Wagen bleiben. Pruna lief hinter ihm, so dass sie sie sehen konnte. »Sie ist wie ein Stein«, klagte sie ihrer Mutter. »Warum sagst du denn nichts, Filo?«

Zwar sah Filo alles und hörte alles, doch ihr Gehirn wusste nichts davon, vom Schmerz in der Schulter abgesehen. Es war ihr gleichgültig, was mit ihr geschah. Es war ihr gleichgültig, dass Pruna Stunde um Stunde hinter dem Wagen herlief und sie verzweifelt beim Namen rief. Sie merkte, wie Prunas Gedanken ihre zu erreichen versuchten. Doch sie war nicht imstande, sich ihnen zu öffnen und sie hereinzulassen.

Diesmal gab es keine längere Ruhezeit, nur ab und an eine kurze Rast. Es wurde Nacht; Gil und Szajko steckten Laternen an. Seppi und die alte Zoe hielten das Tempo nicht durch und durften in den Wagen klettern. Es dauerte fast sechs Stunden, bis es dämmerte.

Als die Sonne den Frühnebel abgeschüttelt hatte, hielten sie vor einem Feld. Hier war nichts niedergewalzt. Grüne Gewächse mit schwertförmigen Blättern bildeten einen kleinen Wald. Die Pferde wurden ausgeschirrt, die Stimmen entfernten sich. Sie klangen fröhlich. Es kam Filo vor, als ob alle fortliefen, wie man zu einem Jahrmarkt läuft oder nach Hause.

Nein, doch nicht alle. Pruna stieg zu ihr in den Wagen. »Wir sind da. Jetzt wird alles gut, du wirst sehen. Hörst du mich jetzt wieder?«

Wie von schwerem Schlaf verwirrt, nickte Filo. Pruna kuschelte sich an sie und schlief auf der Stelle ein. Auch Filo musste eingenickt sein, denn sie erwachte davon, dass eine große Frau sie auf den Arm nahm. Sie trug sie fort, auf einem schmalen Trampelpfad durch das raschelnde grüne Feld mit den seltsamen Gewächsen.

Das Haar der Frau wurde von einem gestrickten Netz gehalten. Sie hatte ein weißes, ausgeschnittenes Hemd an mit aufgerollten Ärmeln und um die Taille eine bunte wollene

Schärpe. Sie lächelte Filo zu, ihre Augen blickten mitfühlend. Vor Anstrengung standen ihr kleine Schweißtröpfchen auf der Oberlippe.

Als hätte jemand einen Vorhang weggezogen, sah Filo plötzlich ihre Stiefmutter wieder vor sich. Auch sie hatte so einen leichten Schnurrbartschatten gehabt, solche sehr roten Lippen und ständig ein erhitztes Gesicht. Heftig und laut war ihre Stimme gewesen, heftig und laut ihr Gelächter. Nur dass dieses Lachen nie ihr gegolten hatte. Sie war »das Balg« gewesen, die »Tränensuse«, das »Was willst du schon wieder, lauf mir nicht dauernd vor die Füße«.

Ohne Übergang brach der Schmerz aus ihr heraus: der alte, der mehr als sechs Jahre lang verschüttet gewesen war, und der neue. Eine wahre Wasserflut strömte ihr aus Augen und Nase.

»Endlich kann sie weinen«, sagte Pruna erleichtert. Filo wurde auf ein breites Bett gelegt, in einer Kammer mit niedriger Decke. An der Wand bemerkte sie flüchtig ein Marienbild mit flammendem Herzen in flammenden Farben, mit Krone und Lilienstängel. Daneben hing ein großes Kruzifix.

Sie musste Stunden geschluchzt haben, denn als nichts mehr kam, fühlte sie sich wunderbar erleichtert. Sie bekam im Halbschlaf mit, wie Zoe und eine Frau, die der ersten glich, ihren Verband wechselten. Helle Glockenschläge dingdongten, bis sie endgültig in eine schwarze Wolke fiel.

Sie blieben etliche Tage bei Pepa und Soledad. Zwar schliefen sie in den Wagen, aber sonst hielten sie sich in der Schmiede auf. Mit der Vorstellung in Bischofswerda, auf die alle so sehr gehofft hatten, war es allerdings nichts geworden.

»Viel Feuer, großes Feuer, alles Feuer!« Anklagend wies Pepa dahin, wo der Himmel noch immer von Qualm verfinstert war. »Stadt nicht mehr da. Kein Haus, kein Kirche, kein Turm.«

»Aber wer, Pepa? Die Franzosen oder die Russen?«
Sie zuckte die Achseln. »Wer kann sagen jetzt noch. Was kann helfen, wenn man weiß. Wissen hilft Stadt nicht. Ist Asche jetzt.«
»Und wo sind die Leute hin, die da gewohnt haben?«
»Gehen in Wald«, sagte Soledad, die mit dem Blasebalg das Schmiedefeuer anfachte. »Gehen weit fort zu Freunde und andere Familie. Was nicht gebrannt, ist geraubt. Franzen, Russen, sie sein nicht gut zu Leute, nehmen alles. Ist fremdes Land, ist Krieg.«

Bei ihnen, in der Schmiede, schienen keine Plünderer gewesen zu sein. Filo malte sich aus, wie sie beide, so groß und stark wie die größten Soldaten, mit ihren Haarnetzen und bunten Schärpen vor ihrer Schmiede gestanden hatten. Sicher hatten sie die Hämmer geschwungen und glühende Zangen.

Sie aßen mit ihnen in Öl gebackene Fladen aus gelbem Mehl. Dafür wurden kleine Körner im Mörser zerstoßen, die man von Kolben abbröselte. Ganze Girlanden dieser Kolben hingen unter dem Dach. Das war es, was auf ihrem Feld wuchs. Pruna nannte es Kukuruz, Zoe sagte Welschkorn dazu und Pepa und Soledad nannten es Mazorka. In ihrer Heimat zöge man dieses Mehl jedem anderen vor. Im Gärtchen hinter der Schmiede gab es noch Beete mit Zwiebeln und Knoblauch.

Pruna, Filo und die beiden Kleinen waren nicht aus der Schmiede wegzubringen. Mit mächtigen Schlägen ließ Pepa den Hammer auf das glühende Stück Eisen niedersausen, das Soledat blitzschnell aus dem Feuer gezogen und mit der Zange auf den Amboss geknallt hatte. Pepa machte daraus ein Hufeisen.

Nie sah man die eine ohne die andere. Oft unterhielten sie sich sehr laut in ihrer Sprache oder sie rauchten weiße Tonpfeifen. Sie machten Späße und küssten dabei ihre Fingerspitzen. Wenn sie lachten, hörte es sich an wie Fanfarenstöße. Filo war oft eigentümlich zumute bei diesem schmetternden Gelächter. Sie begriff fast nie, worüber sie lachten.

Seit zwei Tagen war Kanonendonner zu hören.

»Ist Schlacht«, sagte Pepa und nickte Unheil verkündend. »Große Schlacht. Vielleicht geht endlich kaputt Napoleone. Viel Russen, viel Prussen, die machen zusammen gegen ihn.«

»Dort, wo der Krach herkommt, liegt Bautzen«, wusste Szajko. »Sollten die Franzosen geschlagen werden, ziehen sie sich nach Dresden zurück. Das heißt, sie müssen hier vorbeikommen. Sie werden jedes Pferd für Vorspanndienste requirieren, das sie erwischen können. Besser, wir verziehen uns beizeiten.«

Aber davon wollte niemand etwas wissen.

Beinahe jede Nacht wachte Filo von ihrem eigenen Schreien auf, fuhr hoch und sank unter Prunas tröstendem Geflüster wieder auf den Strohsack zurück.

»Hast du ihn wieder erstochen, arme Filo? Ich werde machen, dass du von schönen Dingen träumst. Ich kann auch Träume behexen.«

Aber offenbar waren Prunas Hexenkünste zu schwach für diesen Traum. Er kam immer wieder.

Die ersten Verwundeten der großen Schlacht bei Bautzen begannen mit pulvergeschwärzten Gesichtern vorbeizuziehen. Sie wollten nach Dresden, wie Szajko es vorausgesagt hatte, schienen aber nicht auf der Flucht zu sein. Wer hatte denn nun gewonnen?

Die meisten machten vor der Schmiede Halt, baten um Wasser oder verlangten zu essen. Pepa und Soledad behandelten sie alle wie jüngere Brüder, ob Franzosen, ob Italiener, ob Westfalen, Polen oder Sachsen. Sie redeten mit Händen und Füßen, brachten ihnen gekochte Kartoffeln vors Haus und halfen ihnen, ihre Hemden zu zerreißen, um die Wunden zu verbinden.

»Ich denke, ihr wollt, dass die Franzosen endlich besiegt werden?«, fragte Filo entrüstet. »Wieso seid ihr dann so freundlich zu denen? Ihr Kaiser ist schuld, dass eure Brüder gefallen sind. Für wen seid ihr eigentlich?«

»Napoleone ist einer, Soldat ist anderer«, antwortete Soledad und wuchtete den großen Eisentopf vom Herd. »Soldat ist arme Hund, egal woher sie kommen. Will lieber sein zu Haus. Muss wir geben Erbarmung für ihnen. Meine Brüder ich kann nicht helfen mehr, kann ich helfen andere arme Hund.«

Merkwürdig war, dass viele der Soldaten eine zerschossene Hand hatten.

»Die Russen und die Preußen haben eben zu hoch geschossen«, vermutete Abel. »Sie haben sie getroffen, als sie gerade den Ladestock in den Gewehrlauf gestoßen haben – so!« Und er machte es vor.

»Pamplinas!« Pepa, die das mit angehört hatte, lachte schallend. »Esas son pamplinas! Haben sich selber gemacht, einer den anderen. Wenn kaputt ist Hand, sie können nicht mehr gehen in neue Schlacht. Besser, Hand ist kaputt für immer, als tot für immer.«

Einige der Soldaten, denen sie Wasser und Kartoffeln brachten, aßen zwar und tranken, hatten aber unbedingt noch etwas mit Pepa oder Soledad zu bereden. Es schien da ein Geheimwort zu geben, das nur mit den Augen gesprochen wurde.

Meistens taten die beiden, als seien sie taub auf den Augen. Oder sie fertigten die Betreffenden mit ihrem schmetternden Gelächter ab. Hin und wieder jedoch machte einmal Pepa, ein andermal Soledad eine leichte Bewegung mit dem Kopf und das stumme Gespräch wurde in der Kammer fortgesetzt.

»Was verhandeln die bloß da drinnen?« Filo wurde neugierig.

Pruna kicherte und wollte nicht mit der Sprache heraus.

»Sie lieben das Leben«, sagte Kajetan, der mit einem großen

Blatt auf dem Kopf in der Sonne saß. Er machte einen Bogenstrich auf der Fiedel und ließ ihn lange nachzittern.

An einem Nachmittag schlich sich Filo zur Hinterfront der Schmiede und stieg auf die Bank. Das Kammerfenster stand offen. Sie hielt sich mit dem gesunden Arm am Fensterbrett fest, aber sie konnte nur ein Stück der weiß gekalkten Wand sehen. Das Marienbild war umgedreht worden und zeigte dem Zimmer seine Rückseite.

Niemand sprach oder unterhielt sich in der Kammer mit dem breiten Brett. Dass zwei Menschen drin waren, merkte man nur daran, dass jemand schwer atmete und seufzte. Die Halme in den Strohsäcken zirpten unaufhörlich. Ab und zu kam ein sanfter stöhnender Laut von drinnen. Die Heckenrose an der Hauswand flatterte im Wind wie rosa Häubchen für ganz kleine Kinder.

Filo sprang von der Bank und war so klug wie vorher.

Nach 1830 wurde in Deutschland im Frühjahr 1848 erneut eine Revolution versucht. Vor allem das reiche und einflussreiche Besitz- und Bildungsbürgertum wollte endlich auch politisch mitbestimmen. In fast allen deutschen Ländern kam es zu Demonstrationen und Straßenkämpfen. Erstmals gaben die Fürsten dem Volkswillen nach und bewilligten allgemeine Wahlen zu einer verfassunggebenden Nationalversammlung, die dann im Mai 1848 in der Frankfurter Paulskirche zusammentrat.

Klaus Kordon
Die oder wir!

Was ist heute nur los mit dir?« Guste hatte Siegmunds Abwesenheit genutzt, sich mal gründlich zu waschen. Wie ein blitzender Seifenengel steht sie vor Jette, die im Schein der Talgfunzel über ihren Hemden sitzt, obwohl es draußen noch heller Nachmittag ist. »Bist ja ganz grün um die Neese.«

»Weiß nicht«, murmelte Jette nur und das ist keine Ausflucht. Sie weiß wirklich nicht, was mit ihr ist. Seit Tagen verspürt sie eine ganz klägliche, unbestimmte Angst und heute ist es besonders schlimm. Richtig Bauchschmerzen hat sie. Und mit wem sollte diese Angst zu tun haben, wenn nicht mit Frieder? Über zwanzig Tote soll es in der letzten Woche in der Innenstadt gegeben haben, dazu mehr als hundert Verletzte. Wie war sie jedes Mal froh, wenn sie ihn am Abend auf der Stiege hörte! Gestern jedoch war er trotz all ihrer Bitten bis zum späten Abend in der Stadt unterwegs und heute wollte er mit all den anderen vors Schloss.

»Kindchen! Brüte doch nicht so vor dich hin. Ick bin's doch, die bald wieder 'n Ei legt, nicht du.«

Je bedrückter Jette sich fühlt, desto munterer gibt sich die

Schwester, obwohl sie doch jeden Tag auf einen heimtückischen Racheakt vom schielen Siegmund gefasst sein muss. Aber vielleicht ist das der wahre Grund für ihre plötzliche Entscheidung, nun doch nach Moabit zu ziehen und ebenfalls Knopflöcher zu nähen. Immer wieder macht sie Scherze über ihr neues »Wiesenblütenleben«, lobt Frieder als einen, auf den man nicht nur Häuser, sondern ganze Stadtviertel bauen kann, und gibt in träumerischen Momenten verschämt kichernd zu, dass sie sich inzwischen schon ein bisschen auf den »kleinen, rosigen, warmen, weichen Zankdeibel« freut, der da in ihrem Bauch heranwächst.

Was Guste jetzt noch Sorgen bereitet, ist einzig und allein, dass dieses Kind ein Mädchen werden könnte. Ein Mädchen will sie nicht, sagt sie stets aufs Neue. Die seien ihr zu dumm, die würden anstatt mit dem Kopf nur mit dem Herzen denken. Und damit meint sie zuallererst wohl sich selbst.

Aber kann sie sich denn wirklich auf dieses Kind freuen? Und weshalb spricht sie neuerdings so oft vom Vater? Immer wieder erinnert sie sich daran, wie der Vater dieses oder jenes gesagt oder getan hat. Und als sie, Jette, sich mal darüber wunderte, antwortete sie nur, das sei immer so. »Kriegste 'n Kind, denkste immer öfter an die eigene selije Kindheit zurück.« Doch ist das die Wahrheit? Denkt Guste nicht deshalb so oft an die Vergangenheit, weil sie sich vor der Zukunft fürchtet?

»Nanu? Ist das schon die Gretel?« Von der Stiege her sind unsichere, schwankende Schritte und ein lautes Krachen zu vernehmen. Rasch wirft Guste sich ihren Mantel über und knöpft ihn bis unters Kinn zu.

»Jette? Guste?«, dringt es gleich darauf von der Tür zu ihnen hin.

Mutter Jacobi? Ein verwunderter Blick, dann stürzen beide Schwestern gleichzeitig los. Doch das plötzlich wieselflinke

Fritzchen, das zuvor nur trantütig auf dem Bett herumgelegen hat, ist noch vor ihnen an der Stiege.

Es ist tatsächlich Mutter Jacobi! An der Tür lehnt sie, hält sich das Herz und bringt vor Atemnot kein Wort heraus.

»Aber Mutter Jacobi. Was ist denn passiert?« Gleich ist Guste neben ihr, um sie zu stützen. »Weshalb haben Se denn so einen weiten Weg auf sich genommen? Und wie haben Se uns überhaupt gefunden?«

Jette jedoch wird es mit einem Mal so schwindlig, dass sie sich selbst anlehnen muss; sie ist überzeugt davon, schon im nächsten Augenblick etwas ganz Furchtbares zu hören zu bekommen.

Mutter Jacobi sitzt erst geraume Zeit in ihrem Sorgenstuhl, ringt nach Luft und streichelt Fritzchen, der sich an sie presst, als wollte er sie nie wieder loslassen, dann kann sie endlich berichten. Überall in der Stadt werde gekämpft, erzählt sie mit angstgeweiteten Augen. »Barrikaden haben se gebaut … Auch an der Ecke Rosenstraße. Die Leute … wollen sich nichts mehr gefallen lassen.«

»Und Frieder?« Jette hält die Ungewissheit nicht länger aus. »Was ist mit Frieder?«

»Weiß doch nicht.« Mutter Jacobi bekommt feuchte Augen. »Deshalb bin ich ja gekommen. Dachte, er ist vielleicht hier.« Und dann weint sie vor Sorge um ihren Sohn und Fritzchen heult gleich mit. Darüber erschrickt die kleine Frau. Sie zieht ihr Taschentuch heraus, trocknet sich die Tränen und erklärt, dass ihr Jungchen ihr den Weg hierher mal ganz genau beschrieben habe. Für den Fall der Fälle. »Aber dass ist das noch schaffen würde mit meinen alten Beinen …«

Da befiehlt Guste Mutter Jacobi kurzerhand, sich erst mal aufs Bett zu legen, zu verschnaufen und abzuwarten. Irgendwann werde ihr Herr Kronensohn schon wieder auftauchen. Etwas anderes könne sie jetzt doch nicht tun.

»Aber nein, nicht doch!«, sträubt Mutter Jacobi sich gegen diese Fürsorge und ihr Gesicht verrät, wie unheimlich es ihr hier ist. Guste aber lässt nicht locker und so liegt die kleine Frau doch bald auf dem Bett und Fritzchen weicht auch dort nicht von ihrer Seite. Kaum aber sind die beiden ein wenig zur Ruhe gekommen, sind neue, kräftigere, eiligere Schritte auf der Stiege zu hören.

»Frieder?« Sofort ist Mutter Jacobi wieder oben.

Doch es ist nicht Frieder, der da durch die Tür gestürzt kommt, es ist der schiele Siegmund. »Revolution!«, schreit er mit erhitztem Kopf. »Zu den Waffen!« Und schon hat er unter sein Strohlager gegriffen und kommt mit einer Pistole in der Hand auf sie zugestürzt. »Krieg ist! Arm gegen Reich. Der König hat das Volk verraten.«

»Und was ist wirklich passiert?« Wie immer, wenn etwas geschieht, das nicht sie selbst betrifft, bleibt Guste ganz ruhig. Nur dass sie mit dem Siegmund kein Wort mehr reden wollte, scheint sie vergessen zu haben. »Gibt's Tote, Verletzte?«

»Natürlich!« Der zerlumpte Mann strahlt mit erregt flackernden Augen. »Muss es ja geben, wo so viel geschossen wird.«

Jettes Bauchschmerzen sind kaum noch auszuhalten. »Wo denn?«, kann sie nur flüstern.

»Na überall! In der ganzen Stadt. Wer heute nicht mitmacht, darf sich selbst Leid tun.« Und damit ist der schiele Siegmund schon wieder auf der Stiege.

Nur zwei, drei Sekunden zögert Jette, dann wirft sie sich stumm ihr Wolltuch über, setzt sich die Schute auf und hetzt mit flatternden Bindebändern hinter ihm her.

»Jette!« Die unter dem Mantel noch splitternackte Guste läuft ihr ein paar Schritte nach. »Komm zurück! Komm sofort zurück! Hörste!«

Aber Jette hört nicht auf die Schwester. Sie muss Frieder finden und ihn bitten, doch vor allem an seine Mutter, Guste, Fritzchen und sie zu denken. Wie soll's denn für sie weitergehen, wenn sie ihn nicht mehr haben? Ihr aller Leben hängt doch ganz allein von ihm ab. Wie darf er das vergessen, wenn er sie wirklich lieb hat? (...)

In Reih und Glied und dumpfer Ruhe steht das Militär auf dem Schlossplatz. Gesichter waren von Anfang an keine zu erkennen, dafür sind die Marschblöcke viel zu weit entfernt; nur die Helme der Infanteristen, die dort auf ihren Einsatz warten, blinkten manchmal im Sonnenschein zu ihnen herüber. Jetzt aber hat sich längst Dunkelheit herabgesenkt und so sind nicht einmal mehr die einzelnen Blöcke voneinander zu unterscheiden. Wie eine schwarzgraue Nebelwand stehen die Soldaten mit den Pickelhauben und auf den Rücken geschnallten Tornistern vor dem Schloss – eine Wand jedoch, die sich irgendwann in Bewegung setzen und im Näherkommen zu Hunderten von Gesichtern werden wird; Gesichter, die Frieder fürchtet. Er hat ja nur seine Axt. Wie soll er damit angreifen, wie sich verteidigen? Etwa die Axt in eines dieser Gesichter hineinschlagen?

Immer wieder lässt er den Blick schweifen. Große, massive Häuser stehen hier, ein elegantes Ladengeschäft reiht sich ans andere. Kein Berliner, der die Breite Straße nicht kennt, keiner, der nicht gerne hier entlangspaziert. Und er, wann war er das letzte Mal hier? Im Winter! Als Weihnachtsmarkt war! Mit Jette und Fritzchen. Natürlich sind sie da auch am Cöllnischen Rathaus vorbeigeschlendert, und er hätte nicht im Traum daran gedacht, hier nur ein Vierteljahr später hinter einer Barrikade zu stehen und vielleicht sogar sterben zu müssen.

Er darf diesen Gedanken nicht verdrängen, muss wissen, dass er vielleicht schon in der nächsten Stunde nicht mehr leben wird und auch, wofür er vielleicht sterben wird. So hat Rackebrandt es ihm geraten. Und doch erscheint ihm das alles noch immer so unwirklich, so fremd. Er will ja zu Jette zurück. Und zur Mutter! Doch Rackebrandt hat Recht: Sie müssen auf alles gefasst sein – oder weglaufen!

Gestern, der schwarz gekleidete Alte, wie er sagte: »Da schießt doch dann Bruder auf Bruder!« Und Rackebrandt, wie er auf dem Schlossplatz den Dragonern entgegenlief und ihnen zurief, dass sie doch zu ihnen gehörten ... Warum kann es in Berlin nicht so sein wie in Paris und Wien? Sie sind doch wahrhaftig alle Brüder! Zieht der Soldat den Militärrock aus, ist er Schuster, Schlosser, Schneider, Arbeitsmann. Bedeutet der Eid auf den König ihm denn mehr als der eigene Bruder?

Und die Schüsse auf dem Schlossplatz, was steckte dahinter? Erst so viele Forderungen erfüllt und dann blanke Säbel und Schüsse? Rackebrandt glaubt, dass der König nur aus einer momentanen Schwäche heraus nachgegeben hat; Paris und Wien hätten ihm Angst gemacht. Deshalb wolle er besänftigen, habe aber nicht umgedacht.

Frieders Blick wandert erst links, dann rechts die Barrikade entlang. In allen Gesichtern das gleiche Unverständnis, gleicher Zorn, gleiche Verbissenheit. Wir haben dem König vertraut, besagen die düsteren Blicke, zugejubelt haben wir ihm, er aber hat uns hintergangen und gedemütigt. Das lassen wir uns nicht gefallen. Soll er mit unserem Blut an den Händen leben, wir sind zum Letzten bereit ...

Wieder überkommt ihn diese abscheuliche Angst! Der Tod ist ein schneller Reiter, einmal losgeritten, holt ihn niemand mehr ein, hat Roderich mal gesagt, als er vom Krieg erzählte; der Tod ist kein Unglück für den, der geholt wird, sondern nur für den, der übrig bleibt, so die Mutter.

Wenn er fortliefe, zu Jette, Guste und Fritzchen, zur Mutter – niemand würde ihm Vorwürfe machen. Nach den ersten Kanonenschüssen, die aus der Königstraße zu ihnen drangen, sind viele geflohen. Andere aber sind neu hinzugekommen,

Schorsch und Roderich zum Beispiel und sogar Vater Riese, der alte Gefangenenwärter aus der Hausvogtei, der zuerst in der Königstraße hinter einer Barrikade lag. Alle harren sie aus, um dieses Dreieck zwischen Breite, Scharren- und Gertraudenstraße gegen des Königs Truppen zu verteidigen; werfen ihr Leben in die Waagschale! Und da soll er, Frieder Jacobi, der im Gefängnis davon träumte, die Welt zu verändern, sie im Stich lassen?

»Wenn sie doch nur endlich kommen würden, die verfluchten Himmelhunde!« Ludwig, der alte Holzhauer, der ein Gewehr bekommen hat, weil er in seiner Jugend Soldat war, schimpft wieder. Er hinkt und ist so knorrig, als wäre er im Lauf der Jahre selbst schon zu Holz geworden, doch er rührt sich nicht von der Stelle. Die schwarzgraue Nebelwand vor ihnen jedoch will auch nicht vorrücken. Überall in der Stadt wird gekämpft, werden Hass und Wut durch das vergossene Blut immer wieder neu entfacht, nur hier will sich einfach nichts bewegen.

»Woran denkst du?«

Endlich macht auch Michael mal wieder den Mund auf; Michael, der ebenfalls nicht fortlaufen, aber auch nicht kämpfen will, wie er nun schon ein paar Mal gesagt hat.

»An die da!« Mit einer Kopfbewegung deutet Frieder auf die Nebelwand hin.

Der zierliche Student auf seinem leeren Ölfass, auf dem er abwechselnd sitzt und steht, um über die Barrikade blicken zu können, nickt erst nur still, dann beginnt er laut über den Soldatenberuf zu schimpfen, der jedes wahre Menschsein ersticke. »Auf den einen Befehl hin marschierst du, ein anderer lässt dich jubeln, wieder ein anderer töten. Eigenes Denken? Verboten! Dennoch wird immer wieder von ›Soldatengeist‹ und ›ehrenvollem Waffenhandwerk‹ geschwätzt. Zu wessen Ehre wird dies ›Handwerk‹ denn betrieben?«

Frieder will darauf nicht eingehen. Es ist ja nur Michaels Angst und Unsicherheit, die ihn sogar jetzt, in dieser ungewissen Situation, solche Fragen stellen lässt.

In der Ferne setzt nun lautes Peletonfeuer ein und mitten hinein krachen auch wieder ein paar Kanonen.

»Wenn mir nur einer sagen könnte, wozu das alles gut sein soll«, flüstert Michael da nur noch betrübt. »Verzweiflungstaten haben die Welt doch noch nie vorangebracht.«

Er hält nicht viel von ihrem Kampf, wie er deutlich erklärt hat, um seine passive Haltung zu verteidigen. Seiner Meinung nach könnte ihnen allein ein geplanter und gut bewaffneter Aufstand, der den König und all seine Getreuen ins benachbarte Ausland hinwegfegte, einen wirklichen Sieg bescheren. Hier eine Barrikade, dort eine Barrikade, auch wenn es zehnmal so viele wären, reichten nicht aus, um Dauerhaftes zu bewirken. Außerdem wollten die meisten derer, die hier stünden, ja gar keine wahrhafte Revolution. Sie seien nur empört. Wenn sie wirklich siegten, würden sie gar nicht wissen, wie es weitergehen soll.

Rackebrandt erwiderte darauf nur, sie könnten sich den Zeitpunkt ihres Kampfes nicht aussuchen. Nicht jeden Tag seien die Menschen zu den größten Opfern bereit. Und ob Michael denn nicht verstehen könne, dass viele nicht länger ohne Hoffnung auf mehr Freiheit und eine Besserung ihrer Lebensumstände leben wollten.

Eine Antwort, die Michael lange schweigen ließ, bis er leise sagte, dass ja auch er gern eine Hoffnung hätte. Von einem verzweifelten Aufschrei aber erwarte er nur Leid und Trauer und deshalb könne er daran nicht noch mittun. (…)

Ein fünfter Versuch, die Barrikade zu stürmen; und jetzt brechen die Pickelhauben sogar in die nicht verteidigten Häuser ein und feuern aus den Fenstern heraus.

Die Offiziere empfinden es offenbar als Schande, dass ihnen ausgerechnet diese, dem Schloss so nahe gelegene Barrikade dermaßen viel Mühe bereitet. Für die Verteidiger aber stellt sich immer mehr die Frage, wie lange sie diesem Ansturm noch standhalten können – und wie viele noch fallen werden, bis der Kampf beendet ist! Und als hätten diese Gedanken und Gefühle ihn zum Leben erweckt, steht seit geraumer Zeit auf den Stufen der Konditorei D'Heureuse ein junger Bursche, der unaufhörlich eine erbeutete Trommel rührt. Die Geschosse, die rechts und links von ihm einschlagen, kümmern ihn nicht. Unverwundbar scheint er zu sein, dieser Trommler in der ihm fast bis zu den Knien reichenden blauen Bluse, der seine Mütze so tief ins Gesicht gezogen hat und der nicht ablassen will von seinem Schlagen.

»Ein Verrückter!«, sagt Flips. »Einer, der vor Angst keine Furcht mehr kennt.«

»Ein dummer Bengel!«, schimpft der alte Schorsch, der es im Rathaus nicht mehr ausgehalten hat und mit seiner Flinte hinter die Barrikade gekommen ist. »Einer, der später mit seinen Heldentaten prahlen will.«

Ein Todesengel, denkt Frieder, einer, der dem Sterben den Takt schlagen will. Und Michael neben ihm, der den Burschen lange nur still beobachtet hat, beginnt plötzlich etwas Unverständliches vor sich hin zu murmeln. Es klingt wie ein Gebet.

»Mit wem redeste denn da? Etwa mit dem lieben Gott?«

»Mit meiner Großmutter.« Michael hebt nicht den Blick.

»Mit der jüdischen?«

»Mit der jüdischen! In der Not, so hat sie immer gesagt, hilft kein fremder Glauben.«

Frieder will erwidern, dass der wahre Gott doch alle Sprachen sprechen und alle Gebete verstehen müsse, schweigt aber lieber. Michael ist oft schwer zu verstehen. Wie er da auf seinem leeren Ölfass hockt, ein klägliches Bündel Mensch in viel zu eleganten Kleidern. Und im Widerspruch dazu der Michael, der ihm vorhin zweimal entgegenkam: Einfach rüber über die Barrikade, als hätte er dabei nicht jedes Mal sein Leben riskiert! Nante und Flips haben ihn dafür überschwänglich gelobt, in Wahrheit aber ist er ihnen seither noch fremder geworden: Wie kann denn einer, der kein Feigling ist und jene, gegen die sie kämpfen, fast noch mehr hasst als sie, sich nicht gegen seine Feinde wehren wollen?

»Du fragst mich gar nicht, für wen ich bete?« Michael möchte nun doch reden.

»Für uns alle – hoffe ich!«

»Ja!« Michael nickt. »Aber auch für die da!« Er weist mit dem Kopf hinter die Barrikade. »Auf dass sie nicht allzu grausame Rache üben.« Und er will noch etwas hinzufügen, als mit einem Mal Rackebrandt vor ihnen steht. Mit einem zweiten Gewehr in der Hand! Ohne lange Erklärungen führt er Frieder vor, wie die Waffe bedient wird. Erst als er ihm auch noch den Lederbeutel mit dem Schießpulver und die Munition überreicht hat, fragt er: »Du wirst das doch auch können?«

Frieder nickt nur stumm. Er wird es können! Muss es können!

Rackebrandt hat noch seine Zweifel. »Denk immer daran – die oder wir! Blut gegen Blut! Und wenn du jemanden schlimm treffen solltest – unsere Witwen weinen auch!« Damit schiebt er Frieder und Michael auch schon zum Rathaus hin. »Geht in die oberen Stockwerke. Da sind einige ausgefallen.«

Ausgefallen!, denkt Frieder, während er mit dem langen Vorderladergewehr in den Händen und dem Beutel mit dem Schießpulver über der Schulter der Haustür entgegenhastet. Ausgefallen! Und Michael, der ihm den Säbel nachträgt wie etwas, das er nur deshalb nicht fortwirft, weil es ihm nicht gehört, läuft hinter ihm her und wundert sich offensichtlich nicht mal darüber, dass Rackebrandt ihn, der doch noch immer kein

Gewehr hat und auch gar keines will, mit ins Rathaus geschickt hat.

Auf der steilen Stiege des jahrhundertealten Rathauses liegen und sitzen Verwundete. Blechlaternen hüllen alles in einen gelbroten, flackernden Lichtschein. Eine alte Frau verbindet den immer wieder laut aufstöhnenden Männern ihre Wunden, benetzt ihre Gesichter mit Wasser, gibt ihnen zu trinken und schimpft sie gleichzeitig erbarmungslos aus: »Recht haben und Recht kriegen ist zweierlei! Nur Dummköpfe rennen gegen Eisenwände an.« Als Frieder und Michael sich an ihr vorüberzwängen, murrt sie: »Noch zwei Tollköpfe, die die Welt nicht begreifen wollen!«

Im obersten Geschoss ist alles finster, nur von den Fenstern her dringt ein wenig Mondlicht herein. Frieder sieht sofort, an welchem der Fenster kein Schütze mehr steht, und hastet dorthin. Dabei stolpert er über einen Mann, der zuvor dort gestanden haben muss und in der Hitze des Kampfes nur zur Seite geschafft werden konnte. Ein elendes Gefühl überfällt ihn: Das ist nun schon der zweite Tote, mit dem er in Berührung kommt! Wann wird er so starr und stumm und unnütz daliegen?

Jetzt aber ist keine Zeit zum Nachdenken, und so späht er nur atemlos vor Spannung auf die Straße hinunter und ist fast erstaunt über den Anblick, der sich ihm bietet. Von hier oben gesehen, ist ihre Barrikade kein sicherer Schutzwall, sondern nur ein riesiger Gerümpelhaufen; und die Trommelschläge des Burschen vor der Eingangstür zur Konditorei klingen nur noch dumpf zu ihm herauf. Dafür ist das Mündungsfeuer vom Dach der Konditorei D'Heureuse ganz nah.

Mit zitternden Händen lädt er sein Gewehr, und im selben Augenblick kommt schon einer der Männer von den anderen Fenstern auf ihn zu, der wohl erkannt hat, dass sich ihnen ein Neuling zugesellt hat, und erklärt ihm hastig, dass er vorsichtig sein soll. Die Pickelhauben seien alle mit modernen Hinterladern ausgerüstet, könnten also in der gleichen Zeit viel öfter schießen als er mit seinem alten Vorderlader. Und er solle bloß nicht auf Helm, Tornister oder Lederzeug zielen, damit vergeude er nur Munition.

Schweigend nickt Frieder, dann blickt er sich nach Michael um. Der hat sich mit seinem Säbel irgendwo in den hinteren Teil des dunklen Raumes verkrochen. »Ruhig!«, flüstert er da sich selbst zu. »Ganz ruhig!« Und dann legt er – seitlich neben dem Fenster stehend, so dass er nur wenig Zielfläche bietet – die Waffe an und wartet auf das nächste Mündungsfeuer. Als er eines ausgemacht hat – aus einem der Kellerhälse muss dieser Soldat zu ihnen hochschießen! –, atmet er tief ein, hält die Luft an, zielt sorgfältig – und drückt ab!

Fast hätte ihn der Rückschlag der Waffe umgerissen. Doch er bemerkt es kaum, so heiß überflutet ihn der Gedanke, dass er tatsächlich geschossen hat. Auf einen Menschen, den er nicht kennt und von dem er nicht mal weiß, wie er aussieht! Mit brennenden Augen starrt er auf die Straße hinunter und ist beinahe froh, als er sieht, dass er den Soldaten nicht getroffen haben kann, denn da blitzt das Mündungsfeuer im Kellerhals schon wieder auf – und gleich darauf schlägt es neben ihm ein!

Zu Tode erschrocken taumelt er zurück. Nun hat sein eigenes Mündungsfeuer dem da unten das Ziel gewiesen! Dann aber wird ihm ganz kalt zumute. Die oder wir! Blut gegen Blut! Wieder macht er sein Gewehr schussfertig und erneut legt er an. Und dann stemmt er sich mit den Füßen fest auf den Fußboden, damit es ihn nicht wieder fortreißt, zielt noch sorgfältiger, drückt ab und wartet.

Kein Mündungsfeuer mehr in diesem Kellerhals.

Die Revolution von 1848 wurde von der Obrigkeit niedergeschlagen. »Einigkeit und Recht und Freiheit für das deutsche Vaterland« waren wieder in weite Ferne gerückt.

Neben solchen bedeutenden Ereignissen wurde und wird vieles vergessen, was für die einfachen Menschen oft viel bedeutender war.

Othmar Franz Lang
Hungerweg

Unverantwortlich, das Kind in einem solchen Zustand diesen Gewaltmarsch gehen zu lassen«, schimpfte der Mann mit dem goldenen Kneifer auf der Nase. »Aber die Not fängt ja nicht erst hier an. Die Frauen müssen von einem Kindsbett ins andere und zwischendurch schuften und rackern sie sich ab. Kein Wunder, dass solche Kinder schon geschwächt auf die Welt kommen. Dann kriegen sie nicht genug zu essen, müssen aber mit vier, fünf Jahren schon schwere Arbeit leisten, und je größer sie werden und je mehr sie zu ihrer Entwicklung brauchen, umso karger werden die Mahlzeiten, denn hinten kommen unentwegt die kleinen Geschwister nach, bis dann das arme Weib vor Entkräftung im Kindsbett stirbt.« Der Mann beugte sich zu Sebastian hinunter. »Wie viel seid ihr denn daheim?«

»Kinder?«, fragte Sebastian.

»Ich meine, wie viel Geschwister du noch hast.«

»Sechs Geschwister am Leben.«

»Wie alt ist das Jüngste?«

»Das liegt noch in der Wiege und heißen tut's Anna.«

Der Arzt, denn es war offensichtlich einer, rückte seinen Kneifer zurecht und sah Schwingshackl fest an. »Und bestimmt ist schon wieder eines unterwegs«, sagte er dann. »Da müsst doch sogar Ihr zugeben, Hochwürden, dass da etwas nicht stimmt. Man kann nicht sieben Kinder nicht ernähren können und noch ein achtes, neuntes und weiß ich wie viele noch kommen lassen. Wunder geschehen nicht. Wenn es Wunder gäbe, wärt Ihr nicht hier und all die Kinder auch nicht. Dass sie sich hier satt essen werden, ist kein Wunder, das hängt mit dem Klima, mit dem Boden und mit der etwas günstigeren Verkehrslage zusammen. Denn man darf euren Bergbauern nicht vorwerfen, dass sie nicht fleißig wären. Sie rackern bestimmt mehr als unsere Bauern. Was sie niederzwingt, sind die misslichen Umstände.«

»Und was würdet Ihr ändern?«, fragte Schwingshackl.

»Ändern«, wiederholt der Doktor, »ändern ... Ich kann nicht sagen ›Steine, werdet zu Erde, Fels, werde zum Acker, Schattenhang, lege dich auf die Seite der Sonne.‹ Was ich sagen würde, ist das: drei, höchstens vier Kinder pro Elternpaar. Die Not würde spürbar weichen und ihr müsstet nicht diesen beschämenden Marsch unternehmen.« Er kramte in seiner Jackentasche und rief den Wirt, zählte ihm einige Münzen in die offene Hand und sagte: »Und dafür machst du mir all diese Schreckgespenster ordentlich satt, sonst komm ich das nächste Mal nicht, wenn dich das Zipperlein plagt.« Und draußen war er.

»Ein guter Doktor«, sagte die Frau mit dem Korb.

»Ja, das ist er wohl«, pflichtete ihr der Wirt bei. »Der weiß genau den Punkt, wo er hindrücken muss, und der Schmerz ist schon weg. – Setzt euch«, sagte er dann zu den Kindern, »steckt die Beine untern Tisch. Gleich gibt's was Warmes ins Bäuchle.«

Es war die letzte Wegstrecke vor Ravensburg. Und sie hätten sie sicher leichter mit hungrigem Magen zurückgelegt als mit vollem. Wie im Halbschlaf wankten sie dahin, liefen beinahe in entgegenkommende Fuhrwerke hinein oder machten keinen

Platz für die, die sie überholten. Manchmal, wenn der Kutscher ein weiches Herz hatte, ließ er ein paar Kinder hinten aufhocken und nahm sie eine Wegstrecke mit. Die bekamen den strikten Auftrag, am Straßenrand zu warten, bis die anderen sie einholten. Die Freude, fast am Ziel zu sein, mischte sich mit der Angst vor dem ungewissen Ausgang ihres Marsches. Jeder hatte schon von anderen gehört, die es gut getroffen hatten, aber es gab auch einige, die bitter schlecht dran gewesen waren. Wo der Bauer ein Geizkragen war, seine Frau ein Schandmaul hatte und ihre schlechte Laune an den Kindern ausließ.

»Wie ist denn das eigentlich«, fragte der Schorsch, »wenn so ein Bauer daherkommt und dich nehmen will, du spürst aber, dass es mit dem nit gut gehen wird? Da kann man doch nit sagen, nein, ich mag nit, oder?«

Sebastian interessierte diese Frage auch.

»Sie kommen«, sagte die Burgl, »und fragen dich: ›Bist schon gekauft?‹ Und wenn man nein sagt, nehmen sie einen, und wenn man ja sagt, lassen sie einen stehen.«

»Und was ist, wenn keiner kommt, der einen fragt?«

»Dann bleibst übrig«, sagte Schorsch. »Dann stehst schön dumm da, wie ein Haubenstock.«

»Muss man da gleich wieder zurückgehen, wenn man nit genommen wird?« Sebastian hustete und spuckte Schleimbatzen in den Straßengraben.

»Das kommt drauf an«, sagte Burgl, um Zeit zu gewinnen. »Vielleicht kommst dann in einem Kloster unter, die Klosterschwestern, hör ich, sollen gut kochen.«

Ach ja, die Klosterschwester, die sich über ihn gebeugt hatte. Das war noch in Vorarlberg gewesen. Wie sauber sie war, eine ganz glatte Haut. Und sie hatte nach Weihrauch gerochen, wie eine Kirche nach der Sonntagsmesse.

Als Schwingshackl am nächsten Morgen aus dem Stall trat, um sich am Brunnen zu waschen, war das Wetter so, wie er befürchtet hatte: ein kalter, windiger Tag mit schnell dahinziehenden Wolken. Im Augenblick regnete es nicht, aber der nasse Boden zeigte an, dass es vor kurzem noch geregnet hatte.

Zum Abschied gab es für die Kinder ein Schüsselchen warme Milch mit eingebrocktem Brot. Ein Essen, das sie für das unberechenbare Wetter rüstete. Als sie dann auf dem Weg waren, mochte keiner richtig froh sein. Der Kooperator war ein guter Mann, er hatte sie geführt und beschützt, Nachsicht und Verständnis gezeigt, zudem sprach er ihren Dialekt und war noch immer ein Stück Heimat für sie. Ab heute würde alles anders sein. Ein fremder Mann, eine fremde Frau, ein fremder Dialekt, in dem sie nicht daheim waren.

Den Kindern fiel auf, dass nicht nur schwere Fuhrwerke der Stadt zustrebten, sondern auch manch flotter Oberländer Bauernwagen, in dem ein Bauer mit seiner Frau saß.

»Seht«, rief Schwingshackl, »die fahren euretwegen auf Ravensburg! Schon mustern sie euch. Na, ihr werdet alle einen Bauern finden, wenn ihr nachher nit zu dumm dasteht. Und wenn euch einer was fragt, dann immer schön in die Augen schauen, damit man gleich merkt, dass ihr offen und ehrlich seid.«

Burgl, die heute nicht als Letzte ging, weil der Weg nur kurz und nicht beschwerlich war, hatte ein ungutes Gefühl. Und davon lenkte sie auch der Regenguss nicht ab, der plötzlich über die Felder angebraust kam.

Uns bleibt wirklich nichts erspart, dachte Schwingshackl. Mussten sie noch so kurz vor dem Ziel in einen derart heftigen Regenguss geraten! Er warf einen Blick in Richtung Sebastian, der den linken Fuß besonders hoch hob, weil die Schuhsohle schon so weit herunterhing. Offensichtlich hatte er das Stück Bindfaden verloren, mit dem er ihm die Sohle am Oberteil angebunden hatte. Oder der Faden hatte sich durchgescheuert und war im Straßendreck liegen geblieben.

Kurz danach legte sich ein goldener Sonnenspeer übers Land, bohrte sich in die Äcker hinein, ein Regenbogen wurde sichtbar, verblasste aber gleich wieder, da der Sonnenstrahl erlosch.

Und dann sahen sie vor sich die Stadt. Einen Kranz von Dächern und Türmen, Rauch stieg aus den Kaminen, Glockenklang wurde vom Wind herübergeweht.

Heilige Maria, Mutter Gottes, hilf, dass ich nette Leut find, betete Burgl stumm. Lass mich nit im Stich, mei liebe Frau. Ich will dafür immer brav und ehrlich sein.

War das jetzt schon Pflaster unter ihren Füßen? Und schlossen sich die Häuser schon zu langen Wänden zusammen, war das Hufgeklapper, das Gehämmere, das Trappeln der vielen Schuhe auf dem Pflaster schon das Ziel, dem sie zustrebten?

Eine alte Frau hatte das Fenster geöffnet und sah mit ihrer wohlgenährten Katze auf die Kinder herab. »Nur geradeaus«, rief sie, »zur Bachgass. Vorm Gasthof Krone ist er, der Kindermarkt.«

»Kindermarkt, Obst- und Gemüsemarkt, Viehmarkt, Sklavenmarkt«, schimpfte Schwingshackl in sich hinein. »Wenn sie auch im Herbst zu ihren Eltern zurückkehren, eine Schand ist es und bleibt es. Und eine Schand ist's, dass ich da mittu. Herr Gott, verzeih mir.«

Da standen schon einige Bauern, die Hände in den Hosentaschen, eine Pfeife im Mund, und musterten prüfend die Kinder.

Oh, mochte manch einer denken, viel kleines Kroppzeug darunter, aber der Große dort, der wär schon recht. Wenn er nicht viel mehr als Gewand, Kost und Quartier verlangt, dann kauf ich ihn mir.

Den Gasthof zur Krone rochen sie schon von weitem, der nahrhafte Geruch von Siedfleisch und Rindssuppe füllte ihre Nasen und weckte ihre Lebensgeister.

»So«, rief Schwingshackl, »wir sind da. Stellt euch schön hin und versperrt den Eingang zur ›Krone‹ nicht, damit die Leut ein- und ausgehen können.«

Sebastian lehnte sich müde an die Mauer, deren Kälte er durch seine dünne Joppe sofort spürte. Rechts neben ihm standen Burgl und Schorsch. Ein Mädchen, nicht viel größer als die Leni, weinte plötzlich. Wahrscheinlich, weil es spürte, dass es ernst wurde.

»Sei stad«, schimpfte Burgl leise. »Vertreibst uns am End die Bauern und wir können alle wieder heim.« Sie wischte der Kleinen mit ihrem Schürzenzipfel die Wangen trocken und ließ sie danach in einen trockenen Schürzenteil schnauben.

Die Bauern zeigten zunächst wenig Interesse an den Kindern, sie taten, als ob sie auf einen Schluck Bier oder ein Viertele und eine Vesper ins Wirtshaus gehen wollten und überrascht waren, hier so viele heruntergekommene Kinder zu sehen. Andere kamen aus der Wirtsstube heraus, als wollten sie nur schnell nach dem Wetter sehen, stopften umständlich ihre Pfeifen, guckten immer wieder zum Himmel, ehe sie wieder ins Wirtshaus zurückkehrten.

»Heiliger Leonhard«, betete Schorsch, der das nie zugegeben hätte. »Heiliger Leonhard, du hast es mit den Rössern, schau, dass ich wo hinkomm, wo es ein paar schöne gibt.«

Sebastian hielt die Augen geschlossen, er fürchtete sich vor den prüfenden Blicken der Bauern, die taten, als würden sie die Kinder nicht bemerken.

Und da blieb schon der Erste stehen, direkt vor Schwingshackl.

»Ja, ja«, sagte er und prüfte dann lange die Wolken am Himmel. »'s geht wieder deutlich aufs Frühjahr zu.«

Schwingshackl nickte.

»Habt Ihr alle gut hergebracht oder sind Euch ein paar gestorben? Wär ja kein Wunder bei dem Weg.«

»Gott sei Dank keines.«

»Soll ein schlimmer Winter gewesen sein im Gebirg.«

»Schnee bis zuletzt«, bestätigte Schwingshackl. »Bis kurz vor dem Bodensee.«

»Hm.« Der Bauer machte einen tiefen Zug aus der Pfeife, prüfte wieder den Himmel und fand, dass die Schwalben auch bald kommen müssten. »Maria Verkündigung«, schloss er seine Betrachtungen, »kommen die Schwalben wieder.«

»Haben wir bald.« Schwingshackl, der sich nicht nur mit den Marientagen auskannte, nickte.

»Ich sag's ja«, brummte der Bauer. »Wird nimmer lang dauern. Voriges Jahr, wie sie kommen sind, die Schwalben, da war ein Flattern ums Haus und ein Gezwitscher, ich hab den Wind von ihrem Flügelschlagen gespürt. Richtig gespürt.« Er räusperte sich. »Sind schon welche gekauft?«, fragte er dann mit veränderter Stimme. »Ich such ein Büble, der mir mit die Küh hinausgeht und auch sonst gut zupacken kann.«

Schwingshackl wies sofort auf Sebastian, der erschreckt den Bauern anstarrte. »Der hier«, pries er Sebastian an, »der ist mit hohem Fieber weitermarschiert.«

»Der schaut aber aus wie der Heiland am Kreuz.«

»Ein paar Tag und er ist wieder ganz gesund. Das hat sogar der Doktor in Tettnang gesagt.«

»Einer, der gesund ist, ist immer besser als einer, der erst gesund wird.« Der Bauer nahm den Schorsch aufs Korn.

»Bin schon kauft«, stieß der Schorsch schnell hervor. Kühe hüten wollte er nicht gern. Er wollte mit Pferden zu tun haben.

Der Bauer ging schnell weiter, denn inzwischen war er nicht der Einzige. Ein riesiger Mann war von seinem Wägele heruntergestiegen und schaute auf Schorsch und einen anderen gleich großen Buben, den Moritz. »Na, wie schaut's aus mit euch?«, fragte er. »Wer von euch ist der Stärkere?«

»Ich!«, riefen Moritz und Schorsch gleichzeitig.

»Das sagt sich so leicht. Aber wer legt den anderen aufs Kreuz?«

Schorsch hatte nur noch die zwei Pferde vor dem Wagen des riesigen Mannes im Kopf. Schon packte er den Moritz, wurde selbst aus dem Stand gehoben, stieß mit dem Kopf hart gegen die Hausmauer, aber da hatte er den anderen schon auf den Boden gezerrt, drehte ihn um und drückte seine Schulter aufs Pflaster.

Schwingshackl, der an einen echten Streit glaubte, wolle wütend dazwischengehen.

Der Bauer hielt ihn jedoch zurück und erklärte den Vorfall. »Ich wollt nur sehen, wer der Stärkere ist«, entschuldigte er die beiden.

»So geht man nicht mit Kindern um, auch wenn sie arm sind«, rief Schwingshackl mit hochrotem Gesicht. »Das ist gegen jede menschliche Würde.«

»Würde?«, fragte da der Riese. »Wisst Ihr, was Würde ist? Würde ist, wenn man am Tisch vor einem vollen Teller sitzen kann und satt aufsteht. Und satt aufstehen wird das Büble bei mir, das schwör ich Euch.«

Sie handelten einen Preis für Schorsch aus. Kost und Logis, das volle Gewand von Kopf bis Fuß, hier im Land *Häs* genannt, und ...

»Und zehn Gulden«, sagte der Mann und hielt Schwingshackl die Hand zum Einschlagen hin.

Doch Schwingshackl schüttelte den Kopf. »Zehn Gulden sind zu wenig für den kräftigen Kerl.«

»Fünfzehn Gulden.«

»Von März bis November?«

»Fünfzehn Gulden sind das Höchste.«

»Zwanzig Gulden«, sagte Schwingshackl kühn. »Seine Eltern brauchen es bitter nötig.«

»Leuteschinder«, schimpfte der Riese und schlug ein.

Schorsch war gekauft. Er sah zu, wie sein Bauer dem Kooperator vier Fünfguldenstücke in die Hand zählte und wie der das Geld in einen Beutel steckte und mit Bleistift auf einen Zettel schrieb: »Für Schorsch 20 Fl.« Fl war die Abkürzung für Florint und ein Florint war so viel wie ein Gulden.

»Nimm schon Abschied«, sagte der offenbar reiche »Käufer«. Aber das hätte er nicht eigens sagen müssen.

»Danke schön für Ihre Mühewaltung, Hochwürden«, sagte Schorsch bereits zu Schwingshackl, wobei er sich wunderte, dass ihm das Wort Mühewaltung so rechtzeitig und passend eingefallen war.

»Pfüat di«, sagte er dann zu Sebastian, der nur müde lächelte. Und dann, ja dann hieß es Abschied nehmen von seiner Schwester, und die stand ihm, obwohl sie nur ein Mädchen war, doch näher als alle anderen.

»Ja …, sagte er, und es fiel ihm schwerer, bei Stimme zu bleiben, als er gedacht hatte. »Ja, also nachher schaust halt, wosd hinkimmst, gell?«

Die Burgl nickte und biss sich auf die Unterlippe.

»Vielleicht kommts eh nit weit auseinand«, meinte Sebastian.

Josef Holub
Sohn eines Räubers

Ich stehe vor dem Schulhaus.

Ein Schulhaus unterscheidet sich von anderen Häusern. Egal, ob es alt oder neu, groß oder klein, unscheinbar oder protzig ist. Ein Schulhaus sieht man nicht nur, man hört und man riecht es.

Ein Summen und Räuspern füllt auch das Schulhaus in

Graab aus, dringt durch die Fenster auf die Dorfstraße und verflüchtigt sich zwischen den Häusern und Scheunen.

Ich vergleiche das recht bescheidene Häuschen mit der Lateinschule in Cannstatt. Nein, das lässt sich nicht vergleichen. Das ist etwas ganz anderes. Eine armselige Schule ist das.

Das neue Ungewisse drückt ängstlich von der Magengegend her bis zur Luftröhre hinauf. Nur jetzt nicht das Knieschlottern kriegen! Da gab und gibt es Schlimmeres! Im Erdgeschoss ist eine einzige Tür. Ich klopfe.

Eine zarte Kinderstimme ruft: »Herr Provisor! Es hat 'klopft!«

Das ist also die falsche Tür.

Obzwar ein anständiger Knabe so etwas nicht tut, nämlich feige davonzulaufen, springe ich trotzdem rasch die Treppe hinauf. Dort warte ich eine Weile, bis unten die Tür wieder zugemacht wird. Wenn im Erdgeschoss der Provisor ist, muss der Schulmeister oben sein, denn mehr Stockwerke gibt es nicht. Logisch.

Ich klopfe mittelmäßig an, nicht zu viel und nicht zu wenig, dass ich zwar gehört werden, aber niemanden verärgere.

Gleich kommen Schritte auf die Tür zu. Ein dicklicher älterer Mann steht im Rahmen. »Was willst du, Mädchen?«

»Ich bin ein Knabe und Schultheiß Schroll schickt mich. Ich soll mich bei Schulmeister Altmayer melden.«

Der Schulmeister guckt mehrmals von unten bis oben und von oben bis unten. »Aha! Also Knabe! Aber was für einer!« Dann bellt er wie der böseste Höllenhund: Bei wem sollst du dich melden, Knabe?«

»Beim Schulmeister Altmayer!«

Ein furchtbarer, grausamer Blick trifft mich. Ein Blick, der mich metertief in den Boden haut. Mit einer alles zerschneidenden Stimme werde ich belehrt: »Das heißt, ich muss mich bei Herrn Schulmeister Altmayer melden, Knabe!«

Das Wort »Herrn« schmettert er scharf und laut durch das Haus. Die Posaune von Jericho mag so getönt haben, damals, als vor etlichen tausend Jahren die Mauern dieser Stadt eingestürzt sind, was man noch heute in der Bibel nachlesen kann.

Sogar in der Unterklasse bricht das totale Schweigen aus.

Ich habe eine Kröte im Hals und gucke den Schulmeister wortlos an. Aber damit hat der Mensch mit der Kommandostimme von zwei Feldwebeln sowieso gerechnet. Er schiebt mich in die Klasse hinein.

Eine dicke, stinkende Luft schlüpft mir in den Hals und weiter hinunter in die Lunge. Es ist fast nichts Vernünftiges zum Atmen da. Das ist auch kein Wunder. Achtzig oder hundert Kinder sitzen gequetscht in dem viel zu kleinen Raum. Unruhe entsteht. Aber der Schulmeister haut mit seinem Stecken auf den Tisch vor sich und augenblicklich ist es mäuschenstill.

Ich komme mir unter den vielen Kindern recht verlassen vor und plötzlich ist auch die Angst wieder da. Aber gleichzeitig entwickeln sich ein Batzen Trotz, ein wenig Mut und Neugierde.

»Wie heißt du, Knabe, und wo kommst du her?«

»Ich heiße Bonifaz Schroll und ich komme von Cannstatt.«

Ein halbleises Ah und Oh und ein halblautes Kichern und Wundern räuspert durch die Klasse. Sind es die Mädchenhaare oder ist es der Name Bonifaz oder weil ich Schroll heiße oder dass ich von weit her, von Cannstatt, komme?

»Bist du mit dem Herrn Schultheiß verwandt, Knabe?«

»Ja, er ist mein Oheim!«

»Aha! Soso! Wie alt bist du und in welcher Klasse warst du in Cannstatt, Knabe?«

»Elfeinhalb Jahre und ich war in der zweiten Klasse der Lateinschule.«

»Aha! Soso! Dann bleibst du hier in der Oberklasse, Knabe!«

Die Buben müssen zusammenrücken, was fast nicht mehr geht, weil es sowieso schon viel zu eng ist.

»Carl Weber zwei! Mach dich nicht so dick!«, schreit der Schulmeister.

Ich werde in eine winzige Lücke zwischen zwei Knaben in der dritten Bankreihe gepresst. Ich kann mich nicht rühren, und ich meine, ich muss ersticken. Meine beiden Nachbarn schieben und drücken.

Der Schulmeister haut mit seinem Stecken auf den Tisch und da hört auch das Geschiebe auf.

Mit Sehnsucht denke ich an die Lateinschule. Da gab es kein einziges Mädchen. Immer vier Knaben hatten eine Bank. Da konnte jeder bequem sitzen, ohne dass er den Nachbarn berührte. Der Lehrer spazierte zwischen den Bankreihen auf und ab. Wie macht das der Herr Schulmeister Altmayer bloß? Er müsste ja über Bänke und Schüler steigen, wenn er mal den Hinterbänklern auf die Finger gucken wollte. Aber das braucht und das will der wohl gar nicht. Er steht vorne, wie der Feldherr Napoleon, und dirigiert von dort aus die Klasse mit seinem Stecken.

»Wir machen weiter!«

In der zweiten Bankreihe steht ein Mädchen mit einem langen braunen Zopf auf. Wie lang mag der Zopf sein? Schade, dass ich ihn nicht ganz sehen kann. Ob er bis zum Hintern reicht? Ich suche mit den Augen eine Lücke zwischen den Knaben- und Mädchenköpfen. Nur einen Moment sehe ich zwischendurch. Das Mädchen hat einen unwahrscheinlich langen Zopf. Er reicht wirklich bis zum Hintern.

»Au!« Ein Nachbar zwickt mich in die Hinterbacke und jemand hinter mir zieht mich an den Haaren. Ich will es dem Schulmeister melden. Aber das bringt wohl nichts. Der Halunke neben mir macht das unschuldigste Gesicht von der Welt und der Bösewicht hinter mir weiß bestimmt auch von nichts.

Das Mädchen mit dem langen Zopf sagt ein Sprüchlein auf, ein heilig klingendes. Die Stimme ist klar und weich. Wahrscheinlich ist es ein Spruch aus dem Gesangbuch. In Cannstatt haben wir so etwas nicht gemacht. Ich frage deshalb vorsichtig und leise meinen anderen Nachbarn: »Was macht ihr da?«
»Wir haben Memorieren.«
Aha!«
Der Herr Schulmeister schnalzt mit seinem Stecken auf den Tisch, dass alle Buben und Mädchen zusammenfahren. »Ruhe!«, donnert er und gleich hinterdrein sagt er schmalzig und hinterhältig ruhig, als ob nichts gewesen wäre: »Weiter!«
Die Sprüche wandern durch die Mädchenreihe, dann springen sie auf die Bubenseite über. Fehlerlos werden die auswendig gelernten Verslein abgespult.
Ich staune, wie akkurat das abläuft. Das reibungslose Leiern bedrückt mich. Ich bekomme vor lauter Respekt den Mund nicht mehr zu. Streckenweise vergesse ich zu atmen. In der Lateinschule hat es so etwas nicht gegeben. Ich bin hin- und hergerissen, und ich weiß nicht, was ich davon halten soll. Vollkommen werden die Sprüchlein aufgesagt, ohne den kleinsten Stolperer. Das hört sich recht gespenstisch an.
Ein paar Sekunden Stillstand. Ich bin das Hindernis.
»Weiter!«
Der Versbandwurm springt über mich hinweg, er hüpft zu Carl Weber zwei und schlängelt sich in der vorgegebenen Reihenfolge weiter nach hinten.
Auf einmal ist der Faden gerissen.
Irgendein Knabe in einer hinteren Reihe verursacht die Stockung.
Mir ist gar nichts aufgefallen. Trotzdem muss ein Übeltäter etwas Falsches gesagt haben. Der Schulmeister ist wütend. Vor Zorn verprügelt er den Tisch.
»Wiederhole!«, schreit er mit hochrotem Kopf.

Der Knabe weiter hinten wiederholt mit kräftiger Stimme. »Des Menschen Zorn tut nicht, was vor Gott recht ist.«

Was ist Besonderes oder Schlechtes an dem Spruch? Warum wird der Schulmeister so böse?

»Christian Knapp!«, brüllt der Schulmeister. »Komm her, Halunke!«

Seine Rede ist scharf wie das Schwert eines Erzengels oder eines Scharfrichters. »Dir werde ich die Aufmüpfigkeit schon austreiben, Bursche! Und von wegen sich die Sprüche selbst aussuchen! Wenn du so weitermachst, Knabe, Bursche, dann wirst du es im Leben nicht weiter bringen als dein Vater, der Räuber!«

Es ist totenstill in der Oberklasse. Nur vorne bei den Mädchen schluchzt jemand leise. Oder nicht? Doch! Ist es nicht das Mädchen mit dem langen Zopf? Warum weint es?

Die ganze Oberklasse schaut auf den Übeltäter, der Christian Knapp heißt. Die vorne Sitzenden drehen sich um, damit ihnen ja nichts entgeht.

Voll gestopft mit verstecktem Zorn klingt die Aufforderung des Schulmeisters: »Komm her, Halunke! Du Schädling des Königreichs, du Abkömmling des Satans, du Räuberbrut! Komm her, Christian Knapp!«

Nun höre ich von dem Räuber schon das zweite Mal. Der Fuhrmann hat ihn gestern auch erwähnt. Und das ist ein Sohn dieses Räubers. Der Schulmeister mag ihn nicht. Sonst würde er nicht so bösartig auf den falschen Spruch reagieren.

Mir läuft eine Gänsehaut, vom Rückgrat kommend, bis hinunter in die Kniekehlen. Wie sieht der Sohn eines Räubers aus? Verkommen und brutal? Natürlich ganz ekelhaft, wie sonst? Ich bin neugierig auf sein Gesicht.

Der Christian Knapp kriecht über Tische und Buben nach vorne. Direkt neben mir schiebt er sich vorbei. Nur ganz kurz sehe ich sein Gesicht. Warzen und Pockennarben sind nicht darauf. Komisch, schwefelig wie der Teufel stinkt er auch nicht.

Christian Knapp steht vor dem Schulmeister. Der dreht ihn so, dass Gesicht und Brustkorb auf dem Tisch liegen. Dann zieht er die etwas zu große Hose stramm und haut mit dem Stecken drauflos. Weit holt der Schulmeister aus, dass die Schläge was wert sind und dass der Knapp die Hiebe auch spürt.

»Eine Strafe ohne Schmerzen ist wie eine Religion ohne Hölle!«, keucht der Schulmeister.

Mir wird übel und mein Herz klopft doppelt schnell. Warum rege ich mich wegen dieses Räubersohnes auf? Was geht er mich überhaupt an? Er kriegt ja die Schläge und nicht ich. Trotzdem tut er mir Leid. Wegen nichts und wieder nichts wird er verdroschen. Das ist mehr als ungerecht. Der Schulmeister ist ein Teufel. Jetzt wird der Knapp bald heulen und schreien. Solche Schläge hält kein Knabenhintern aus. Und der Schulmeister schlägt und haut.

Nichts tut dieser Christian Knapp, gar nichts. Kein Laut, kein Stöhnen, nicht einmal ein Seufzer. Respekt!

Ist ein Räubersohn so abgebrüht und gefühllos? Weil der Teufel in ihm steckt? Bei den Hexen war es angeblich auch so.

Irgendwann hört der Schulmeister auf, den Buben zu schlagen. Wahrscheinlich kann er nicht mehr. Sein Gesicht ist schwitzrot und die Adern an den Schläfen sind dick wie Regenwürmer. Er stellt den Knaben senkrecht hin, und die ganze Oberklasse kann sehen, dass der Knapp keine einzige Träne im Gesicht hat.

»Wie kann man nur so verstockt sein!«, krächzt der Schulmeister außer Atem.

Aber dieser Christian Knapp tut ihm auch jetzt noch keinen Gefallen. Sein Gesicht bewegt sich nicht. Es ist nicht in der Schulstube. Der Bub schaut auch den Schulmeister nicht an.

Er sieht überhaupt niemanden an. Christian Knapp bohrt mit seinen Augen ein Loch ins Nichts.

In den vorderen Mädchenreihen schluchzt ein Mädchen ganz leise. Aber fast niemand nimmt Notiz davon.

»Memorieren!«

Der Knapp sitzt wieder auf seinem Platz. Ich sehe immer noch sein Gesicht vor mir. Diese Augen. Schöne, aber schreckhafte Augen hat dieser Knapp. Auch wenn er nur der Sohn eines Räubers ist. Ich ertappe mich dabei, dass ich den Schulmeister hasse.

Die Buben und Mädchen memorieren in der festgelegten Reihenfolge die heiligen Sprüche. Kein Fehler passiert mehr. Die Verse laufen wie von Geisterhand gesteuert durch die Reihen. Sie handeln alle von Gott, von seiner Macht und Herrlichkeit und Barmherzigkeit und seiner unermesslichen Liebe zu den Menschen.

Punkt drei Uhr Graaber Kirchturmuhrzeit haut der Herr Schulmeister auf den Tisch. Jetzt wird im ganzen Land Mittag sein, rechne ich nach.

»Auf!«

Wir schieben uns gegenseitig zurecht, bis wir einigermaßen gerade und ruhig stehen. Bevor wir entlassen werden, dankt ein älteres Mädchen in unserem Namen Gott, dem König und dem Herrn Schulmeister für die empfangenen Wohltaten.

Durch seine geschickte Bündnispolitik und drei siegreiche Kriege gelang es dem preußischen Ministerpräsidenten Bismarck im Januar 1871 das Deutsche Kaiserreich zu gründen. Dieses Reich wurde von Preußen dominiert und Gehorsam, Disziplin, Ordnung und Pflichtbewusstsein galten als höchste Tugenden. Gefragt war nicht der mündige Bürger, sondern der brave Untertan.

Heinrich Mann
Der Untertan (Ein Auszug)

Bekannte kamen ihnen entgegen. Diederich hörte sich »Herr Doktor« nennen, er glänzte stolz dabei und ging weiter zwischen Emmi und Magda, die von der Seite seine neue Barttracht bewunderten. Zu Hause empfing Frau Heßling den Sohn mit ausgebreiteten Armen und einem Aufschrei, wie von einer Verschmachtenden, die gerade noch gerettet wird. Und was Diederich nicht vorausgesehen hatte: Auch er weinte. Auf einmal empfand er die feierliche Schicksalsstunde, in der er das erste Mal als wirkliches Haupt der Familie ins Zimmer trat, »fertig«, mit dem Doktortitel ausgezeichnet und bestimmt, Fabrik und Familie nach seiner überlegenen Einsicht zu lenken. Er gab Mutter und Schwestern die Hände, allen zugleich, und sagte mit ernster Stimme: »Ich werde mir immer bewusst bleiben, dass ich meinem Gott für euch Rechenschaft schulde.«

Aber Frau Heßling war in Unruhe. »Bist du bereit, mein Sohn?«, fragte sie. »Unsere Leute erwarten dich.« Diederich trank sein Bier aus und ging, an der Spitze der Seinen, hinunter. Der Hof war sauber gescheuert, den Eingang der Fabrik umrahmten Kränze und beschrieben eine Schleife um die Inschrift »Willkommen!«. Davor stand der alte Buchhalter Sötbier und sagte: »Na, guten Tag, Herr Doktor. Ich bin nicht raufgekommen, weil ich noch was zu tun hatte.«

»Heute hätten Sie das auch lassen können«, erwiderte Diederich und ging an Sötbier vorbei. Drinnen im Lumpensaal fand er die Leute. Alle standen sie in einem Haufen zusammen: die zwölf Arbeiter, die die Papiermaschine, den Holländer und die Schneidemaschine bedienten, und die drei Kontoristen samt den Frauen, deren Tätigkeit das Sortieren der Lumpen war. Die Männer räusperten sich, man fühlte eine Pause, bis mehrere der Frauen ein kleines Mädchen hinausschoben, das einen Blumenstrauß vor sich hinhielt und mit einer Klarinettenstimme dem Herrn Doktor Glück und Willkommen wünschte. Diederich nahm mit gnädiger Miene den Strauß; nun war es an ihm, sich zu räuspern. Er wandte sich nach den Seinen um, dann sah er den Leuten scharf in die Augen, allen nacheinander, auch dem schwarzbärtigen Maschinenmeister, obwohl der Blick des Mannes ihm peinlich war – und begann:

»Leute! Da ihr meine Untergebenen seid, will ich euch nur sagen, dass hier künftig forsch gearbeitet wird. Ich bin gewillt, mal Zug in den Betrieb zu bringen. In der letzten Zeit, wo hier der Herr gefehlt hat, da hat mancher von euch vielleicht gedacht, er kann sich auf die Bärenhaut legen. Das ist aber ein gewaltiger Irrtum, ich sage das besonders für die alten Leute, die noch von meinem seligen Vater her dabei sind.«

Mit erhobener Stimme, noch schneidiger und abgehackter, und dabei sah er den alten Sötbier an:

»Jetzt habe ich das Steuer selbst in die Hand genommen. Mein Kurs ist der Richtige, ich führe euch herrlichen Tagen entgegen. Diejenigen, welche mir dabei behilflich sein wollen, sind mir von Herzen willkommen; diejenigen jedoch, welche sich mir bei dieser Arbeit entgegenstellen, zerschmettere ich.«

Er versuchte, seine Augen blitzen zu lassen, sein Schnurrbart sträubte sich noch höher.

»Einer ist hier der Herr, und das bin ich. Gott und meinem Gewissen allein schulde ich Rechenschaft. Ich werde euch stets mein väterliches Wohlwollen entgegenbringen. Umsturzgelüste aber scheitern an meinem unbeugsamen Willen. Sollte sich ein Zusammenhang irgendeines von euch –«

Er fasste den schwarzbärtigen Maschinenmeister ins Auge, der ein verdächtiges Gesicht machte.

»– mit sozialdemokratischen Kreisen herausstellen, so zerschneide ich zwischen ihm und mir das Tischtuch. Denn für mich ist jeder Sozialdemokrat gleichbedeutend mit Feind meines Betriebes und Vaterlandsfeind … So, nun geht wieder an eure Arbeit und überlegt euch, was ich euch gesagt habe.«

Er machte schroff kehrt und ging schnaufend davon. In dem Schwindelgefühl, das seine starken Worte ihm erregt hatten, erkannte er kein einziges Gesicht mehr. Die Seinen folgten ihm, bestürzt und ehrfurchtsvoll, indes die Arbeiter einander noch lange stumm ansahen, bevor sie nach den Bierflaschen griffen, die zur Feier des Tages bereitstanden.

Droben legte Diederich vor Mutter und Schwestern seine Pläne dar. Die Fabrik war zu vergrößern, das hintere Nachbarhaus anzukaufen. Man musste konkurrenzfähig werden. Der Platz an der Sonne! Der alte Klüsing, draußen in der Papierfabrik Gausenfeld, bildete sich wohl ein, er werde ewig das ganze Geschäft machen? … Endlich tat Magda die Frage, woher er denn das Geld nehmen wolle; aber Frau Heßling schnitt ihr das vorlaute Wort ab. »Dein Bruder weiß das besser als wir.« Vorsichtig setzte sie hinzu: »Manches Mädchen wäre glücklich, wenn sie sein Herz gewinnen könnte« – und sie hielt, seines Zornes gewärtig, die Hand vor den Mund. Aber Diederich errötete nur. Da wagte sie, ihn zu umarmen. »Es wäre mir ja ein so entsetzlicher Schmerz«, schluchzte sie, »wenn mein Sohn, mein lieber Sohn aus dem Hause ginge. Für eine Witwe ist es doppelt schwer. Die Frau Oberinspektor Daimchen kriegt es nun auch zu fühlen, denn ihre Guste heiratet ja den Wolfgang Buck.«

»Oder auch nicht«, sagte Emmi, die Ältere. »Denn der Wolfgang soll doch was mit einer Schauspielerin haben.« Frau Heßling vergaß ganz, die Tochter zu berufen. »Aber wo doch so viel Geld da ist! Eine Million, sagen die Leute!«

Diederich stieß verachtungsvoll hervor, den Buck kenne er, der sei nicht normal. »Es liegt wohl in der Familie. Der Alte hat doch auch schon eine Schauspielerin geheiratet.«

»Man sieht die Folgen«, sagte Emmi. »Denn von seiner Tochter, der Frau Lauer, hat man sich allerlei erzählt.«

»Kinder!«, bat Frau Heßling ängstlich. Aber Diederich beruhigte sie.

»Lass nur, Mutter, es wird Zeit, dass man der Katze die Schelle umhängt. Ich stehe auf dem Standpunkt, dass die Bucks ihre Stellung hier in der Stadt schon längst nicht mehr verdienen. Sie sind eine verrottete Familie.«

»Die Frau von Moritz, dem Ältesten«, sagte Magda, »ist einfach eine Bäuerin. Neulich waren sie mal in der Stadt, er ist auch schon ganz verbauert.« Emmi empörte sich.

»Na, und der Bruder des alten Herrn Buck? Immer elegant, und die fünf unverheirateten Töchter! Sie lassen sich Suppe aus der Volksküche kommen, ich weiß es positiv.«

»Die Volksküche hat ja der Herr Buck gegründet«, erklärte Diederich. »Und die Fürsorge für die entlassenen Sträflinge auch, und was sonst noch. Ich möchte wissen, wann er eigentlich Zeit hat, an seine eigenen Geschäfte zu denken.«

»Es würde mich nicht wundern«, sagte Frau Heßling, »wenn nicht mehr viel da wäre. Obwohl ich vor dem Herrn Buck natürlich die größte Hochachtung habe, er ist doch so angesehen.«

Diederich lachte bitter. »Warum eigentlich? In der Verehrung des alten Buck sind wir aufgezogen worden. Der große

Mann von Netzig! Im Jahr achtundvierzig zum Tode verurteilt!«

»Das ist aber auch ein historisches Verdienst, sagte dein Vater immer.«

»Verdienst?«, schrie Diederich. »Wenn ich nur weiß, einer ist gegen die Regierung, ist er für mich schon erledigt. Und Hochverrat soll ein Verdienst sein?«

Und er stürzte sich, vor den erstaunten Frauen, in die Politik. Diese alten Demokraten, die noch immer das Regiment führten, waren nachgerade die Schmach von Netzig! Schlapp, unpatriotisch, mit der Regierung zerfallen! Ein Hohn auf den Zeitgeist! Weil im Reichstag der alte Landgerichtsrat Kühlemann saß, ein Freund des berüchtigten Eugen Richter, darum stockte hier das Geschäft, und niemand kriegte Geld. Natürlich, für so ein freisinniges Nest gab es weder Bahnanschlüsse noch Militär. Kein Zuzug, kein Betrieb! Die Herren im Magistrat, immer dieselben paar Familien, das kannte man, die schoben sich untereinander die Aufträge zu, und für andere Leute war nichts da. Die Papierfabrik Gausenfeld hatte sämtliche Lieferungen an die Stadt, denn auch ihr Besitzer Klüsing gehörte zu der Bande des alten Buck!

Magda wusste noch etwas. »Neulich ist die Liebhabervorstellung im Bürgerkränzchen abgesagt worden, weil dem Herrn Buck seine Tochter, Frau Lauer, krank war. Das ist doch Popismus.«

»Nepotismus heißt es«, sagte Diederich streng. Er rollte die Augen. »Und dabei ist der Herr Lauer ein Sozialist. Aber der Herr Buck mag sich hüten! Wir werden ihm auf die Finger sehen!«

Frau Heßling hob flehend die Hände. »Mein lieber Sohn, wenn du jetzt in der Stadt deine Besuche machst, versprich mir, dass du auch zum Herrn Buck gehst. Er ist nun mal so einflussreich.«

Aber Diederich versprach nichts. »Andere wollen auch ran!«, rief er.

Trotzdem schlief er in dieser Nacht unruhig. Schon um sieben ging er in die Fabrik hinunter und schlug sofort Lärm, weil noch die Bierflaschen von gestern umherlagen. »Hier wird nicht gesoffen, hier ist keine Kneipe. Herr Sötbier, das steht doch wohl im Reglement.« – »Reglement?«, sagte der alte Buchhalter. »Wir haben gar keins.« Diederich war sprachlos; er schloss sich mit Sötbier im Kontor ein. »Kein Reglement? Dann wundert mich allerdings gar nichts mehr. Was sind das für lächerliche Bestellungen, mit denen Sie sich da abgeben?« – und er warf die Briefe auf dem Pult umher. »Es scheint höchste Zeit zu sein, dass ich eingreife. Das Geschäft versumpft in Ihren Händen.«

»Versumpfen, junger Herr?«

»Ich bin für Sie der Herr Doktor!« Und er verlangte, dass man einfach alle anderen Fabriken unterbieten solle.

»Das halten wir nicht aus«, sagte Sötbier. »Überhaupt wären wir gar nicht imstande, so große Aufträge auszuführen wie Gausenfeld.«

»Und Sie wollen ein Geschäftsmann sein? Dann stellen wir eben mehr Maschinen ein.«

»Das kostet Geld«, sagte Sötbier.

»Dann nehmen wir welches auf! Ich werde hier Schneid hineinbringen. Sie sollen sich wundern. Wenn Sie mich nicht unterstützen wollen, mache ich es allein.«

Sötbier wiegte den Kopf. »Mit Ihrem Vater, junger Herr, war ich immer einig. Wir haben zusammen das Geschäft in die Höhe gebracht.«

»Jetzt ist eine andere Zeit, merken Sie sich das. Ich bin mein eigener Geschäftsführer.«

Sötbier seufzte: »Das ist die stürmische Jugend« – indes Diederich schon die Tür zuwarf. Er durchmaß den Raum, worin die mechanische Trommel, laut schlagend, die Lumpen in Chlor wusch, und wollte das Zimmer des großen Kochholländers betreten. Im Eingang kam ihm unvermutet der schwarzbärtige Maschinenmeister entgegen. Diederich zuckte zusammen, fast hätte er dem Arbeiter Platz gemacht. Dafür rannte er ihn mit der Schulter beiseite, bevor der Mann ausweichen konnte. Schnaufend sah er der Arbeit des Holländers zu, dem Drehen der Walze, dem Schneiden der Messer, das den Stoff in Fasern zerteilte. Grinsten ihn die Leute, die die Maschine bedienten, nicht etwa von der Seite an, weil er vor dem schwarzen Kerl erschrocken war? ›Der Kerl ist ein frecher Hund! Er muss raus!‹ Ein animalischer Hass stieg in Diederich herauf, der Hass seines blonden Fleisches gegen den mageren Schwarzen, den Menschen von einer anderen Rasse, die er gern für niedriger gehalten hätte und die ihm unheimlich schien. Diederich fuhr auf.

»Die Walze ist falsch gestellt, die Messer arbeiten schlecht!« Da die Leute ihn nur ansahen, schrie er: »Maschinenmeister!« Und als der Schwarzbärtige eintrat: »Sehen Sie sich die Schweinerei mal an! Die Walze ist viel zu tief auf die Messer gesenkt, die zerschneiden mir das ganze Zeug. Ich mache Sie verantwortlich für den Schaden!«

Der Mann beugte sich über die Maschine. »Schaden ist keiner da«, sagte er ruhig, aber Diederich wusste schon wieder nicht, ob er unter seinem schwarzen Bart nicht feixte. Der Blick des Maschinenmeister hatte etwas düster Höhnisches, Diederich ertrug ihn nicht, er gab es auf zu blitzen und warf nur die Arme. »Ich mache Sie verantwortlich!«

»Was ist denn los?«, fragte Sötbier, der den Lärm gehört hatte. Dann erklärte er dem Herrn, dass der Stoff durchaus nicht zu kleinfaserig geschnitten werde und dass es immer so gemacht worden sei. Die Arbeiter nickten mit den Köpfen, der Maschinenmeister stand gelassen dabei. Diederich fühlte sich einem Kompetenzstreit nicht gewachsen, er schrie noch: »Dann wird es künftig gefälligst anders gemacht!«, und kehrte plötzlich um.

Er gelangte in den Lumpensaal, und er gab sich Haltung, indem er sachkundig die Frauen überwachte, die auf den Siebplatten der langen Tische die Lumpen sortierten. Als eine kleine Dunkeläugige es unternahm, ihn aus ihrem bunten Kopftuch heraus ein wenig anzulächeln, prallte sie gegen eine so harte Miene, dass sie erschrak und sich duckte. Farbige Fetzen quollen aus den Säcken, das Getuschel der Frauen verstummte unter dem Blick des Herrn, und in der warmen, dumpfigen Luft war nichts mehr zu vernehmen als das leise Rattern der Sensen, die, in die Tische gerammt, die Knöpfe abschnitten. Aber Diederich, der die Heizungsrohre untersuchte, hörte etwas Verdächtiges. Er beugte sich hinter einen Haufen Säcke – und fuhr zurück, errötet und mit zitterndem Schnurrbart. »Nun hört alles auf!«, schrie er, »Rauskommen!« Ein junger Arbeiter kroch hervor. »Das Frauenzimmer auch!«, schrie Diederich. »Wird's bald?« Und als endlich das Mädchen sich zeigte, stemmte er die Fäuste in die Hüften. Hier ging es ja heiter zu! Seine Fabrik war nicht nur eine Kneipe, sondern noch ganz was anderes! Er zeterte, dass alles zusammenlief. »Na, Herr Sötbier, dies ist wohl auch immer so gemacht worden? Ich gratuliere Ihnen zu Ihren Erfolgen. Also die Leute sind gewohnt, die Arbeitszeit zu benutzen, um sich hinter den Säcken zu amüsieren. Wie kommt der Mann hier herein?« Es sei seine Braut, sagte der junge Mensch. »Braut? Hier gibt es keine Braut, hier gibt es nur Arbeiter. Ihr beide stehlt mir die Arbeitszeit, die ich euch bezahle. Ihr seid Schweine und außerdem Diebe. Ich schmeiß euch raus und ich zeig euch an wegen öffentlicher Unzucht!«

Er sah herausfordernd umher.

»Deutsche Zucht und Sitte verlang ich hier. Verstanden?«

Da traf er den Maschinenmeister. »Und ich werde sie durchführen, auch wenn Sie da ein Gesicht schneiden!«, schrie er.

»Ich habe kein Gesicht geschnitten«, sagte der Mann ruhig. Aber Diederich war nicht länger zu halten. Endlich konnte er ihm etwas nachweisen!

»Ihr Benehmen ist mir schon längst verdächtig! Sie tun Ihren Dienst nicht, sonst hätte ich die beiden Leute nicht abgefasst.«

»Ich bin kein Aufpasser«, warf der Mann dazwischen.

»Sie sind ein widersetzlicher Bursche, der die ihm unterstellten Leute an Zuchtlosigkeit gewöhnt. Sie arbeiten für den Umsturz! Wie heißen Sie überhaupt?«

»Napoleon Fischer«, sagte der Mann. Diederich stockte.

»Nap–. Auch das noch! Sie sind Sozialdemokrat?«

»Jawohl.«

»Dachte ich mir. Sie sind entlassen.«

Er wandte sich nach den Leuten um: »Merkt euch das!« – und verließ schroff den Raum. Auf dem Hof lief Sötbier ihm nach. »Junger Herr!« Er war in großer Aufregung und wollte nichts sagen, bevor sie nicht die Tür des Privatkontors hinter sich geschlossen hatten. »Junger Herr«, sagte der Buchhalter, »das geht nicht, der Mann ist ein Organisierter.« – »Deswegen soll er raus«, erwiderte Diederich. Sötbier setzte auseinander, dass das nicht gehe, weil dann alle die Arbeit niederlegen würden. Diederich wollte es nicht begreifen. Waren denn alle organisiert? Nein. Nun also. Aber, erklärte Sötbier, sie hatten Furcht vor den Roten, sogar auf die alten Leute war kein Verlass mehr.

»Ich schmeiß sie raus!«, rief Diederich. »Samt und sonders, mit Kind und Kegel!«

»Wenn wir dann nur andere kriegen«, sagte Sötbier und sah unter seinem grünen Augenschirm mit einem dünnen Lächeln dem jungen Herrn zu, der vor Zorn gegen die Möbel anrannte. Er schrie:

»Bin ich denn in meiner Fabrik der Herr oder nicht? Dann will ich doch sehen –«

Sötbier ließ ihn austoben, dann sagte er: »Herr Doktor brauchen dem Fischer gar nichts zu sagen, er geht uns nicht fort, er weiß ja, dass wir davon zu viele Scherereien hätten.«

Diederich bäumte sich nochmals auf.

»So. Ich brauch ihn also nicht zu bitten, dass er die Gnade hat und bleibt? Der Herr Napoleon! Ich brauch ihn nicht für Sonntag zum Mittagessen einzuladen? Es wäre auch zu viel Ehre für mich!«

Der Kopf war ihm rot angeschwollen, er fand das Zimmer zu eng und riss die Tür auf. Der Maschinenmeister ging eben vorbei. Diederich sah ihm nach, der Hass gab ihm deutlichere Sinneseindrücke als sonst, er bemerkte gleichzeitig die krummen, mageren Beine des Menschen, seine knochigen Schultern mit den Armen, die vornüberhingen – und nun der Maschinenmeister mit den Leuten sprach, sah er seine starken Kiefer arbeiten unter dem dünnen schwarzen Bart. Wie Diederich dies Mundwerk hasste und diese knotigen Hände! Der schwarze Kerl war längst vorüber und seine Ausdünstung roch Diederich noch immer.

»Sehn Sie mal, Sötbier, die Vorderflossen hängen ihm bis an den Boden. Gleich wird er auf allen vieren laufen und Nüsse fressen. Dem Affen werden wir ein Bein stellen, verlassen Sie sich darauf! Napoleon! So ein Name ist allein schon eine Provokation. Aber er soll sich zusammennehmen, denn so viel weiß ich, dass einer von uns beiden –«, Diederich rollte die Augen, »– auf dem Platz bleiben wird.«

Kaiser Wilhelm II., der seinen »Untertanen« versprochen hatte: »Ich führe euch herrlichen Zeiten entgegen!«, führte sie 1914 in den Ersten Weltkrieg. Nach vier Jahren Krieg wollten viele Soldaten kein Kanonenfutter mehr sein und verweigerten den Gehorsam. Ihre Meuterei weitete sich im November 1918 schnell zu einer Revolution aus.

Klaus Kordon
November 1918

Der Wind fegt das letzte Laub von den Bäumen, treibt es durch die Straßen, spielt damit. Helle schlägt den Kragen seiner Joppe hoch und zieht sich die Schirmmütze tiefer in die Stirn, bevor er in die Ackerstraße einbiegt. In der Ackerstraße stehen keine Bäume, hier weht der Wind immer besonders heftig, und hat man erst mal ein Dreckkörnchen im Auge, bekommt man es so schnell nicht wieder raus.

Entlang von Kalinkes Lebensmittelladen hat sich eine Menschenschlange gebildet; Frauen, alte Männer, junge Burschen, Kinder stehen dort an. Annis Mutter ist auch dabei. Sie unterhält sich mit einer kleinen Frau in einem viel zu großen Soldatenmantel. Die beiden Frauen scheinen auf irgendwas zu schimpfen. Sicher auf den Krieg oder darauf, dass es nichts zu essen gibt. Wenn man in der Schlange steht, gibt es kein anderes Thema.

Vor der Nr. 37 spielen Kinder Fangen, sie johlen und kreischen, und wird einer abgeschlagen, geht es besonders laut zu.

Auch die Höfe sind voller Kinder. Im ersten hangeln sie an der Teppichklopfstange herum, im zweiten wird *Himmel und Hölle* gespielt, im dritten hocken ein paar Jungen im Kreis und ziehen abwechselnd an einer alten Pfeife, die sie mit trockenem Laub anstatt mit Tabak gefüllt haben. Das Zeug stinkt fürchterlich, aber es scheint ihnen nichts auszumachen. Wenn einer husten muss, freuen sich die anderen.

Natürlich ist auch der kleine Lutz unter den Paffern. Als er Helle sieht, springt er auf und geht ein Stück mit ihm mit. Das tut er jedes Mal, wenn er Helle sieht, und immer sagt er dasselbe: »Hab Hunger!«

Er sagt das nie vor anderen, er sagt es nur, wenn sie allein sind, aber er sagt es fast jedem, den er allein antrifft. Und dabei blickt er denjenigen mit seinen leicht schielenden Augen sehnsüchtig an. Helle hat auch Hunger, der ganze Wedding, die ganze Stadt, das ganze Land hungert. Und nicht erst seit gestern. Er hat es mal ausgerechnet: Der Krieg dauert nun schon über vier Jahre und seit mindestens drei Jahren wird gehungert – das sind tausend Tage! Und deshalb weiß er gar nicht mehr, wie es ist, wenn man nicht hungert. Trotzdem tut ihm der kleine Lutz Leid. »Hab doch nichts«, ist seine ständige Antwort, und jedes Mal wundert er sich, dass der kleine Lutz stets aufs Neue enttäuscht zurückbleibt.

Auf dem vierten Hof ist es stiller, der vierte ist nicht nur der Letzte der Höfe, sondern auch der Engste und Düsterste. Der Schuppen an der Hofmauer, in dem Oswin lebt und seinen Leierkastenwagen unterstellt, nimmt zu viel Platz weg. (…)

In der Wohnung ist alles ruhig. Helle schiebt den Ranzen in die Lücke zwischen Küchenschrank und Wand, schlägt die Tür zu und läuft gleich wieder die Treppe hinab.

Als er die Tür zum Hof öffnen will, prallt er mit Fritz zusammen.

»Ich hab sie gesehen«, japst Fritz aufgeregt. Er trägt noch seinen Ranzen und ist völlig außer Atem. Er muss den ganzen Weg von der Schule hierher gerannt sein.

»Wen?«

»Die Matrosen! Sie tragen rote Armbinden und Gewehre

über der Schulter und marschieren in Richtung Schloss. Die ganze Stadt ist voll von ihnen.«

Helle überlegt nicht lange. »Los! Komm mit!«

»Wohin?«

»Zuerst zur Maikäferkaserne. Mein Vater verteilt da Flugblätter.«

Aufgeregt läuft Fritz neben Helle her. Dabei erzählt er, was er gesehen hat. Helle hört zu, wird aber immer schneller, die Sorge um den Vater nimmt zu.

Als die Jungen dann endlich die Chausseestraße erreicht haben, bleiben sie überrascht stehen. Ein Menschenstrom kommt da die Straße herunter. Sie tragen rote Fahnen und Transparente mit den Losungen *Nieder mit dem Krieg! Nieder mit der Monarchie! Wir wollen Frieden und Brot!* Und die Spitze des Zuges marschiert direkt auf die Maikäferkaserne zu.

Helle rennt los. Er möchte vor den Demonstranten da sein, schafft es aber nicht; Fritz, der auf seinen Ranzen schimpft, um damit seine Angst zu bekämpfen, ist zu langsam. Als die beiden Jungen das Kasernentor erreicht haben, macht auch die Spitze des Demonstrationszuges schon dort Halt. Er besteht größtenteils aus Frauen und Männern in Arbeits- und Zivilkleidung, aber auch Soldaten sind darunter.

Helle hält nach dem Vater Ausschau, kann ihn aber nirgends entdecken.

Die Menge vor dem Tor wird immer dichter. »Brüder!«, rufen die Arbeiter den in den Fenstern liegenden Soldaten zu. »Schießt nicht auf uns! Macht Schluss mit dem Krieg! Wir wollen Frieden! Weg mit Kaiser Wilhelm!«

Die Soldaten in den Fenstern winken. Helle schaut zum Dach empor, auf dem Maschinengewehre aufgebaut sind. Wenn die Soldaten von da oben schießen, können die Demonstranten ihren Schüssen nicht entgehen.

Eine junge Arbeiterin drängt sich weit nach vorn. »Wir sind

Schwartzkopff-Arbeiter«, ruft sie den Soldaten in den Kasernenfenstern zu. »AEG und Knorr-Bremse ist auch dabei. Wir streiken, weil wir wollen, dass endlich Schluss ist mit dem Krieg. In ganz Berlin wird heute gestreikt. Ihr gehört doch auch zu uns! Für wen kämpft ihr denn noch? Für Wilhelm etwa?«

»Wir sind eingeschlossen«, ruft einer der Soldaten aus dem Fenster und ein anderer ergänzt: »Die Offiziere haben uns eingeschlossen.«

Die Arbeiter an der Spitze des Zuges beraten kurz, dann drängen sie auf das Tor zu, um es einzudrücken. Einige Soldaten springen aus den Kasernenfenstern, um den Demonstranten zu helfen. Helle wird von den Arbeitern nach vorn geschoben und schaut sich nach Fritz um, doch der ist irgendwo in der Menge verschwunden.

Das Tor springt auf, die Demonstranten drängen auf den Kasernenhof. Hinter dem rechten Flügel des Kasernentores steht ein junger Offizier, mit verzerrtem Gesicht schießt er in die Menge. Die Arbeiter stürmen auf den Offizier los, einer der Vordersten, ein junger Mann, wird getroffen, stürzt und bleibt liegen. Dann fällt noch einer. Und noch einer.

»Helle!« Fritz ist plötzlich wieder da. Er will Helle beiseite zerren, aber Helle reißt sich los. »Haste das gesehen?«

»Ja«, sagt Fritz nur.

Eine Frau packt Fritz und Helle an den Armen und zieht sie aus der Menge. »Seid ihr wahnsinnig geworden?«, schreit sie. »Was habt ihr denn hier zu suchen?«

»Mein Vater«, stottert Helle. »Ich will zu meinem Vater.«

»Die schießen doch!«, schimpft die Frau. »Denen ist es doch egal, wen sie treffen.«

»Elfriede!« Eine Arbeiterin im Kasernentor winkt die Frau von Fritz und Helle fort.

»Sie haben sich ergeben«, ruft einer der Demonstranten.

»Sie haben sich ergeben!« Er tanzt vor Freude und umarmt irgendein fremdes Mädchen, das sich genauso freut.

Tatsächlich! In einem der Kasernenfenster steht ein Arbeiter und schwenkt eine rote Fahne. »Auf zum Reichstag!«

»Zum Reichstag!«, tönt es aus der Menge zurück.

Helle hat nur Augen für die drei gefallenen Arbeiter, die nun in die Kaserne getragen werden. Und für die Verwundeten, die von Frauen versorgt werden. Erst als er sich davon überzeugt hat, dass der Vater nicht unter ihnen ist, schließt er sich dem neu formierten Demonstrationszug der Arbeiter und Soldaten an, der nun in die Innenstadt drängt.

Still geht Fritz neben Helle her und Helle sieht ihm an: Er findet für das, was sie eben erlebt haben, keine Worte, hat das Gefühl, in etwas hineingeraten zu sein, wo er nicht hineingehört – und ist trotzdem fasziniert von all den begeisterten Menschen, die da die sonst so vornehme Friedrichstraße hinunterziehen.

Und die Demonstranten werden immer mehr. Als der Zug in die breite Straße Unter den Linden einbiegt, ist er so mächtig geworden, dass die Fahrbahnen nicht mehr ausreichen. Helle und Fritz werden auf den Bürgersteig abgedrängt.

Es sind längst nicht mehr nur Arbeiter, Arbeiterinnen und Soldaten, die hier marschieren. Männer in Bratenröcken und mit steifen Hüten auf den Köpfen haben sich angeschlossen und auch Frauen mit kleinen Kindern auf den Armen sind dabei. Und immer wieder wird irgendwo eine eilig an einen Besenstiel genagelte rote Fahne geschwenkt. »Weg mit dem Kaiser!« und »Schluss mit dem Krieg!« rufen die Männer, Frauen und Kinder, und ein junger Bursche übertrifft alle, als er zwischen zwei Sprüchen hinein »Wilhelm, hau ab!« schreit. Dieser Ruf wird aufgenommen, heiter und fast übermütig rufen jetzt alle: »Wilhelm, hau ab! Wilhelm, hau ab! Wilhelm, hau ab!«

Aus einer Seitenstraße nähert sich ein Auto dem Zug. Fritz packt Helles Arm. »Da! Matrosen!«

Ein Sechssitzer bewegt sich vorsichtig durch die Menge. Er ist voller Matrosen, sogar auf dem Dach sitzen zwei. Einer von ihnen, ein riesiger rotblonder Mann mit einem über und über mit Sommersprossen übersäten Gesicht, hält eine rote Fahne in der Hand. Der andere, ein noch sehr junger dunkelhaariger Bursche, legt die Hände an den Mund und jubelt: »Wir haben gesiegt! Alle Berliner Garnisonen haben sich mit uns verbündet!«

Die Arbeiter und Soldaten, Männer und Frauen im Demonstrationszug fallen in den Jubelruf ein, einige werfen ihre Mützen oder Hüte in die Luft.

Der rotblonde Matrose steht auf. Breitbeinig steht er auf dem Autodach, schwenkt seine Fahne und strahlt, dass es aussieht, als wollten seine Sommersprossen Walzer tanzen. Helle und Fritz, die dicht neben dem Sechssitzer herlaufen, strahlen zurück. »Kommt rauf!«, ruft der Sommersprossige. »Wir haben gesiegt.«

Helle und Fritz ergreifen die ausgestreckten Hände der beiden Matrosen und lassen sich aufs Dach hinaufhelfen. Der Sommersprossige hält Fritz die rote Fahne hin. »Na, willste?« Und unter dem Beifall der Arbeiter und Soldaten schwenkt Fritz mit seiner Gymnasiastenmütze auf dem Kopf und dem Ranzen auf dem Rücken die riesige Fahne.

»Seid ihr aus Kiel?«, fragt Helle den dunkelhaarigen Matrosen, während der Fahrer den Wagen langsam weiter durch die Menge steuert.

Der Matrose nickt. »Aber zu Hause bin ich in Heinersdorf.«

»Heinersdorf bei Berlin?«

»Aber klar!« Der Sommersprossige schlägt dem Dunkelhaarigen auf die Schulter, dass es kracht. »Das ist der Heiner aus

Heinersdorf und ich bin der Arno aus Spandau. Aber nicht Spandau bei Berlin, sondern Berlin bei Spandau, wenn's recht ist.«

Helle weiß nicht, ob dieser Arno ihn verkohlen will. Heiner aus Heinersdorf klingt wie ein Witz. Aber der dunkelhaarige Matrose scheint wirklich Heiner zu heißen. Er bleibt ganz ernst. »Und ihr?«, fragt er. »Aus welcher Ecke kommt ihr denn?«

Helle sagt, dass er Helmut heißt und vom Wedding ist und dass Fritz Fritz heißt und nur ein paar Straßen weiter wohnt.

Heiner betrachtet aufmerksam erst Fritz und dann Helle, fragt aber nichts weiter, denn nun ist der Sechssitzer am Pariser Platz angelangt. Ein mit Matrosen, Arbeitern und Soldaten besetzter LKW nähert sich dem Zug. »Der Kaiser hat abgedankt«, rufen die Männer auf der Ladefläche. »Wilhelm hat verzichtet.«

Die Arbeiter und Soldaten im Zug fallen sich in die Arme und Helle muss an Herrn Flechsig denken: Nun hat der Kaiser also doch abgedankt, hat abdanken müssen!

Vor dem Reichstag hat sich eine unübersehbare Menschenmenge eingefunden, sogar auf dem Sockel des Bismarck-Denkmals stehen sie dicht gedrängt. Rote Fahnen und eilig zusammengenagelte Transparente oder Papptafeln werden hochgehalten, Losungen werden gerufen und immer wieder: »Nieder mit dem Kaiser! Nieder mit dem Krieg! Wir wollen Frieden – Frieden und Brot!« Dann wird plötzlich alles still, in einem der vielen Fenster taucht ein kleiner Mann auf. Er stellt sich ins offene Fenster und ruft: »Arbeiter und Soldaten! Furchtbar waren die vier Kriegsjahre. Grauenhaft waren die Opfer, die das Volk an Gut und Blut hat bringen müssen.«

»Wer ist denn das?«, fragt Heiner einen der Arbeiter neben dem Auto.

Der Arbeiter, der nicht so begeistert jubelt wie die meisten anderen, spuckt aus. »Scheidemann! Einer vom SPD-Vorstand. Jetzt machen die plötzlich auch Revolution.«

Scheidemann? Das ist doch einer von denen, über die der Vater so oft schimpft. Neugierig reckt Helle den Hals, aber der Mann im Fenster ist zu weit weg, viel mehr als einen hellen Spitzbart und eine Halbglatze kann er nicht erkennen.

»Arbeiter und Soldaten!«, ruft der kleine Mann im Fenster. »Der Prinz Max von Baden hat sein Amt dem Abgeordneten Ebert übergeben. Unser Freund wird eine Arbeiterregierung bilden, der alle sozialistischen Parteien angehören. Die neue Regierung darf nicht gestört werden in ihrer Arbeit für den Frieden, in der Sorge um Brot und Arbeit.«

»Da haben wir es«, sagt der Arbeiter neben dem Wagen. »Wir sollen sie nicht stören! Wir haben sie an die Macht gebracht, aber jetzt: Bitte nicht stören!« Er ruft laut: »Das ist doch alles Scheiße! Wir wollen keinen Ebert zum Reichskanzler.«

Der Mann im Fenster hat den Zwischenruf nicht gehört. »Das Alte und Morsche, die Monarchie, ist zusammengebrochen«, ruft er stolz. »Es lebe die deutsche Republik!«

»Der Kaiser ist weg, es lebe die Republik!«, jubeln einige der Umstehenden.

Die Matrosen sind ratlos. »Spricht Liebknecht denn nicht?«, fragt Heiner den Arbeiter neben dem Wagen.

»Es heißt, er spricht vor dem Schloss.«

Die Matrosen warten nicht länger. Arno nimmt Fritz die Fahne ab, schwenkt sie und ruft: »Auf zum Schloss! Liebknecht spricht vor dem Schloss!«

»Zum Schloss! Zum Schloss!« Arnos Worte finden ein vielfaches Echo. Der Matrose, der den Sechssitzer fährt, startet den Wagen neu, aber es geht nur langsam voran, zu dicht stehen die Menschen.

Arno reicht Fritz die Fahne zurück und dreht sich mit seinen riesigen, rötlich behaarten Pranken eine Zigarette. Er macht das sehr geschickt und grinst Helle und Fritz dabei an. »Das ist 'n Tag! Der wird in die Geschichte eingehen, dieser ruhmreiche 9. November. Noch unseren Enkeln werden wir erzählen, wie wir den Kaiser davongejagt haben.«

»Was war'n das?« Fritz lässt die Fahne sinken.

Der Zug stockt.

»Das waren Schüsse«, sagt Arno und erhält dafür auch gleich die Bestätigung. »Vor der Universität wird geschossen!«, ruft eine Frau von einem weiter vorn fahrenden LKW.

Heiner bleibt ruhig. »Das kann nicht lange dauern, das sind sicher nur ein paar Offiziere, die in der Gegend rumballern. Die haben wir schnell erledigt.«

Heiner hat Recht, schon bald hört die Schießerei auf und der Zug setzt sich wieder in Bewegung.

»Ich hab noch keinen einzigen Schuss abgeben müssen«, sagt Heiner zufrieden. »Wenn mir das einer vorher gesagt hätte, hätt ich's ihm nicht abgenommen.«

Fritz wird der Arm lahm. Helle nimmt ihm die Fahne ab. »Vor der Maikäferkaserne hat ein Offizier drei Arbeiter erschossen«, erzählt er Heiner und Arno und hält die Fahne so in den Wind, dass sie laut flattert. »Einer von ihnen war noch ganz jung.«

Arno raucht schweigend. Dann sagt er: »Offiziere sind Verbrecher.«

»Alle?«, fragt Fritz betroffen. Sein Onkel Adolf war ja auch Offizier.

»Nicht alle«, antwortet Heiner für Arno. »Und sicher sind die, die Verbrecher geworden sind, nicht allein schuld daran. Aber wenn wir bei jedem Offizier, der uns in die Quere kommt, erst lange überlegen, was er wohl für einer ist oder warum er so einer und kein anderer ist, kommen wir nicht einmal dazu, zu Ende zu denken, so schnell haben die uns dann den Wind aus den Segeln genommen.«

Der Sechssitzer der Matrosen hat die Universität erreicht. »Was war denn los?«, schreit Heiner über die Fahrbahn zu den Arbeitern hinüber, die auf dem Bürgersteig der anderen Straßenseite Verwundete verbinden.

»Offiziere!«, schreit einer der Arbeiter zurück.

»Da hastes!«, sagt Arno zu Fritz. »Letzte Woche in Kiel haben wir sie kennen gelernt, unsere Herren Offiziere! Wisst ihr, dass die Oberste Heeresleitung uns gar nicht mehr auslaufen lassen wollte? Unsere Admiralität hat auf eigene Kappe den Befehl zum Auslaufen gegeben. Es passte ihnen nicht, dass wir untätig im Hafen lagen. Sie wollten noch ein paar Schlachten schlagen, wollten ›ehrenvoll‹ untergehen. Als wir da nicht mitmachten, waren wir die Meuterer. Ich sage euch, die Hauptgefahr war nicht der Kaiser, die Hauptgefahr geht von den Offizieren aus, von den Generälen und Admirälen.«

Heiner sieht Helle und Fritz neugierig an und fragt dann plötzlich: »Seid ihr Freunde?«

Helle und Fritz nicken verwundert.

»Ich meine: richtige Freunde?«

Wieder nickt Helle und Fritz nickt auch, aber diesmal etwas zögernder.

»Finde ich toll«, sagt Heiner, wird aber dann abgelenkt. Es sind wieder Schüsse gefallen, diesmal vor dem Schloss.

»Steigt lieber ab«, rät Arno. Er reicht die Fahne ins Auto hinunter und nimmt sein Gewehr von der Schulter.

Helle und Fritz lassen sich vom Wagendach herab, versinken wieder in der Menge und können den Matrosen nur noch nachschauen. Aber schon bald ist der Sechssitzer zwischen all den demonstrierenden Männern und Frauen nicht mehr auszumachen. Helle blickt sich um. Er sucht irgendetwas, was er erklimmen kann, um den Wagen mit den Matrosen weiter im

Blick behalten zu können. Sein Blick fällt auf die Siegesgöttinnen aus Marmor, die zu beiden Seiten der Schlossbrücke aufgestellt sind. Er drängelt sich durch den auf der Brücke ins Stocken gekommenen Zug der Demonstranten, steigt auf das Brückengeländer und klettert einer der Göttinnen auf den Rücken. Fritz macht ihm das nicht ganz einfache Kunststück nach und besteigt eine nur wenige Meter entfernte Göttin. Als er oben angekommen ist, schaut er in die Tiefe, wo die an diesem trüben Tag schwarz glänzende Spree unter der Brücke hindurchfließt, und presst sich vorsichtshalber noch etwas enger an den Kopf der steinernen Göttin.

Auf dem Schlossplatz und im Lustgarten staut sich der Strom der Demonstranten. Dicht an Dicht stehen die Menschen, doch der Sechssitzer mit den Matrosen ist nicht mehr zu sehen. Dafür erblickt Helle vor dem Schloss ein anderes Auto, auf dessen Dach ein Mann im dunklen Mantel die Hände hebt, um die aufgeregte Menge zum Schweigen zu bringen. Es gelingt ihm auch, denn kaum hat er die Hände gehoben, wird überall gezischt und gemahnt: »Ruhe! Liebknecht will sprechen.«

Der Mann auf dem Autodach ist Liebknecht! Helle gibt Fritz ein Zeichen, dann rutscht er von seinem Hochsitz herab, um sich weiter vorzukämpfen. Fritz folgt ihm und drängt sich dicht hinter Helle durch die Menschenmenge hindurch. Es ist ein mühseliges Vorankommen, endlich aber haben sie es geschafft. Nur noch wenige Leiber und Köpfe trennen sie von dem Mann auf dem Autodach.

»Bis vor vierzehn Tagen hat er noch in Wilhelms Gefängnis gesessen«, sagt eine Arbeiterin direkt vor Helle und Fritz. »Wenn wir früher auf ihn gehört hätten, würde mein Otto jetzt vielleicht noch leben.«

»Da würden viele noch leben«, bestätigt ihr Nachbar. »Wir haben viel zu lange auf die Falschen gehört.«

Karl Liebknecht ist nicht sehr groß, trägt eine Bügelbrille und einen dunklen Schnurrbart. Wenn er spricht, reckt er das Kinn vor, das gibt ihm einen Ausdruck von Entschlossenheit. »Der Tag der Revolution ist gekommen«, ruft er. »Wir haben den Frieden erzwungen. Der Friede ist in diesem Augenblick geschlossen. Das Alte ist nicht mehr. Die Herrschaft der Hohenzollern, die in diesem Schloss jahrhundertelang gewohnt haben, ist vorüber. In dieser Stunde proklamieren wir die freie sozialistische Republik Deutschland.«

»Der andere hat doch auch 'ne Republik pro... pro...« Fritz bekommt das Wort nicht heraus, aber Helle versteht auch so, was Fritz meint. Scheidemann hat die deutsche Republik, Liebknecht die freie sozialistische Republik Deutschland ausgerufen, der Unterschied besteht in den Wörtern »frei« und »sozialistisch«. Er flüstert Fritz das zu, aber Fritz reicht das nicht: Was »frei« bedeutet, versteht er so ungefähr, aber »sozialistisch«?

Helle kann Fritz nur sagen, was er sich darunter vorstellt: »Dass es allen besser geht, dass es keinen Krieg mehr gibt und keiner mehr hungern muss.«

Karl Liebknecht hat unterdessen das Autodach verlassen. Begleitet von Arbeitern und Matrosen geht er auf das Schlossportal zu. Die Menge schwenkt die roten Fahnen und die Transparente und Pappschilder, die Matrosen bringen vor dem Schloss ihre Maschinengewehre in Stellung. Helle versucht, unter den Matrosen Heiner und Arno zu entdecken, aber er kann sie nicht finden.

Die Schlosswache ergibt sich kampflos, es dauert nicht lange und Liebknecht betritt unter dem erneuten Jubel der Menge den Balkon des Kaiserschlosses, über dessen Brüstung jemand zuvor eilig einen roten Teppich gelegt hat. »Die Herrschaft des Kapitalismus, der Europa in ein Leichenfeld verwandelt hat, ist gebrochen«, ruft Liebknecht über den Platz.

»Und was ist Kapitalismus?«, fragt Fritz wieder.

Die Arbeiterin vor ihnen dreht sich um. »Kapitalismus ist Krieg, Neid und Armut«, sagt sie. »Kapitalismus, das sind die Industrieherren, die uns ausbeuten.« Sie schaut auf Fritz' Gymnasiastenmütze. »Aber das wirst du wohl kaum verstehen.«

»Doch!«, entgegnet Helle grob. »Das versteht der. Der versteht 'ne ganze Menge.«

Die Frau guckt skeptisch und dreht sich dann wieder weg, um weiter zuzuhören, was Liebknecht sagt, der gerade von einer Ordnung des Friedens, des Glücks und der Freiheit spricht und zum Schluss ausruft: »Wer von euch die freie sozialistische Republik Deutschland und die Weltrevolution erfüllt sehen will, erhebe die Hand zum Schwur.«

Viele tausend Hände recken sich empor. »Hoch die Republik!«, schallt es über den Platz vor dem Schloss.

Helle schaut zu dem Mast hinüber, an dem früher die Kaiserstandarte wehte und an dem nun unter stürmischen Beifallskundgebungen eine rote Fahne gehisst wird, und muss an Arnos halb spöttische, halb ernst gemeinte Bemerkung vom ruhmreichen 9. November denken. Noch ist der Tag nicht zu Ende, aber eins steht jetzt schon fest: Arno hat Recht, er wird diesen Tag nie vergessen können, ganz egal, wie alles endet.

Die Novemberrevolution 1918 führte zur Weimarer Republik und damit zur ersten deutschen Demokratie. Aber diese Demokratie hatte von Anfang an viele Feinde. Als dann 1929 die Weltwirtschaftskrise ausbrach, wurden diese Feinde immer stärker. Neben den Kommunisten waren das vor allem die Nationalsozialisten mit Adolf Hitler an der Spitze. Er wurde am 30. Januar 1933 Reichskanzler und veränderte das Leben in Deutschland radikal.

Ursula Wölfel
»Bös!«

Kaum zwei Jahre nach Danas und Leos Aufbruch aus dem Hochtal hatten Dana und Paul geheiratet. Sechs Wochen vor dem Fest wohnte Dana bei Pauls Eltern. Es wunderte sie, und Leo gefiel es besonders gut, dass diese wohlhabenden Schwiegereltern mehr Geld für Bücher und Reisen ausgaben als für Teppiche, Schmuck und Kleider. Dana lernte von der Schwiegermutter, wie sie sich kleiden sollte und wie man Gäste einlud und bewirtete, und vom Schwiegervater lernte sie, was sie über den Umgang mit Geld wissen musste, und noch mehr über den Umgang mit Menschen. Das Lieblingsbuch der beiden war »Der Nachsommer« von Adalbert Stifter. Dana sollte es bitte in diesen Wochen vor der Hochzeit lesen. Die geruhsame, altväterliche Sprache machte Dana anfangs Mühe, aber sie erkannte bald in der geschilderten Landschaft ihre Heimat und am Schluss gab es eine wunderbar Glück versprechende Hochzeit. Würden Paul und Dana so glücklich werden wie Natalie und Heinrich?

Paul hatte nichts vergessen: Am Hochzeits-Nachmittag, als die Gäste sich in kleinen Gruppen etwas müde unterhielten, fuhr er mit Dana hinaus zu den Rheinwiesen. Sie gingen auf dem Deich und zwischen Weidenzäunen und Hecken auf die Fördertürme, Hochöfen und Schlote zu. Seitdem war auch Hamborn Danas Heimat und blieb es.

Zehn Jahre nach der Hochzeit, 1933, hatten sie drei Kinder: Nora war neun Jahre alt, Georg war beinahe sieben und Robert war vier Jahre alt.

Sie wohnten in der Bayernstraße und sahen vom Wohnzimmer auf einen Park, den hatten die Hamborner einmal zu Ehren der silbernen Hochzeit ihres Kaisers angelegt, darum nannten sie ihn »Jubiläumshain«. Rike erzählte, dass sie zehn Jahre alt war, als der Park eingeweiht wurde. In einem weißen Kleid mit Spitzen und rosa Bändern und mit Brennscheren-Locken bis auf die Schultern war sie im Festzug gegangen und hatte ein schwarz-weiß-rotes Papierfähnchen geschwenkt.

»Das war neunzehnhundertundsechs, vor siebenundzwanzig Jahren«, sagte sie.

»So alt bist du schon?«, fragte Nora. »Siebenundzwanzig Jahre?«

»Siebenunddreißig«, sagte Rike.

Nora nahm sich vor, von nun an »Tante« zu Rike zu sagen.

Paul hatte Dana zu Weihnachten einen Fotoapparat geschenkt, mit dem war sie fast jeden Tag in der Stadt unterwegs. Nur den kleinen Robert nahm sie im Sportwagen mit. Sie meinte, viel frische Luft müsste ihm gut tun, weil er doch mit vier Jahren noch kaum laufen und sprechen konnte und viel kleiner war als andere Vierjährige.

Dana entdeckte nun erst diese Stadt, nach der sie sich so sehr gesehnt hatte, und liebte sie nun erst wirklich, die graue, die wilde, die schwermütige Stadt unter den Fördertürmen, den hohen Schornsteinen, dem rauchigen Himmel.

Dann kam sie an diesem Tag auf dem Heimweg zur Pollmannecke und sah vor dem Schuhhaus Grünewald zwei SA-Männer, die bewachten ein Schild: »Deutsche, kauft nicht bei Juden!«, und das Schild versperrte den Eingang, aber die Tür dahinter stand offen, und sie sah zwei Frauen still und ernst vor den Regalen mit weißen Schuhkartons stehen, neben den Fußbänken und Stühlen, auf denen kein Kunde saß, neben der Kasse, die heute nicht klingelte, neben dem Schaukelpferd mit der bunt gestickten Satteldecke. Die Leute gingen vorbei und drehten den Kopf zur Straße und hatten es eilig, schnell hier weiterzukommen, und lugten nur aus den Augenwinkeln nach den Frauen drinnen und den SA-Männern draußen.

»Ich bin Österreicherin«, sagte Dana und rückte das Schild beiseite und schob Robbi mit dem Wägelchen in den Laden, ließ ihn auf dem Schaukelpferd reiten und kaufte für ihn drei Paar Schuhe und zwei Paar für sich selbst und versprach, morgen mit Nora und Georg wiederzukommen. Ehe sie wegging, fotografierte sie das Schild und die Männer. Die wandten beide die Köpfe weg, so weit weg, dass man sie auf dem Bild nicht erkennen könnte.

Dies war das einzige Bild, das Dana zu Hause zeigte. Von allen anderen sagte sie: »Ich hab sie verbrannt, sie sind noch nicht gut genug.«

Sie zeigte das Bild auch Paul und er schwieg und wandte den Kopf weg wie die Männer vor der Ladentür.

»Warum willst du das nicht sehen?«, fragte Dana, tonlos, heiser vor Zorn. »Hast du das nicht mit angezettelt? Du und dein so genannter Führer?« Und dann schrie sie: »Schau hin, Paul Heuken! Sieh dir deine Kameraden an, deine Spießgesellen, diese rassereinen Jammergestalten! Ach, was sag ich? Die armen Hunde haben sich dorthin kommandieren lassen und nun schämen sie sich vor der ganzen Stadt und wollen nicht einmal ihre dummen Gesichter zeigen!«

»Hör auf«, sagte Paul. »Du keifst.«
Und Dana, wieder leise und eiskalt: »Kann sein. Die beiden blassen Frauen im Schuhhaus Grünewald hatten mehr Haltung als ich. Also schreie ich für sie mit, denn über große Unmenschlichkeit muss geschrien werden, und als ich das Bild zum ersten Mal in der Hand hatte, hab ich für die beiden mitgeweint. Kein Mann war ihr Held und hat sie beschützt. Aber was hätte wohl dein Vater getan, Paul Heuken?«
Sie lief hinaus.
Als sie heirateten, war Paul noch Lehrer für Biologie, Physik und Chemie an der Berufsschule in Hamborn, und das blieb er sieben glückliche Jahre lang, dann bekam er eine Stelle in München, und was er dort eigentlich tat, das hatte er weder Dana noch Leo noch Rike jemals richtig erklärt. Er sagte, er müsse Vorträge halten »im Auftrag des Führers« zur Volksaufklärung über Rassenkunde und Erbgesundheit, und man könnte dafür sorgen, dass kein Kind mehr mit ererbten Krankheiten geboren würde. Die Deutschen sollten bald ein Volk von schönen und gesunden Menschen sein, und alle anderen Völker würden von ihnen lernen, wie man leben und denken und arbeiten soll. Ein starkes soldatisches Volk wollte der Führer schaffen, ein Volk, das sich neuen Lebensraum erobern könnte.
»Warum und wie und wo?«, hatte Leo gefragt und Dana: »Soll es Krieg geben?«
Aber von Paul kam keine klare Antwort. Seit Robert zwei Jahre alt war und man wusste, dass er sich langsamer entwickelte als andere Kinder, kam Paul immer seltener und meist nur für zwei oder drei Tage nach Hause.
Dann eines Tages, als Dana mit Robert unterwegs war, stand ganz unerwartet das schöne schwarze Auto mit dem Lederverdeck vor der Haustür.
Georg sah es vom Erkerfenster. Er wartete dort oft ganze

Stunden und länger auf Dana, wenn sie mit Robert unterwegs war.

»Der Pa ist gekommen«, rief er und Nora rannte mit ihm zur Haustür. Da stand Paul in schwarzer Uniform mit dem Hakenkreuz auf der Armbinde und dem Lederriemen quer über der Brust und in blanken Stiefeln. Er legte die Hand an die Mütze und rief: »SS-Obersturmführer Heuken, Schulungsleiter für Rassenkunde und Erbgesundheit, hauptamtlich!«

»Pa?«, fragte Nora. Und dann sagte sie: »Nein.«

Er hörte es nicht. Georg hing ihm schon am Hals mit schrillen, glücklichen Begrüßungsschreien und wollte sofort wissen, was die Sterne auf seinem Kragen zu bedeuten hatten und wozu eine geflochtene Schnur an seiner Tasche hing.

Gerade kam Dana mit dem Kinderwagen die Straße herauf. Nora rannte ihr entgegen und zeigte auf das Auto, den Vater und Georg und rief dabei: »Ich bring den Robbi zu Rike, darf ich, darf ich sofort den Robbi zu Rike bringen?«

Und hatte schon den Sportwagen gewendet und schob ihn im Laufschritt um die Ecke. Robert mochte das, er mochte fast alles, was man mit ihm tat, aber so schnell mit dem Sportwägelchen zu fahren, dass die Räder ratterten und der Wagen schwankte, jetzt nach links und um die Ecke und wieder geradeaus und schon wieder nach links um die nächste Ecke und wieder geradeaus, so schnell und noch schneller – das war so herrlich, dass Robert vor Freude quietschen musste.

Jetzt nahm Nora ihn aus dem Wagen, hob ihn hoch, führte seine kurze, breite Hand zur Klingel, nahm seinen Zeigefinger und drückte ihn auf den Knopf.

»Horch, horch!«, sagte Nora und Robert legte den Kopf schief und sah Nora an und lachte, weil auch Nora den Kopf schief legte. Nora sagte: »Gleich kommt Rike. Sag mal: Rike, Robbi, bitte, sag Rike!«

Robert drehte den Kopf zur Seite. »Sag mal!«, das mochte

er nicht hören. Und alle, alle: Dana und Nora und Georg, Rike und Leo, Herta und ihre Kinder, alle wollten sie immer, dass er etwas sagen sollte.

Denn Robert war vier Jahre alt, aber sprechen konnte er noch kaum, nur »Ma-ma-ma« und »Pa-pa-pa« konnte er sagen und »omm!«, das hieß »komm!«, und »hm-a«, das hieß »Hunger« und »essen«, aber auch »Durst« und »trinken«.

Er war vier Jahre alt, aber er sah noch so aus wie sonst ein Kind von einenhalb oder zwei Jahren.

Er war vier Jahre alt, aber er konnte noch nicht richtig laufen. Wenn man ihn auf die Füße stellte, fiel er nach dem ersten oder zweiten Schritt hin. Dann weinte er nicht, sondern blieb einfach sitzen, wo er gerade saß, und wenn der Schreck vorbei war, rutschte er auf dem Hosenboden weiter, und wenn er schneller vorwärts kommen wollte, ließ er sich auf die Seite fallen und rollte durch die ganze Wohnung, rollte auch über die Straße, und rollte mit Freudequietschen am liebsten über Wiesen oder dicke Teppiche.

Er war fast immer fröhlich und zufrieden, auch wenn er nicht bekam, was er wollte, und weinte und schrie nicht wie andere Kinder. Alle in der Familie hatten ihn sehr lieb und nannten ihn Robbi. Nur Paul sagte Robert.

Jetzt durfte er noch einmal und noch und noch einmal auf den Klingelknopf drücken und horchen, wie es im Haus läutete, dann war Rike da und nahm ihn auf den Arm und trug ihn nach oben.

»Ist Paul gekommen? Überraschend?«, fragte sie.

»In einer Hakenkreuz-Uniform mit Sternen auf dem Kragen«, sagte Nora. »Er hat auch gesagt, was das bedeutet, ich hab aber keine Lust gehabt zuzuhören.«

Rike wollte sie nach Hause schicken. Es würde den Vater doch kränken, wenn sie ihn gar nicht begrüßte.

»Der ist nur froh, dass der Robbi nicht da ist«, sagte Nora

und jetzt wollte sie erst einmal hier bleiben. »Vielleicht zieht er sich um«, sagte sie.

»Ach so«, sagte Rike. »Aber dein Vater und der Kerl, der dein Fähnchen kaputtgemacht hat, das sind zwei ganz verschiedene Menschen.«

»Meinst du?«, fragte Nora. »Er tut ja keine schlimmen Sachen, das stimmt. Aber er sagt sehr schlimme Sachen.«

»Paul kommt am Wochenende«, sagte Dana.

»Nora kann Robbi am Freitag nach der Schule in die Preußenstraße bringen.«

Denn jetzt wurde Robbi immer zu Rike und Leo oder zu Herta gebracht, wenn Paul sich am Wochenende anmeldete. Wenn keiner ihn aufnehmen konnte, musste die Tür zu Robbis Zimmer geschlossen bleiben, solange Paul zu Hause war. Er verlangte das.

Einmal hatte Nora nicht daran gedacht und Robbi rutschte in Pauls Arbeitszimmer, saß plötzlich vor dem Schreibtisch und rief: »Pa-pa-pa! Omm, omm!«

Paul sprang auf und lief hinaus, an Robbi vorbei, und stellte sich im Flur in die Ecke neben dem großen Schrank. Wenn man die Tür zum Arbeitszimmer weit aufschlug, konnte man nicht sehen, wer dort stand. Aber Robbi rutschte und rollte dem Vater nach, er kannte dieses Versteck: Nora und Georg hatten sich dort schon oft von ihm finden lassen. Mit einem Juchzer zog er die Tür weg und wieder rief er: »Pa-pa-pa!«

Paul lief an ihm vorbei und schloss sich im Badezimmer ein.

Robbi rollte hinterher und patschte mit beiden Händen an die Tür. Leise fragte er: »Pa?«, und noch einmal, noch leiser: »Pa?« Dann blieb er dort sitzen, ganz still, mit offenem Mund, und wartete auf den Vater und die Spucke tropfte ihm auf den Kittel.

Der Vater schlug von innen mit der Faust an die Tür: »Dana, Dana! Hilf mir! Tu den Jungen weg!«

Nora stand an der Küchentür und schämte sich, weil es doch ihre Schuld war, dass Robbi entwischen konnte, und weil sie nicht verstand, was Paul so aufregte.

Robbi erschrak vor Pauls wütendem Schreien, und nun weinte er, laut und anklagend. Das geschah selten.

Nora lief zu ihm und nahm ihn auf den Arm und wollte ihn in sein Zimmer tragen, da kam Dana vom Balkon und Paul kam aus dem Badezimmer.

Er rief: »Stell ihn hin, Nora! Er ist vier Jahre alt, er kann laufen! Er ist kein Tier, das auf allen vieren kriecht! Stell ihn auf die Füße, sofort!«

Langsam, sehr langsam ließ Nora das Brüderchen von ihrem Arm gleiten, bis Robbi vor ihr stand, und dabei hielt sie ihn an den Hosenträgern fest und bog ihre Knie vor und stützte ihn, dass er nicht fallen konnte. Robbi spürte ihre Nähe, die Hand in seinem Rücken, die ihn hielt, und er schluchzte nur noch leise.

»Aha«, sagte Paul. »Man muss ihn also nur ein bisschen fest anfassen. Es wird Zeit, dass er in stramme Zucht kommt. Ich werde dafür sorgen, es gibt genug gute Anstalten. Kopf hoch, Robert! Sieh mich an!«

Man wusste nie, wie viel Robbi verstand von dem, was man sagte. Er senkte den Kopf und schmiegte sich fest an Noras Knie.

»Robert! Du sollst mich ansehen!«, rief Paul.

Nora legte ihre freie Hand unter Robbis Kinn und hob seinen Kopf.

Nun sah Robbi den Vater an. Er lächelte nicht wie sonst, wenn er anderen Menschen ins Gesicht sah. Er blickte fest und ernst in Pauls Augen und Robbis Augen waren noch dunkler und größer als sonst. Er sagte laut: »Bös!«

Zum ersten Mal sagte er dieses Wort. Natürlich kannte er es, wie er viele Wörter kannte und richtig verstand, aber noch nicht aussprechen konnte. »Bös!«, das war ein Wort für Schlimmes. »Bös«, das hieß: »Halt!«, wenn er auf die Fensterbank klettern wollte, das hieß: »Hör sofort auf!«, wenn er am Feuertürchen vom Küchenherd spielte. »Bös«, das hieß auch: »Du bist nicht lieb!«

Er hatte das Wort in seinem Kopf gesucht und gefunden, es war das richtige Wort, er hatte es gesagt und von heute an gehörte es ihm. Es machte ihn stärker. Er brauchte nicht mehr zu weinen.

Er drehte sich zu Nora um, lächelte und hob die Arme, weil sie ihn tragen sollte, und sagte: »Lieb!«

Auch dieses Wort hatte er noch nie gesprochen, aber er hatte es nicht suchen müssen. Es lag in ihm bereit, nahe bei dem anderen Wort, und er konnte es ohne Mühe sagen und es war wieder das Richtige. Er spürte das, es machte ihn glücklich.

Nora nahm ihn auf den Arm. Robbi drückte seinen feuchten Mund an ihren Hals und flüsterte: »Lieb, lieb, lieb.«

Paul fuhr am Abend zurück nach München. Er war traurig und zornig zugleich, aber beim Abschied versprach er Dana, dass Robbi noch wenigstens ein Jahr bei ihr bleiben dürfe.

Sie ging zu Rike und Leo, als die Kinder schliefen, sie erzählte, was geschehen war, und fragte Rike: »In einem ganzen Jahr kann sich doch vieles ändern?« Sie meinte, dann könnte Robbi manches aufgeholt haben und so sein wie andere Kinder? Oder doch fast so wie andere Kinder?

»Warum willst du das?«, fragte Rike. »Robbi ist Robbi. Und so wird er immer bleiben. Er wird nie ganz erwachsen werden. Das weißt du.«

»Und das ist wunderbar«, sagte Leo. Hatte denn einer von ihnen je ein Kind gekannt, das so freundlich, so dankbar, so liebevoll und geduldig war wie Robbi? Und immer wieder überraschte er sie alle, weil er plötzlich etwas Neues wusste oder konnte, und immer verstand er mehr, als man ahnte. Nur im äußeren Leben brauchte er ein bisschen Hilfe. Dana sollte stolz auf ihn sein.

Sie ging getröstet nach Hause.

Georg sagte: »Ein Herr ist gekommen, ein Doktor.«

Georg kannte ihn, aber seinen Namen hatte er vergessen. Ein großer Mann, aber nicht so groß wie Leo. Und sehr fein angezogen und ein Doktor.

»Jan«, sagte Rike und sie dachte: Wie seh ich aus? Wirre Haare, nasses Kleid, Gummischuhe wie Elefantenfüße und in beiden Wohnungen quillt die Unordnung aus allen Schränken über Tische und Stühle.

Warum kann Dana immer noch nicht aufräumen? Also diesmal sag ich's ihr! Und dem Leo auch! Überall aufgeschlagene Bücher, Zettel, stumpfe Bleistifte, Druckvorlagen, Werkzeug. Wozu hat er seine Werkstatt? Bin ich denn der einzige Mensch in dieser Familie, der aufräumt? Immer nur ich? Vormittags all der Ärger in der Schule, dann für die Kinder gekocht – Leo war unterwegs, musste in Bochum neu gebundene Schulbücher abliefern, hoffentlich kam er bald! –, dann die Wäsche, seit Sonntag eingeweicht, zwei Tage, das ist zu lang, fing schon an zu stinken, nach Soda und Mensch, man musste sie einfach heute kochen, schleudern, waschen, spülen, und nun riechen ihre Hände nach Schmierseife, wenigstens die Nägel sind sauber, aber was geb ich dem Kerl zu essen, dem Herrn Doktor, wenn er zum Abendessen hier bleibt? Wie bring ich die Kinder zur Ruhe, die Jungen, beide so aufgeregt, und Nora, die Arme, immer muss sie die Tüchtige sein.

»Nora? Bitte schaff du Robbi ins Bett, ungewaschen, und gib ihm ein Butterbrot. Zum Doktor van Stinne sagst du, ich

müsste mich erst umziehen, wegen Wäsche und so weiter.«
Inzwischen kamen wohl Dana und Leo – hoffentlich, heiliger Antonius, hoffentlich!

»Der Mann sitzt in deiner Wohnung«, sagte Georg. »Ich hab ihm die Tür gezeigt, weil er zu dir wollte, und bei uns ist doch nichts aufgeräumt.«

Da aber stand Jan schon an der Tür und streckte beide Hände aus, fand Rike wunderhübsch – mit den Löckchen vom Waschküchendunst sähe sie ja wie ein junges Mädchen aus!, und seinetwegen brauche sie sich wirklich nicht umzuziehen, aber er könnte sich auch inzwischen gern mit diesen reizenden Kindern unterhalten, wie lange hatte er sie nicht gesehen? Die junge Dame, das war ja wohl Nora, Pauls Älteste, was für ein schönes, großes Mädchen, und hier war nun ja auch der kleine Robert, der Ausreißer, um den der große Bruder sich so viel Sorgen gemacht hatte! Paul hätte ihm nämlich von ihnen allen erzählt und Rike möchte seinetwegen bitte keine Umstände machen.

»Schon gut«, sagte Rike. »Ich werde so tun, als wäre ich hier zu Hause.«

Hoffentlich spürte er nicht, wie gereizt sie war, wie wenig sie sich freute.

Nora lief Rike ins Badezimmer nach. Sie flüsterte: »Die reizenden Kinder! Die junge Dame! Bitte keine Umstände, gnädige Frau! Das ist ja ein richtig fieser Kerl. War der immer so?«

Pst«, machte Rike. Nein, früher war Jan anders, ganz anders. Aber was hatte er jetzt vor? Warum kam er so überraschend? War das ein Zufall oder Absicht? Wenn Paul ihm alles von seiner Familie erzählt hatte, ging es dann vielleicht um Robbi?

Nora stand vor dem Spiegel und kämmte sich in großer Ruhe.

Sie sollte mit dem Doktor nach oben ins Wohnzimmer gehen und dann sofort Robbi ins Bett bringen, ihn nicht mit dem Doktor allein lassen.

»Weg mit dem Kamm, Nora, entschuldige, später erklär ich dir alles.«

Aber Jan war schon mit Georg und Robbi nach oben gegangen, er hatte den Kleinen zwischen seine Knie gestellt und sah ihn aufmerksam an.

Georg sah ebenso aufmerksam diesen fremden Doktor an. Was wollte er von Robbi?

Der stand mit fest geschlossenen Augen, die Lippen eingezogen, starr und blass vor dem fremden Mann. Er wollte ihn nicht sehen und er wollte nicht so nah bei ihm sein. Der Mann war für Robbi so dunkelgrau wie sein Anzug.

»He, Robert! Sieh mich doch an, Junge!«

Georg fragte: »Was wollen Sie von Robbi? Warum klemmen Sie ihn ein?«

»Ich möchte ihn nur kennen lernen. Aber er sieht mich nicht an.«

»Muss er ja nicht, wenn er nicht will. Er hat Angst vor Ihnen, lassen Sie ihn doch endlich los! Gerade haben fremde Kinder ihn weggeschleppt, und jetzt kommen Sie.«

»Macht er immer die Augen zu, wenn ihm etwas nicht passt?«

»Das hab ich früher auch getan. Dann meint man, die anderen können einen nicht sehen.«

»Aber das ist doch dumm?«

»Finde ich nicht. Wenn Sie mich festhalten und so anstarren wollten, dann würde ich bestimmt die Augen zukneifen wie Robbi. Sehen Sie mich doch mal an.«

Jan lachte und sah Georg an. »Kann der Kleine überhaupt schon sprechen?«, fragte er.

Georg gab ihm keine Antwort. Er stand breitbeinig vor Jan und rollte in den Schuhen die Zehen ein. Das tat er immer, wenn er sich gegen irgendetwas wehren musste. Dabei packten seine Augen Jans Augen und ließen sie nicht mehr los.

Jan blinzelte, Georg nicht.

Nora stand jetzt hinter Robbi. Sie beugte sich vor, streckte langsam, langsam einen Arm aus, legte die Hand auf Robbis Schulter und zog ihn zu sich heran. »Komm, Jüngsken, du musst schlafen gehen. Rike hat's gesagt.«

Jan schüttelte sich wie einer, der gerade aufwacht. »Ah, die kleine Schöne ist gekommen«, sagte er.

»Der Mann!«, flüsterte Robbi und hob den Kopf zu Nora, die Augen dunkel vor Angst. »Soll weggehen. Sag das.«

Nora fühlte, wie er zitterte, und legte beide Arme um seine Schultern.

Jan sagte: »Aber ich tu dir doch nichts, Robert. Ich wollte dich nur kennen lernen und deine Geschwister auch. Wie heißt dein Bruder?«

Robbi krallte eine Hand in Noras Arm.

Sie sagte: »Robbi? Du kannst es doch sagen. Bitte, sag's.«

Und Robbi flüsterte: »Geo-r-g und Jo-ckel.«

»Wie heißt er? Georg? Oder Jockel?«

Nora sagte: »Mutter nennt ihn manchmal Jockel. Lassen Sie den Jungen doch in Ruhe.«

»Ja!«, sagte Georg. »Bitte!«

Jan sagte: »Es interessiert mich beruflich, was er sagt. Also, Kleiner, wie heißt dein Bruder?«

Robbi sagte: »Geo-r-g heißt Jockel. Jockel heißt Georg!« Er lachte.

Jan zeigte auf Nora: »Und wie heißt dieser Bruder?«

Nora biss sich auf die Lippen und sah Georg an. Immer noch hielt sie Robbi fest. Er zitterte jetzt nicht mehr.

Er sagte: »Nein, nein, das ist No-ra.«

»Aha! Dein anderer Bruder heißt Nora?«

»Nein!«, rief Robbi. »No-ra ist ein Mäd-chen.«

»Ist Nora kein Bruder? Was ist Nora?«

Robbi wusste jetzt, was der Mann wollte. Er sollte das Wort »Schwester« sagen und das konnte er nicht. »Schwester« oder »schreiben« oder »Schleife«, das konnte er nicht sagen. Er sagte: »Sss-weschter« oder »sss-r-eiben« oder »Sss-lei-fe«. Besser ging es einfach nicht. Also sagte er lieber gar nichts und machte die Augen wieder zu.

»Hallo!«, rief Jan. »Schläfst du schon wieder?«

Robbi nickte. »Nacht«, murmelte er.

»Gute Nacht, Herr Doktor«, sagte Nora, nahm Robbis Hand und rief von der Tür her besonders laut: »Komm doch mit, Jockel! Robbi kann dir etwas Neues vorlesen.«

»Kann er denn überhaupt lesen?«, fragte Jan.

»Natürlich«, sagte Georg. »Aber das Wort Schwester kann er nicht gut aussprechen und vor Ihnen wollte er sich nicht blamieren. Der ist nicht so dumm, wie Sie denken. Er hat gemerkt, dass Sie ihn ärgern wollten.«

Schon war er draußen und rief im Flur: »Mau-mau-mau-mau! Olee!«

»Olee!«, rief Robbi aus dem Badezimmer.

Rike kam jetzt herein.

Jan fragte: »Kann der Kleine wirklich lesen?«

»So gut wie ein Schulkind am Ende des ersten Schuljahrs.«

»Ich möchte das hören.«

Was wusste er denn davon, wie gut ein Kind im ersten Schuljahr lesen konnte? Und wie da jedes von dreißig einen anderen Stand erreichte? Sie könnte das beurteilen, nicht er. Und schließlich sei er doch nicht gekommen, um Robbi zu prüfen?

Vielleicht doch. Paul wollte, dass Jan sich den Jungen ansähe, weil Jan gewissermaßen doch ein Experte, ein Kenner in Bezug auf private Pflegeheime sei. Dazu gehörten übrigens auch die kirchlichen, aber das wüsste sie doch wohl?

»Rede nur weiter«, sagte Rike.

Nun gut. Er sollte in Pauls Auftrag ein geeignetes Haus für Robbi finden. Der Junge gehörte jetzt in die Schule und in eine Gemeinschaftserziehung.

»Aha«, sagte Rike. Dann log sie. Natürlich hätte man sich bemüht, Robbi in der Hilfsschule einzuschulen. Aber man hätte ihn nicht genommen, weil er noch unsicher im Laufen sei. Man hatte ihr aber erlaubt, ihn zu Hause zu unterrichten.

»Bescheinigung?«, fragte Jan.

Sie lächelte böse – das konnte Rike –, nahm einen amtlichen Brief aus ihrem Schreibtisch und warf den Bogen auf den Tisch. »Das war Danas Wunsch«, sagte sie.

»Aber Paul ist der Vater. Nur im Heim und bei geregeltem Unterricht kann der Junge richtig gefördert werden.«

»Dana ist die Mutter. Ist das tatsächlich unwichtig für Nationalsozialisten?«

»Du weißt ja wohl, dass es unerwünscht ist, wenn solche Kinder in den Familien leben. Das einzelne Kind beansprucht dabei zu viel wertvolle Arbeitskraft. Es belastet die ganze Familie. Georg war ja geradezu verstört, weil er nicht gut genug auf den Bruder Acht gegeben hatte.«

»Schadet ihm das, wenn er Verantwortung lernt?«

»Durchaus nicht. Aber er ist doch in der HJ, beim Jungvolk? Da lernt er das unter gesunden Kindern.«

»Georg ist gerade erst elf Jahre alt geworden. Darf er nicht mehr spielen?«

»Aber bei den Pimpfen angemeldet?«

»Noch nicht.«

»Aha. Und Nora? Jungmädelführerin? Oder beim BDM?«

Rike schüttelte den Kopf. Sie sagte etwas von Belastung durch die Schule, Klavierunterricht und dass sie gerade heute Nachmittag mit Nora über dieses Thema gesprochen hätte, und dann merkte sie, wie sie anfing, sich aufgeregt vor Jan zu verteidigen. »Und außerdem«, sagte sie, »Nora hilft uns wirklich sehr viel bei der Betreuung von Robbi. Sie hat ihn lieb und sie lernt etwas sehr Wichtiges: Respekt zu haben vor einem Menschen, der mit einer Schwäche leben muss. Wie strengt Robbi sich an, richtig zu sprechen! Dir und mir war das Sprechenlernen ein Spiel. Für Robbi ist das eine schwere Arbeit. Du bist doch Arzt? Verachtest du deine Patienten, weil sie sich die Schwäche erlauben, krank zu sein? Ist das eines deutschen Volksgenossen nicht würdig? Unproduktiv? Zu teuer?«

»Hör auf«, sagte Jan. »Deine spitze Zunge kenne ich noch aus alten Zeiten. Mich interessiert in solchen Fällen vor allem das Medizinische. Zum Beispiel wüsste ich gern, ob das Gehirn eines solchen Kindes anders aussieht als das Gehirn eines gleichaltrigen normalen Kindes. Schade, dass man das nicht so leicht feststellen kann.«

Rike schwieg. Sie hatte Lust wegzulaufen. Sie fror.

»Nun ja«, sagte Jan. »Man wird dafür sorgen, dass es in Zukunft weniger solche – solche Existenzen gibt.«

»Aber wie?«, fragte Rike. »Parasiten, Ungeziefer. Ihr würdet sie am liebsten alle umbringen.«

»Du bist unvorsichtig«, sagte Jan. »Hat dir Paul etwas erzählt?«

»Was sollte er mir erzählt haben?«

»Nichts. Er sollte dir nichts erzählt haben.«

Rike sah ihn erschrocken an und schwieg. Was meinte er? Was für eine Sprache redete dieser Jan? Sie hatte Angst vor ihm.

Josef Holub
Jungmann Böhm

Ich brauche nur hinter den Braununiformierten herzugehen.

Die Schule liegt nahe am Bahnhof. Fremd und wuchtig klotzt sie am Stadtrand, bleich und nackt und kalt und ohne Baum und Strauch.

Eine dürre, ellenlange Frau kommt aus einer der Türen.

Ich sage höflich »Grüß Gott« zu ihr, wie jeder anständige Mensch eine Klosterschwester grüßt. Sie sieht nämlich wie eine Nonne ohne Haube aus, mit vorne nichts und hinten glatt, total neutral, wie eine Stelze oder Krautscheuche. Wenn der Rock eine Kutte wäre, könnte sie ohne weiteres auch ein Mönch sein.

Wie man sich in den Menschen täuschen kann! Von wegen Klosterschwester!

»Stillgestanden!«, brüllt mich die falsche Nonne an. »Wir sind hier nicht in der Kirche, sondern in einer deutschen LBA!«

Au weh! Ich haue schnell meine Füße aneinander, baue mich mit herausgewölbter Brust, durchgedrückten Knien und an die Oberschenkel gepressten Händen vor ihr auf, genauso richtig und vorbildlich, wie ein deutscher Junge vor seinem Führer zu stehen hat, und schaue ihr total ins Gesicht. Das ist männlich und kommt immer gut an. Furchtlos anglotzen und wenn man noch so viel Angst hat! Im Moment fällt mir sowieso nichts Besseres ein.

Die busenlose Frau kommt ganz nahe an mich heran.

»Heil Hitler!«, zischt sie so scharf, dass es mich wie ein Messer schneidet. Ein kurzer Sprühregen braust auf mich hernieder.

Ich will ihr sagen, dass ich selbstverständlich weiß, wie man normalerweise in Großdeutschland zu grüßen hat, und dass ich anstatt »Heil Hitler!« nur deshalb »Grüß Gott« gesagt habe, weil sie einer verkleideten Nonne oder einem verhungerten Mönch nicht unähnlich ist. Aber das wäre bestimmt noch falscher und ich bin klarlogisch nicht ganz so blöd, dass ich mich derart in die Nesseln setze. So sage ich überhaupt nichts und gucke nur lückenlos auf ihre männliche Nase. Was in diesem Fall bestimmt das Beste ist.

»Wer bist du?«

»Josef Böhm!«

»Dein Vorname interessiert mich nicht. Das heißt ›Jungmann Böhm‹.«

Ich sage also: »Ich bin der Jungmann Böhm!«

Sie mustert mich von oben bis unten, ihre Augen bleiben unten hängen. Wahrscheinlich glänzen meine Schuhe nicht richtig. Oder es missfällt ihr mein rechtes Knie. Das hat noch einen fünfmarkstückgroßen Schorf von einem Schwemmeritt. Unnötigerweise bin ich in der letzten Ferienwoche vom Ross gestürzt und ich habe mit meinem Knie einen größeren Stein weggeschoben.

Das fängt ja gut an! Bei der habe ich total verscheißert! Wenn die in dem Haus etwas zu sagen hat, dann gute Nacht, Jungmann Böhm!

Mein Onkel Eduard hat einmal gesagt: »Wenn du vor einer hochgestochenen Person zu viel Respekt haben solltest, dann stell dir dieselbige nackt und bloß vor.«

Teufel, Teufel! Ich glotze nach oben in das Krautscheuchengesicht und dorthin, wo normalerweise ein Busen hängen sollte, aber ich kann wirklich nichts dafür, dass ich mir überhaupt nicht vorstellen kann, wie dieses Weib nackt und bloß aussehen könnte.

Die lange Stelze dreht sich um. Sie hat plötzlich ihr Interesse an mir verloren. Von irgendwo unter dem Rock zieht sie eine Trillerpfeife hervor und bläst hinein.

»Schrillillill!«

Neugierig kommen die Jungen und Mädchen von draußen herein.

»Ruhe!«, brüllt die Stelze. »Die Maiden einen Stock höher! Ich komme nachher hinauf. Die Jahrgänge zwo und drei können ihre Schlafräume selbst beziehen. Die Jungmannen des ersten Jahrgangs in einer Linie angetreten! Marsch, marsch! Zack, zack! Nicht so lahm! Etwas schneller, wenn ich bitten darf!«

O Gott, wo bin ich hingeraten?

Mehr kann ich nicht denken. Ich habe keine Zeit dazu.

Die Jungen stellen sich nebeneinander auf. Ich weiß schon, dass ich als Halbkleiner ziemlich weit hinten hingehöre. Vorne stehen immer die Großen.

»Stillgestanden! Richt euch!«

Das ist in diesem Fall recht einfach, indem man sich nur nach den Bodenplatten zu richten braucht. Wir schieben uns zurecht.

Die Stelze hat ein nachsichtiges oder hinterhältiges Lächeln im Gesicht. Ob sie sich rasieren muss?

»Alles herhören! Ich bin die Heimleiterin und heiße Horn. Dahinten, im selben Flur um die Ecke, hängt eine Anschlagtafel. Darauf steht alles, was ihr im Moment wissen müsst. Ihr seid der Jahrgang eins. Also, alles, was die Nummer eins hat, betrifft euch. In zehn Minuten will ich keinen Koffer mehr sehen. Weggetreten!«

Ich nehme meinen Koffer und eile auf dem langen Flur hinter den anderen her! Neben mir sagt einer, dass es eine Demütigung und eine Schande und eine Riesenschweinerei ist, dass sich ein deutscher Junge von einem Weib kommandieren lassen muss. Die lange Stelze kann es nicht mehr hören, denn sie rast schon die Treppe nach oben.

Vor der Anschlagtafel staut sich die Klasse eins. Die schnelleren und helleren Jungen sind schon da. Es dauert eine Weile, bis ich mich so weit nach vorne durchgedrückt habe, dass ich die Zettel lesen kann. Die ganze rechte Hälfte der Tafel ist mit Einserblättern behängt.

Schlafsaal, Schulzimmer, Studierzimmer, Esssaal.

O Gott! Wie soll ich mich da zurechtfinden? Lauter Nummern.

Um achtzehn Uhr soll es Abendessen geben. So steht es im Dienstplan.

Hunger habe ich schon genügend. Er reibt im Magen drin hinauf und hinunter und knurrt dabei reichlich unanständig.

Aber es dauert noch eine Weile. Dann hallt ein schrecklich lauter Ton durch das Haus. Ein Geräusch zwischen Blech und Glocke, aber mehr Blech. Der Gong!

Die Stelzenstimme ruft durch den Flur: »Zum Abendessen angetreten! Marsch, marsch!«

Wo gibt es das Essen?

Im Speisesaal?

Natürlich im Speisesaal! Wo sonst?

Dort, wo die Stelze ruft! In diese Richtung laufen alle. Auch die Großen kommen.

Hinterher!

Da vorne strömen die Jungen durch eine Tür.

Die Stelze steht dort. Sie schmeißt alle wieder raus.

»Im Flur wird angetreten! Wir sind kein Mädchenpensionat, sondern eine deutsche LBA! Zack, zack! Stillgestanden! Richt euch! Augen gerade-aus! Rechts um! Im Gleichschritt marsch! Links schwenkt!«

So marschieren wir in den Speisesaal ein.

Jeder eilt an seinen Platz.

Das dauert eine Weile, wegen der weniger Gescheiten, die noch nichts kapiert haben, die immer noch nicht wissen, wo sie sitzen müssen, und die daher grundsätzlich alles falsch machen.

»Wer hat etwas von Hinsetzen gesagt? Es wird nur das gemacht, was befohlen wird! – Tischspruch! Nein! Nicht Klassen zwo und drei. Jemand vom ersten Jahrgang!«

Mäuschenstille.

»Na, wird's bald! Es wird doch jemand einen Tischspruch kennen!«

Eine gicksende, auf mehrere Tonlagen springende, knabenmännliche Stimme von weiter hinten, von der Fensterseite: »Jesus sprach zu seinen Jüngern, wer keinen Löffel hat, isst mit den Fingern!«

»Solche Scherze kannst du dir sparen! Wie heißt du?«

»Franz Franek.«

»Den Vornamen kannst du dir ebenfalls sparen! Das heißt Jungmann Franek! – Setzen!«

Links von mir sitzt der Demel. Das ist gut.

Es gibt so etwas wie eine Graupeneinbrennsuppe, nachher eine Scheibe kohlrabenschwarzes Brot, zwei Blättchen von einer mir völlig unbekannten Kriegswurst und rosaroten Tee. Von der Suppe und dem Tee dürfen wir nachfassen.

Die Augen der stelzigen Horn sind überall, aber ganz besonders bei uns Neuen.

»Der Mensch isst aufrecht. Das unterscheidet ihn vom Affen!«

Die Stelze guckt auf ein Papier, das sie vor sich liegen hat.

»Jungmann Simmet! Nur Affen und Ochsen tauchen das Maul ins Fressen. Der zivilisierte arische Mensch benutzt den Löffel, wobei sich der Löffel üblicherweise zum Mund bewegt und nicht der Mund zum Löffel.«

Peinlich, wie sie das sagt. Ich schäme mich, obwohl ich sicherlich ganz manierlich esse.

Aha! Die Heimleiterin hat einen Sitzplan mit den Namen vor sich liegen. Wieder schaut sie in die Runde und schon hat sie einen weiteren Fehler entdeckt.

»Jungmann Toman! Wenn du so müde bist, dass du dich mit den Ellenbogen aufstützen musst, kannst du gleich zu Bett gehen! Ja, genau du, Jungmann Toman!«

Alle gucken rundherum, wo Ellenbogen aufgestützt sind. Es gibt mehrere, aber ein Junge, ein ganz hübscher nordischer Typ, ist krebsrot angelaufen. Das muss der Toman sein.

Zu einem anderen sagt die Horn, er möge gefälligst Messer und Gabel anständig halten. Das Messer sei kein Stemmeisen und die Gabel nicht zum Mistaufladen, und außerdem seien diese Geräte dazu da, dass man die Wurst nicht mit den Fingern aufs Brot legen muss.

Das Abendessen ist schnell erledigt. So viel gibt es gar nicht. Zum Schluss müssen wir im Chor sagen: »Wir sind alle gut satt!«

Das funktioniert am Anfang überhaupt nicht, und deshalb üben wir so lange, bis wir alle gut satt sind.

Das grässliche Blechglockengeräusch haut mich wach.

»Raus, ihr müden Krieger! In fünf Minuten seid ihr beim Waschen! Und nicht vergessen, auch das Bett ist ordentlich zu bauen!«

Ein neuer Scharführer vom Dienst kommandiert.

Ich eile zum Waschraum, putze die Zähne, wasche Gesicht und Oberkörper, trockne mich mit dem Handtuch ab, laufe zum Schlafraum zurück, ziehe das Leintuch glatt, falte die Decken zur Achtelgröße, lege sie sauber auf Stoß, schüttle das Kopfkissen, gehe dringend auf den Abort, muss warten, weil alle Sitze besetzt sind, mache dann schnell, laufe zurück zum Waschraum, wasche die Hände ein zweites Mal, spurte in den Schlafsaal und ziehe die neue Uniform an. Sie riecht völlig fremd und ich verbrauche kostbare Zeit für die Überlegung, nach was sie eigentlich riecht. Auf jeden Fall haben bei uns zu Hause die Kleider einen anderen Geruch.

Ach, mein weiches Bett daheim und die Mutter, die so sanft weckt!

Warum musste ich bloß in diese furchtbare Fremde ziehen?

Ich schnäuze mir die Nase sauber.

Die Trillerpfeife schrillt. Der Scharführer vom Dienst kommandiert.

»Zum Morgenappell im Schulhof angetreten! Marsch, marsch!«

Der Schulhof ist hart getretener Lehmsand oder Sandlehm, kein Gräslein, kein versehentliches Steinchen, keine Unebenheit, rein gar nichts, nur glatte Öde. Mittendrin steht der Fahnenmast.

Auf drei Seiten wird die plattebene Sandwüste von den Schul- und Internatsblöcken eingerahmt, die vierte Seite ist erfreulich anders, eine Oase in der Ödnis. Da gibt es Bäume und Gemüse, Beerensträucher und viele Blumen. Die Nachbargärten sind so märchenhaft üppig! Welch ein Wunder, dass sie neben der tristen Schule so schön gedeihen. Wie zum Trotz!

Zwei Blöcke bilden sich. Auf der einen Seite die Mädel, auf der anderen wir. Auf beiden Seiten knallen fast die gleichen Kommandos!

Rechts stehen die Großen. Die wissen schon, was sich gehört und wo sie hingehören. Wir nicht. Deshalb werden wir der Größe nach sortiert. Ganz genau. Ich gehöre immer zu den mittleren Kleinen, also stehe ich ziemlich links. Der Florian Demel ist anscheinend auch so groß oder so klein wie ich. Er bekommt hinter mir seinen Platz.

»Richt euch!«

Der Scharführer vom Dienst geht an die Flügelenden und guckt von dort die Linien entlang. Er korrigiert: »Du da! Ja, du! Zieh deinen Fettwanst und deinen Arsch ein! He! Wer hat was von ›Rührt euch‹ gesagt? Drück deine Knie durch, du Schlappschwanz!«

Und so weiter.
Es muss alle millimetergenau stimmen.
Nochmals üben!
Stillgestanden! Richt euch! Augen gerade-aus! Rührt euch!
Und wieder: Stillgestanden! Richt euch! ...
Ein Zivilist, ein älterer Mann, kommt über den Schulhof.
»Professor Velinek!«, höre ich jemanden flüstern. Der Mensch sieht aus, als ob er im letzten Jahrhundert vergessen worden wäre. Lang, hager, von der Halbglatze bis zu den Schuhfersen eine schnurgerade Linie, wahrscheinlich Lineal statt Rückgrat, Streifenhose, ebensolches Jackett, uralte Krawatte auf Hemdstehkragen wie der Chamberlain oder der spinnerte Lindsay beim Karl May: Der Mensch passt überhaupt nicht hierher, wo alles Uniform ist.

Der Scharführer vom Dienst geht ein paar Schritte auf diesen Professor Velinek zu, reckt seine ganze Größe vor ihm auf und schießt die rechte Hand halbhoch hinaus.

»LBA zum Morgenappell angetreten!«

»Danke! Riehrt eich!«

Etwas unbeholfen steht der antiquierte Mensch in der Mitte des Schulhofs. Von der einen Seite schauen die Mädel, von der anderen die Jungen. Der Professor fragt den Scharführer vom Dienst, ob the flag parat sei. Der zeigt auf den Größten im Jungenblock. Die Fahne hängt zusammengelegt über dessen Arm.

Warten.

Ein erster Sonnenstrahl hat die Fahnenmastspitze erreicht. Nur einen Augenblick, dann ist er wieder weg.

Als ob er erschrocken wäre.

Warten. Geduld.

Dann klappern Türen, laut und rigoros.

Der Professor Velinek wird nervös. Er verlegt sein Gewicht abwechselnd vom einen auf das andere Bein und er hustet ängstlich in die Hand.

Kommt jetzt der allmächtige Gott?

Aufregung und Neugierde zittern durch den Jungenblock.

Er kommt! Mit abgezirkelten Schritten, wie ein Führer sich bewegen muss. Gekonnt!

Seitwärts, vier Schritte daneben und einen dahinter, stelzt die Stelze.

Die Horn ist in Uniform, mit einer roten Schnur zwischen den fehlenden Brüsten. Der Gott ist ein schlaksiger Goldfasan. Nein! Er hat keine Parteigrößenuniform, er trägt die Uniform der HJ-Prominenz, mit Eichenlaub auf den Schulterklappen. Darüber schwebt ein zu langes Geiernasengesicht. Mir fällt der Schut ein, der aus den orientalischen Karl-May-Büchern. Nur die Uniform und die eleganten braunen Stiefel passen nicht zum Schut.

Wie er daherkommt! Der Herr über Leben und Tod. Oder Gottvater beim Jüngsten Gericht?

»Der Rex! Das ist der Rex!«

Unheimlicher Respekt ist in dem Geflüster und Geraune im Jungenblock.

»Jetzt, Herr Professor!«, sagt der Scharführer vom Dienst so leise, dass es jeder hört.

»Stielgestanden!«, kommandiert die zitterige, ängstliche Stimme des Professors.

Furchtbar!

Trotzdem klappt es tadellos. Ein Schlag und die ganze Schule steht stramm.

»Ich melde dem Herrn Direktor, dass die Lehrerbildungsanstalt angetreten ist.«

Der alte Professor tut mir Leid. Diese absolute Null auf dem Exerzierplatz! Der Rex lässt es ihn auch merken. Er geht an dem Lehrer vorbei, als ob es ihn gar nicht gäbe. Ich schäme mich für den alten Herrn. Der gehört nicht hierher. Das ist unmenschlich, dieses Theater! Warum muss der alte, unbeholfene

Mann auf dem Schulhof lächerlich gemacht und gedemütigt werden? Vor allen Jungen und Mädchen!

Der Rex geht zur Fahnenstange. Dort ist die Mitte des Schulhofs.

»Morgen, Männer! Morgen, Maiden!«

Mir frieren alle Innereien ein. Diese Stimme! »Männer!«, sagt er zu uns. Kalt und hingehackt. Dieser Mensch ist nur zum Befehlen auf die Welt gekommen. Der braucht Untertanen, und es ist ein Glück, dass er in Deutschland lebt. Mein Vater weiß es und da hat er bestimmt Recht. Bei uns gibt es immer genügend Menschen, die kommandiert werden wollen, sagt er.

Ich will es mir noch reiflich überlegen, ob ich nicht doch den Lehrerberuf an den Nagel hängen sollte. Trotz der Blamage im Heimatstädtchen. Ich würde es überleben. Wahrscheinlich wäre es wesentlich einfacher und ungefährlicher, wenn ich in der heimatlichen Fabrik das Brillenmachen erlernte. Kurzsichtige und weitsichtige Menschen gibt es zu allen Zeiten. Solche und solche, wobei die Kurzsichtigen meistens in der Mehrzahl sind. Der optische Beruf kann also durchaus als krisensicheres Geschäft betrachtet werden. Meine Mutter würde sich freuen. Sie bräuchte keine Angst mehr um mich und meine unschuldige Seele zu haben. Aber die Enttäuschung bei meinem Vater, bei den Onkeln, die Schadenfreude der Tanten und der Hohn meiner alten Schulkameraden! Zeitlebens würde ich den Spott nicht mehr los.

Deshalb werde ich wohl bleiben müssen.

Der Rex schreitet mit den Augen die Reihen ab. Jeden sieht er an. Jetzt hat er auch mich im Visier.

Die Horn tritt vor.

Ein Lied!

»Ein junges Volk steht auf.«

Sie gibt den Ton an, hebt die Arme, »zwo, drei«. Die Arme

fallen nach unten und Jungen und Mädchen setzen ruckartig ein: »Ein junges Volk steht auf, zum Sturm bereit, reißt die Fahnen höher, Kameraden ...«

Das Lied klappt, obwohl es keine gescheite Melodie hat und nur einstimmig ist. Ich kenne das Lied noch nicht und ich will es auch gar nicht kennen lernen. Es hat kein Gefühl.

»Männer! Maiden!«, sagt der Rex.

Er erklärt uns, dass er der Direktor dieser Anstalt ist. Falls es vielleicht der kleine Pimpf dahinten im letzten Glied noch nicht gemerkt haben sollte, sage er es jetzt. Und er könne alles leiden, nur eine Disziplinlosigkeit nicht und wenn Befehle nicht sofort ausgeführt würden. Ab und zu soll es noch ein paar gestrige Jungen und Maiden geben, die über einen Befehl nachdenken, aber die sind hier falsch am Platz. Oder kann sich jemand vorstellen, dass der Schütze Arsch im Schützengraben darüber nachdenken darf, ob der Befehl des Hauptmanns richtig ist? Und der künftige deutsche Lehrer ist in erster Linie ein Führer und der hat zu befehlen. Und wer einmal befehlen will, muss erst gehorchen lernen. Das schreibe er vor allem den Neuen ins Stammbuch.

Er sagt auch noch einiges über Deutschland, den Führer, die siegreiche Wehrmacht und unsere hohen, weltweiten Aufgaben als Herrenrasse. Aber das muss ich mir alles nicht merken, weil es für mein momentanes Dasein nicht wichtig ist.

»Männer! Maiden!«, schließt der Rex seine Ansprache. »Die drei wichtigsten Eigenschaften in meinem Haus sind erstens Disziplin, zweitens Disziplin und drittens Disziplin.«

Dann wird die Fahne hochgezogen, das Lied »Heilig Vaterland« gesungen, und ich bin froh, als alles vorbei ist. Denn ich habe schon einen riesigen Hunger, und wer einen großen Hunger hat, für den gibt es meistens nichts Heiligeres als Futter. Da muss sogar das Vaterland zurückstehen.

Und außerdem habe ich neben dem Hunger eine unwiderstehliche Sehnsucht. Ich möchte auf den Abort und dort fünf Minuten allein sein. Nicht nur wegen der Kacke, sondern vor allem wegen meiner Seele, die sich ein wenig ausruhen möchte.

Von Hitlers Weltanschauung und hier vor allem von seiner Rassenlehre, die sich bei ihm zu einem regelrechten Wahn entwickelte, waren die Juden am schlimmsten betroffen. Das begann schon am 1. April 1933 mit dem Boykott jüdischer Geschäfte und endete mit der Massentötung in Konzentrationslagern.

Hans Peter Richter
Herr Schneider

Die Schulglocke läutete. Mit dem letzten Ton klappte Lehrer Neudorf das Buch zu und erhob sich. Langsam, nachdenklich, schritt er auf uns zu. Erst räusperte er sich, dann sagte er: »Der Unterricht ist zu Ende. – Aber bleibt bitte noch eine kurze Zeit hier, ich möchte euch etwas erzählen. – Wer jedoch keine Lust hat, kann schon nach Hause gehen.«

Wir schauten einander fragend an.

Lehrer Neudorf trat an das Fenster. Uns drehte er den Rücken zu. Aus der Jackentasche zog er seine Pfeife und begann sie zu stopfen. Dabei betrachtete er die Bäume auf dem Schulhof.

Geräuschvoll räumten wir unsere Sachen zusammen. Wir legten die Mappen und Ranzen bereit. Aber niemand verließ die Klasse. Wer fertig war, wartete.

Umständlich entzündete Lehrer Neudorf seine Pfeife. Genießerisch paffte er einige Züge gegen die Scheiben. Danach erst wandte er sich um. Er überblickte die Sitzreihen. Als er sah, dass noch alle Plätze besetzt waren, nickte er uns lächelnd zu.

Alle Augen richteten sich auf Lehrer Neudorf. Wir schwiegen. Vom Flur her hörten wir den Lärm der anderen Klassen. In einer der hinteren Bände scharrte jemand mit den Füßen.

Lehrer Neudorf ging bis zur vordersten Reihe. Mit glühender Pfeife setzte er sich auf eines der Schreibpulte. Während er an seiner Pfeife zog, schaute er einen nach dem anderen an. Den Qualm blies er über unsere Köpfe weg zum Fenster hin.

Wir Schüler starrten voller Spannung und Erwartung auf den Lehrer.

Endlich begann er ruhig und leise zu sprechen: »Ihr habt in der letzten Zeit viel von Juden gehört, nicht wahr? Heute habe auch ich einen Grund, zu euch über Juden zu reden.«

Wir nickten und beugten uns vor, um besser lauschen zu können. Einzelne stützten das Kinn auf ihre Schultaschen. Man hörte nichts mehr.

Lehrer Neudorf stieß eine blaue Wolke duftenden Rauchs zur Decke empor. Nach einer Pause begann er wieder: »Vor zweitausend Jahren lebten alle Juden in dem Lande, das heute Palästina heißt, die Juden nennen es Israel.

Die Römer beherrschten das Land durch ihre Statthalter und Landpfleger. Aber die Juden mochten sich der Fremdherrschaft nicht beugen. Sie empörten sich gegen die Römer. Die Römer schlugen den Aufstand nieder und zerstörten im Jahre 70 nach Christus den Tempel zu Jerusalem. Die Aufrührer verbannten sie nach Spanien oder an den Rhein. Ein Menschenalter später wagten die Juden wieder eine Erhebung. Diesmal machten die Römer Jerusalem dem Erdboden gleich. Die Juden mussten fliehen oder wurden vertrieben. Sie verteilten sich über die ganze Erde.

Viele brachten es zu Wohlstand und Ansehen, bis man zu den Kreuzzügen aufrief.

Ungläubige hatten das Heilige Land erobert und verwehrten den Zugang zu den Gedenkstätten der Christen. Wortgewaltige Prediger forderten die Befreiung des Heiligen Grabes; Tausende von Entflammten sammelten sich zum Kreuzzug.

Einige aber erklärten: ›Was nützt es, wenn wir gegen die

Ungläubigen im Heiligen Land ausrücken, solange auch noch Ungläubige mitten unter uns leben!‹

Damit begann die Verfolgung der Juden. An vielen Orten trieb man sie zusammen, mordete und verbrannte sie. Unter Zwang schleifte man sie zur Taufe; wer sich nicht taufen ließ, wurde gefoltert.

Zu Hunderten nahmen sich die Juden selber das Leben, um dem Gemetzel zu entgehen. Wer fliehen konnte, floh.

Als die Verfolgung vorüber war, ließen verarmte Fürsten ihre jüdischen Untertanen gefangen setzen und ohne Gerichtsurteil hinrichten, um sich an ihren Besitztümern zu bereichern.

Wieder flüchteten viele Juden. Diesmal nach Osten. In Polen und Russland fanden sie eine neue Bleibe. Aber im vorigen Jahrhundert begann man auch dort, sie zu quälen und zu verfolgen.

Die Juden mussten in so genannten Ghettos, den Judengassen, wohnen. Sie durften keine ›ehrlichen‹ Berufe ergreifen; Handwerker konnten sie nicht werden. Haus- und Grundbesitz zu haben war ihnen verboten. Nur im Handel und Geldverleih durften sie sich betätigen.«

Lehrer Neudorf legte seine erloschene Pfeife in die Rille für Federhalter und Bleistifte. Schweigend stieg er vom Pult. Nachdenklich wanderte er durch den Klassenraum. Bevor er weitererzählte, putzte er seine Brille.

»Das Alte Testament der Christen ist auch die Heilige Schrift der Juden; sie nennen es Thora, das heißt ›die Lehre‹. In der Thora ist niedergeschrieben, was Gott dem Moses geboten hat. Die Juden haben viel über die Thora und ihre Gebote nachgedacht. Wie die Gesetze der Thora zu verstehen sind, das haben sie in einem anderen, sehr großen Werk – dem Talmud, das heißt ›das Lernen‹ – niedergelegt.

Die strenggläubigen Juden befolgen noch heute die Regeln der Thora. Und das ist nicht leicht; sie verbieten beispielsweise sogar, am Sabbath ein Feuer anzuzünden oder Fleisch von unreinen Tieren, wie Schweinen, zu essen.

In der Thora ist den Juden ihr Schicksal vorhergesagt: Wenn sie die göttlichen Gebote verletzen, werden sie verfolgt werden und müssen fliehen. Sie hoffen jedoch, dass der Messias sie in ihr gelobtes Land zurückführt und dort unter ihnen sein Reich errichtet.

Weil sie nicht glaubten, dass Jesus der wahre Messias sei, weil sie ihn für einen Betrüger hielten, wie es deren schon andere gegeben hatte, deshalb haben sie ihn gekreuzigt. Und das haben ihnen viele bis heute nicht verziehen; sie glauben die unsinnigsten Dinge, die über Juden verbreitet werden. Einige warten nur darauf, die Juden wieder verfolgen und peinigen zu können.

Es gibt viele Menschen, die Juden nicht mögen: Die Juden kommen ihnen fremd und unheimlich vor, man traut ihnen alles Schlechte zu, nur weil man sie nicht genügend kennt!«

Aufmerksam folgten wir der Erzählung. Es war so still, dass wir Lehrer Neudorfs Schuhsohlen knarren hörten. Alle schauten ihn an; nur Friedrich blickte vor sich hin auf seine Hände.

»Man wirft den Juden vor, sie seien verschlagen und hinterlistig!

Wie sollten sie es nicht sein?

Jemand, der immer fürchten muss, gequält und gejagt zu werden, muss schon sehr stark in seiner Seele sein, wenn er dabei ein aufrechter Mensch bleiben will.

Man behauptet, die Juden seien geldgierig und betrügerisch! Müssen sie das nicht sein?

Immer wieder hat man sie beraubt und enteignet, immer wieder mussten sie auf der Flucht alles zurücklassen, was sie besaßen. Sie haben erfahren, dass Geld das einzige Mittel ist, mit dem sie sich notfalls Leben und Unversehrtheit erkaufen können.

Eines aber müssen selbst die ärgsten Judenfeinde zugeben: Die Juden sind tüchtig!

Nur Tüchtige können zweitausend Jahre Verfolgung durchstehen.

Indem sie mehr und Besseres leisteten als die Menschen, unter denen sie lebten, errangen sich die Juden immer wieder Ansehen und Geltung. Viele große Gelehrte und Künstler waren und sind Juden.

Wenn ihr heute oder morgen erlebt, wie man die Juden missachtet, dann bedenkt eines: Juden sind Menschen, Menschen wie wir!«

Ohne uns anzusehen, nahm Lehrer Neudorf seine Pfeife. Er kratzte die Asche aus dem Pfeifenkopf und brannte den restlichen Tabak neu an. Nach einigen Zügen fragte er: »Nun wollt ihr sicher wissen, warum ich euch dies alles erzählt habe?«

Er stellte sich neben Friedrichs Platz und legte Friedrich seine Hand auf die Schulter.

»Einer von euch wird unsere Schule verlassen. Friedrich Schneider soll unsere Schule nicht mehr besuchen; er muss in eine jüdische Schule überwechseln, weil er jüdischen Glaubens ist.

Wenn Friedrich in eine jüdische Schule muss, dann ist das keine Bestrafung, nur eine Veränderung. Ich hoffe, ihr versteht das und bleibt Friedrichs Freunde, so wie ich sein Freund bleibe, wenn er auch nicht mehr meine Klasse besucht. Vielleicht wird Friedrich gute Freunde brauchen.«

Lehrer Neudorf fasste Friedrich bei den Schultern, und er drehte ihn so, dass Friedrich ihn anschauen musste.

»Ich wünsche dir alles Gute, Friedrich,«, sagte der Lehrer, »und auf Wiedersehen!«

Friedrich senkte den Kopf. Leise antwortete er: »Auf Wiedersehen!«

Lehrer Neudorf eilte mit raschen Schritten nach vorn. Der Klasse zugewandt, hob er den rechten Arm mit ausgestreckter Hand in Augenhöhe und grüßte: »Heil Hitler!«

Wir sprangen auf und erwiderten den Gruß auf die gleiche Weise.

Vater kam spät von der Parteiversammlung heim. Müde schaute er zur Uhr. Zu Mutter sagte er: »Ich möchte jetzt noch nicht essen.«

Mutter schüttelte verwundert den Kopf und setzte den Topf wieder vom Feuer. Vater nahm einen Stuhl und stellte ihn auf den Flur neben die Wohnungstür. Im Schein der Flurbeleuchtung las er dort seine Zeitung.

Mutter schaute aus der Küchentür nach ihm. Mit einem Seufzer ging sie danach wieder an ihre Arbeit.

Aber Vater überflog die Zeitung sehr unaufmerksam. Jedes Mal, wenn sich im Haus etwas regte, öffnete er die Flurtür einen Spalt, um hinauszulauschen.

Das Spielen hatte ich längst aufgegeben. Vom Wohnzimmer verfolgte ich das seltsame Benehmen meines Vaters und überlegte, was das wohl zu bedeuten habe.

Als er den Schritt von Herrn Schneider auf der Treppe hörte, riss Vater die Wohnungstür auf. Er warf die Zeitung zu Boden und trat hinaus auf den Treppenabsatz, um Herrn Schneider abzufangen.

Herr Schneider stieg langsam die Treppe herauf. Friedrich begleitete ihn; er trug seines Vaters Tasche.

Erstaunt blickten die beiden auf meinen Vater, der ihnen den Weg versperrte.

»Herr Schneider«, sagte Vater ganz leise, »darf ich Sie einen Augenblick zu uns hereinbitten?«

Herr Schneider fragte: »Kann Friedrich mitkommen?«

Vater war einverstanden. Er führte die beiden in unser

Wohnzimmer. Herrn Schneider bot er einen Platz am Fenster an; Friedrich wies er zu mir.

Friedrich und ich, wir spielten still Domino in der Ecke beim Ofen.

Vater gab Herrn Schneider eine von den guten Sonntagszigarren; er selber zündete sich eine Zigarette an. Die beiden rauchten still eine Weile vor sich hin, ehe sie begannen.

»Es fällt mir schwer, Herr Schneider!«, murmelte Vater. Dann sagte er etwas lauter: »Darf ich frei und offen reden?« Dabei blickte er Herrn Schneider voll an.

Das Gesicht von Herrn Schneider war sehr ernst geworden. Er zögerte erst. »Ich bitte darum!«, antwortete er schließlich. Die Hand mit der Zigarre zitterte leicht; Aschenstäubchen schwebten auf Hose und Boden.

Schuldbewusst senkte Vater den Blick auf den Boden. Fast flüsternd teilte er Herrn Schneider mit: »Ich bin in die Partei eingetreten.«

Ebenso leise und ein wenig enttäuscht entgegnete Herr Schneider: »Ich weiß!«

Überrascht hob Vater den Kopf.

»Ihr Sohn hat es mir verraten!«, ergänzte Herr Schneider. Seine Stimme klang traurig. »Und ich konnte es mir auch denken.«

Vorwurfsvoll schaute Vater zu mir herüber. Erregt zog er an seiner Zigarette. Leise redete er weiter: »Sie müssen das verstehen, Herr Schneider, ich war lange arbeitslos. Seit Hitler an der Macht ist, habe ich wieder Arbeit, bessere Arbeit, als ich erhofft hatte. Es geht uns gut.«

Begütigend versuchte Herr Schneider zu bremsen: »Sie brauchen sich wirklich nicht zu entschuldigen, wirklich nicht!«

Vater winkte mit der Hand ab. »In diesem Jahre können wir zum ersten Mal alle zusammen eine Urlaubsreise mit ›Kraft durch Freude‹ machen. Man hat mir inzwischen schon wieder eine gute Stelle angeboten, weil ich Parteigenosse bin. Herr Schneider, ich bin Mitglied der NSDAP geworden, weil ich glaube, dass es meiner Familie und mir zum Vorteil gereicht.«

Herr Schneider unterbrach meinen Vater: »Ich verstehe Sie sehr, sehr gut. Vielleicht – wenn ich nicht Jude wäre –, vielleicht hätte ich genauso gehandelt wie Sie. Aber ich bin Jude.«

Vater nahm eine neue Zigarette: »Ich stimme keineswegs der Partei in allem zu, was sie fordert und tut. Aber, Herr Schneider, hat nicht jede Partei und jede Führung ihre Schattenseiten?«

Herr Schneider lächelte schmerzlich: »Und leider stehe ich diesmal im Schatten.«

»Und deswegen habe ich Sie hereingebeten, Herr Schneider«, ergriff Vater wieder das Wort, »darüber wollte ich mit Ihnen reden!«

Herr Schneider schwieg. Sein Blick lag voll auf Vater; von Furcht war nichts darin zu erkennen. Nun zitterte seine Hand nicht mehr. Er atmete tief und ruhig. Mit Genuss rauchte er die Zigarre.

Friedrich hatte das Dominospiel schon lange beiseite geschoben. Er horchte auf die Unterhaltung der Erwachsenen. Seine Augen erschienen ungeheuer groß, aber man konnte glauben, dass sie irgendwohin ziellos in die Gegend gerichtet seien. Mich beachtete Friedrich nicht mehr. Auch ich lauschte dem Gespräch der beiden Männer. Wenn ich auch nicht alles verstand, so berührte mich doch der Ernst, mit dem sie redeten.

»Wissen Sie, Herr Schneider«, begann mein Vater wieder, »ich habe heute Nachmittag eine Parteiversammlung besucht. In einer solchen Versammlung erfährt man allerhand; man vernimmt viel über die Pläne und Absichten der Führung, und wenn man richtig zu hören versteht, kann man sich auch noch eine ganze Menge denken.

Ich möchte Sie fragen, Herr Schneider: Warum bleiben Sie mit Ihrer Familie noch hier?«

Herr Schneider lächelte erstaunt.

Aber Vater fuhr fort: »Viele Ihrer Glaubensbrüder haben Deutschland bereits verlassen, weil man ihnen das Leben zu schwer gemacht hat. Und das wird noch nicht aufhören, das wird sich noch steigern. Denken Sie an Ihre Familie, Herr Schneider, gehen Sie fort!«

Herr Schneider reichte meinem Vater die Hand. »Ich danke Ihnen für Ihre Offenheit«, sagte er, »und ich weiß sie zu schätzen. Sehen Sie, auch ich habe mir schon überlegt, ob es nicht besser wäre, aus Deutschland zu fliehen. Es gibt zwei Gründe, die dagegensprechen.«

Erregt unterbrach mein Vater: »Alles, alles spricht dafür, dass Sie besser heute als morgen gehen. Begreifen Sie doch, Herr Schneider!« Mein Vater steckte sich die dritte Zigarette an. Sonst rauchte er den ganzen Tag über höchstens fünf.

»Hören Sie meine Gründe«, setzte Herr Schneider seine Erklärung fort, »ich bin Deutscher, meine Frau ist Deutsche, mein Sohn ist Deutscher, alle unsere Verwandten sind Deutsche. Was sollen wir im Ausland? Wie wird man uns aufnehmen? Glauben Sie wirklich, dass man uns Juden anderswo lieber sieht als hier? – Und überdies: Das wird sich auf die Dauer beruhigen. Seit das Olympische Jahr angefangen hat, lässt man uns fast ganz in Ruhe. Finden Sie nicht?«

Beim Abstreifen der Asche zerbrach Vater seine Zigarette. Sofort holte er eine neue aus der Schachtel. Mit Kopfschütteln hörte er Herrn Schneiders Worten zu: »Trauen Sie dem Frieden nicht, Herr Schneider.«

»Seit zweitausend Jahren gibt es Vorurteile gegen uns«, erläuterte Herr Schneider. »Niemand darf erwarten, dass diese Vorurteile in einem halben Jahrhundert friedlichen Zusammenlebens schwinden. Wir Juden müssen uns damit abfinden. Im

Mittelalter, da waren diese Vorurteile noch lebensgefährlich für uns. Inzwischen sind die Menschen aber doch wohl ein wenig vernünftiger geworden.«

Vater zog die Augenbrauen zusammen: »Sie reden, Herr Schneider, als ob Sie bloß eine kleine Gruppe gereizter Judenhasser zu fürchten hätten. Ihr Gegner ist ein Staat!«

Vater drehte die Zigarette zwischen den Fingern und rauchte hastig.

»Das ist doch unser Glück!«, entgegnete Herr Schneider. »Man wird unsere Freiheit einschränken, man wird uns vielleicht ungerecht behandeln, aber wir brauchen wenigstens nicht zu fürchten, dass tobende Volksmassen uns gnadenlos ermorden.«

Vater zuckte mit den Schultern: »Unfreiheit und Ungerechtigkeit wollen Sie einfach hinnehmen?«

Herr Schneider beugte sich vor. Er sprach ruhig und sicher: »Gott hat uns Juden eine Aufgabe gestellt. Wir müssen sie erfüllen. Immer sind wir verfolgt worden, seit wir unsere Heimat verlassen haben. In der letzten Zeit habe ich viel darüber nachgedacht. Vielleicht gelingt es uns, dem unsteten Wandern ein Ende zu machen, wenn wir nicht mehr fliehen, wenn wir dulden lernen, wen wir ausharren, wo wir hingestellt sind.«

Vater drückte seine Zigarette aus: »Ich bewundere Ihren Glauben, Herr Schneider«, sagte er, »aber ich kann ihn nicht teilen. Ich kann nicht mehr tun als Ihnen raten: Gehen Sie fort!«

Herr Schneider erhob sich. »Was Sie denken, kann nicht sein, im zwanzigsten Jahrhundert nicht! – Aber ich danke Ihnen für Ihre Offenheit und für Ihre Sorge um uns.« Und wieder schüttelte Herr Schneider Vaters Hand.

Vater geleitete ihn zur Tür.

Herr Schneider winkte Friedrich zu sich. Im Flur blieben sie noch einmal stehen. »Und wenn Sie doch Recht haben sollten«, ganz leise sprach Herr Schneider, »darf ich Sie um eines bitten?«

Vater bejahte schweigend.

»Wenn mir etwas zustoßen sollte«, leise und stockend kam es, »nehmen Sie sich bitte meiner Frau und des Jungen an!«

Vater fasste nach Herrn Schneiders Hand und drückte sie fest.

Mirjam Pressler
Malka Mai, 7 Jahre

Im Ghetto war es anders, ganz anders als in der Hütte am Waldrand. Ein paar Tage lang lief Malka wie betäubt herum. Die Familie Goldfaden, zu der Zygmunt sie gebracht hatte, hatte sie zwar nach einigem Widerstreben aufgenommen und eine dünne Matratze für sie im Flur auf den Boden gelegt, als Schlafplatz, und sie bekam auch etwas zu essen, aber ansonsten kümmerte sich niemand um sie. Hätte sie ihre Puppe Liesel nicht gehabt, wäre sie ganz allein gewesen.

Frau Goldfaden arbeitete in einer Näherei im Ghetto. Was der Mann tat, wusste Malka nicht, aber auch er war tagsüber nicht da. Die Kinder, zwei große Mädchen und ein Junge, der nicht viel älter war als sie, sprachen kaum mit ihr, höchstens um sie mit einem Eimer zum Brunnen zu schicken, um Wasser zu holen, weil die Wasserleitung im Haus nicht funktionierte. Das Haus am Rand des Ghettos war klein und ärmlich, genauso klein und ärmlich wie die anderen Häuser der ungeteerten Gasse. Auf der Hauptstraße des Ghettos, die zum Platz mit dem Brunnen führte, gab es größere Häuser, mehrstöckige Häuser mit ein oder zwei Höfen, um die wieder andere Häuser standen, und überall waren Menschen, überall wurde geredet, geschimpft, geschrien, geweint und manchmal gelacht.

Malka versuchte zu verstehen, was all diese Leute taten, wie sie lebten, aber das Ghetto blieb ihr fremd, so fremd wie die Familie Goldfaden. Vielleicht lag das auch daran, dass die meisten Leute hier Jiddisch sprachen, die Frauen am Brunnen, die Kinder auf den Straßen, die Männer, die irgendetwas verkauften, die Jungen, die Zigaretten anboten, die Bejgelverkäuferinnen.

Das Essen, das Malka bekam, schmeckte schlecht und war zu wenig, sie war ständig hungrig, aber die Goldfadens selbst hatten, außer dem Vater, auch nicht mehr auf ihren Tellern. Voller Sehnsucht dachte Malka an die Kartoffeln und das Kraut, das sie bei Teresa gegessen hatte, an die Ziegenmilch, an das Brot, das Teresa einmal im Monat selbst backte und das sie, wenn es schon hart geworden war, manchmal auf der Herdplatte geröstet und mit Knoblauch eingerieben hatte, und an den Haferbrei, der den Magen so voll und warm machte.

Überhaupt war es viel leichter, an Teresa zu denken als an ihre Mutter, denn Teresa wusste, dass sie hier im Ghetto war, bei der Familie Goldfaden. Aber wie sollte ihre Mutter sie finden? Sie durfte nicht an ihre Mutter denken. Ein Ziehen im Kopf und im Bauch sagte ihr, dass sie Wörter wie »Mama« und »Mutter« besser vermied, weil ihre Gedanken dann verrückt spielten. Wenn sie, aus Versehen, »Mama« oder »Mutter« dachte, trieb es ihr die Tränen in die Augen und sie fühlte sich hilflos und wehrlos. Das durfte nicht passieren, denn es war wichtig, dass sie stark war und immer und in jeder Situation überlegen konnte, was sie tat.

Wenn jemand sie, was selten genug vorkam, fragte, wer sie war, sagte sie nicht mehr: Meine Mutter ist Frau Doktor Mai, sondern: Ich bin die Tochter von Frau Doktor Mai. »Tochter« war ein unverfängliches Wort, man konnte es denken, konnte es sogar aussprechen, ohne dass einem die Luft wegblieb. Frau Doktor Mai war diese fremde Person, in deren Haus sie gelebt hatte, früher, vor langer Zeit. Die Frau, für die der deutsche Offizier einmal auf der Geige gespielt hatte und die jetzt in Ungarn war, weit weg von Lawoczne und noch weiter weg von Skole.

Frau Doktor Mai und ihre Tochter Minna waren in Ungarn, sie, Malka, war in Polen, und in Polen war es besser, an Teresa zu denken. An Teresa dachte sie gern, auch wenn ihr die Sehnsucht oft Tränen in die Augen trieb. Teresa.

Unruhe breitete sich im Ghetto aus, Malka spürte es mehr, als dass sie es verstand. Sie fühlte die Angst als Surren im Kopf, als Zittern der Nasenflügel. Sie konnte die Angst riechen, die sich wie giftiger Dunst über das Ghetto legte und die Straßen füllte. Angst sprach aus den Augen und den Stimmen der Menschen und ließ die einen lauter und hektischer werden, die anderen starr und still. Eine Aktion, hieß es, alle Anzeichen sprächen für eine bevorstehende Aktion. Tatsächlich waren öfter bewaffnete Deutsche im Ghetto zu sehen, zu Fuß und mit Hunden oder mit Autos. Dann verschwanden alle Juden in ihren Häusern, und es wurde so still, dass die Motoren dröhnten und man die Stiefel der Deutschen auf das Pflaster knallen hörte. Aber die Menschen, die Arbeit hatten, gingen noch immer morgens weg und kamen abends wieder, nur ihre Gesichter waren ernster und angespannter als früher.

Malka roch die Angst und spürte, wie die Unruhe auf sie übergriff. Sie fragte Jankel, den Sohn der Goldfadens, was sie tun würden, wenn tatsächlich eine Aktion käme.

Er legte den Finger auf den Mund und führte sie ins Schlafzimmer. Vor dem Kleiderschrank, der eigentlich viel zu groß für den kleinen Raum war, in dem alle fünf Goldfadens schliefen, blieb er stehen, machte die beiden großen Doppeltüren auf, schob mit der Hand ein paar Mäntel und Kleidungsstücke zur Seite, die da hingen, und deutete auf den Boden.

»Das Brett kann man hochheben«, flüsterte er. »Darunter hat mein Vater ein Versteck in die Erde gegraben. Bei der letzten Aktion waren wir zwei Tage drin.« Er verdrehte die Augen. »Es ist furchtbar eng und eklig und dunkel da unten. Es können nur immer zwei liegen, deshalb wechseln wir ab. Sonst sitzt man nur da und darf kein Wort sagen, damit man sich nicht verrät. Hinter der Schlafzimmerwand, in den Brennnesseln, guckt ein Rohr aus der Erde, dadurch bekommen wir Luft. Aber es ist wirklich schrecklich.« Er verzog das Gesicht zu einer Grimasse und schnaufte. »Und jetzt komm, sie sollen nicht wissen, dass ich es dir gezeigt habe.« Mit »sie« meinte er seine Schwestern, die draußen im Hof Wäsche wuschen und jetzt nach Malka und Jankel riefen, weil die Eimer leer waren und sie frisches Wasser brauchten.

Am nächsten Tag fand die Aktion statt, früh am Morgen fuhren Autos mit Lautsprechern durch das Ghetto, und dröhnende Stimmen befahlen, dass heute alle zu Hause zu bleiben hätten, auch die Arbeitskolonnen. Die Goldfadens liefen herum, suchten Essen zusammen und schnürten ihre Decken zu festen Rollen. Malka stand daneben und schaute zu.

»Wir können dich nicht mitnehmen«, sagte Frau Goldfaden schnell, ohne sie dabei anzuschauen. »Du musst das verstehen, der Platz reicht nicht und das Essen auch nicht. Geh raus, hörst du, geh raus und versteck dich irgendwo.«

Und Esther, ihre älteste Tochter, sagte: »Du fällst mit deinen blonden Haaren auch viel weniger auf als wir.«

Malka schob die Hand in die Tasche und umklammerte Liesel. Sie schaute von einem zum anderen, doch alle drehten die Köpfe zur Seite, als Esther sie an den Schultern nahm und aus der Haustür schob.

Die Gasse war menschenleer, die Hauptstraße auch. Malka schlich dicht an den Häusern entlang Richtung Brunnen. Manchmal hörte sie ein Auto kommen, dann verschwand sie schnell in einem Hof und kam erst wieder heraus, wenn das Auto vorbei war. Dann waren irgendwo Schreie zu hören, Schüsse, Hundegebell und auf einmal auch die Schritte von vielen Stiefeln.

Malka stand an eine Hauswand gedrückt und wusste nicht mehr weiter. Gerade als sie in einen Hof laufen wollte, in der Hoffnung, dort ein Versteck zu finden, entdeckte sie ein offenes Kellerfenster, ganz unten am Haus, direkt über der Straße. Es war klein, sie musste sich rückwärts hineinquetschen, ihre Füße landeten auf einer Schräge, sie ließ sich hinunterrutschen.

Erst als sie unten stand, sah sie, dass sie sich in einem kleinen Kellerverschlag mit Bretterwänden befand und dass die Schräge, auf der sie heruntergerutscht war, eine Holzrinne war, wie man sie benutzte, um Kohlen in einen Keller zu füllen. Kohlen waren nicht mehr in dem Verschlag, aber der Geruch nach Kohlenstaub hing in der Luft und in einer Ecke lagen ein paar leere Säcke. Es war sehr still hier unten. Nur die Stiefel der Deutschen waren zu hören, die immer näher kamen.

Sie stellte sich neben das Fenster und schaute hinaus. Es waren viele Deutsche und sie hatten Hunde dabei. Malka ließ sich fallen, kroch in die Ecke und zog die leeren Säcke über sich. Schüsse knallten, sie hielt sich die Ohren zu. Auf einmal klang alles gedämpfter und viel weiter weg. Erst als sie fast nichts mehr hörte, stand sie auf und ging wieder zum Fenster. Die Stiefel waren verschwunden. Vorsichtig schob sie den Kopf hinaus und sah, dass Menschen in Richtung Brunnen getrieben wurden, bewacht von bewaffneten deutschen Soldaten, die ab und zu in die Luft schossen, und bewacht von den Hunden.

Malka zog sich wieder in die Ecke zurück. Sie wagte kaum zu atmen. Starr und steif hockte sie da, sie hatte jedes Gefühl verloren, auch das für Zeit. Irgendwann wurde es ruhig. Sie wartete lange, erst als es ganz still war, kroch sie aus dem Keller hinaus. Ihre Hände waren schwarz geworden, auch ihre

Jacke hatte schwarze Flecken bekommen, und der Saum ihres Kleides war aufgerissen und hing herunter, eine Schnur von ihren Fußlappen war aufgegangen. Sie bückte sich und band sie wieder fest.

Ein Mann rannte an ihr vorbei, sie meinte, einen der Bettler zu erkennen, die immer am Brunnen saßen, er rief ihr zu: »Geh auf die arische Seite, Mädchen, los, lauf.«

Ohne nachzudenken, rannte sie los, die Straße entlang, die aus dem Ghetto zum angrenzenden arischen Viertel führte. Es war eine breite Straße, die eine andere, noch breitere Straße kreuzte. Malka sah eine Gruppe Juden, die ihr entgegenkamen, begleitet von deutschen Soldaten mit dem Gewehr im Anschlag. Sie schaute schnell weg und lief quer über die Kreuzung zur anderen Seite. Plötzlich hörte sie Schüsse und drehte sich um. Die Juden hoben die Arme und fielen auf die Straße, einfach so, lautlos wie Stoffpuppen, nur das Rattern der Maschinengewehre war zu hören. Panik ergriff sie. Nicht weit von hier war eine Kirche, sie konnte den Kirchturm sehen. Sie rannte, bis sie die Kirche erreicht hatte, stolperte die Steinstufen hinauf und warf sich gegen die Tür.

In der Kirche war es dunkel, ein Priester stand am Altar und predigte, in den ersten Bänken saßen Gottesdienstbesucher. Malka wusste, wie man ein Kreuz schlug, sie konnte sogar das Gegrüßet-seist-du-Maria auswendig, das hatten ihr die früheren Dienstmädchen beigebracht, die sie oft mitgenommen hatten in die Kirche. Sie machte einen Knicks neben einer Bank, schlug ein Kreuz und setzte sich hin. Sie zitterte am ganzen Körper und glaubte, alle Leute in der Kirche müssten hören, wie laut ihr Herz klopfte.

Jetzt erst, in der Ruhe, die nur von der tiefen Stimme des Priesters unterbrochen wurde, spürte sie ihre Angst. Die Angst kroch aus dem Schatten des Kirchengestühls auf sie zu, sie drang mit dem Geruch nach Weihrauch in ihre Lungen, fiel in blauen Streifen aus den hohen Fenstern in ihre Augen und traf dort auf das Bild der Menschen, die ihre Hände hoben und einfach umfielen, stumm, lautlos wie Stoffpuppen.

Die Leute in der Kirche, es waren vor allem Frauen, standen auf, um zu beten, Malka tat es ihnen nach. Sie bekreuzigte sich, wenn sich die anderen bekreuzigten, sie murmelte vor sich hin, wenn die anderen murmelten, kniete, wenn die anderen knieten, und sie senkte den Kopf, als der Priester die Gemeinde segnete.

Sie blieb sitzen und schaute den Leuten zu, die die Kirche verließen. Sie sahen so ruhig aus, Malka konnte es nicht verstehen. Nicht weit von hier passierte etwas Schlimmes, nicht weit von hier fielen Juden wie Stoffpuppen auf die Straße und diese Menschen hier waren ganz ruhig und lächelten sogar vor sich hin. Eine alte Frau mit einem blauen Kopftuch musterte sie lange, Malka zog sich unter ihrem Blick zusammen und machte sich klein, doch dann ging die Frau zum Glück weiter und Malka entspannte sich. Bis die Frau sich plötzlich neben sie schob und ihre Hand nahm. Offenbar war sie zurückgekommen, ohne dass Malka es bemerkt hatte.

»Komm, Kleine«, sagte sie leise, wie es in einer Kirche üblich war. »Komm mit zu mir, ich habe etwas zu essen für dich.«

Malka schaute sie an. Die Frau war alt, sie hatte ein freundliches Gesicht mit freundlichen grauen Augen, soweit sie das sehen konnte, und auch ihre Stimme klang freundlich. Malka stand auf. Sie hatte keine Wahl, hier in der Kirche konnte sie ja nicht ewig bleiben.

Nach knapp sechs Jahren Krieg musste Deutschland am 8. Mai 1945 bedingungslos kapitulieren. Dem totalen Krieg folgte der totale Zusammenbruch. Die Deutschen standen vor einem riesigen Trümmerhaufen. Nicht nur die Städte lagen in Schutt und Asche, auch Überzeugungen, Wünsche, Hoffnungen und Träume waren zerbrochen – und mit ihnen viele Menschen.

Im Osten Deutschlands hatten sie große Angst vor den sowjetischen Soldaten. Millionen verließen ihre Heimat und flohen in Richtung Westen.

Willi Fährmann
Das Jahr der Wölfe

Nun aber fort«, drängte der Unteroffizier und deutete mit dem Daumen in die Richtung zweier Einschläge, die keine fünfhundert Meter weit liegen mochten.

»Fertig?«, brachte Vater unter Keuchen und Husten hervor.

»Ja, Vater, fertig.«

»Geh du auf den Bock, Junge«, bat er Konrad und kletterte selbst unter die Plane.

Konrad fuhr an. In den Wagenspuren auf dem Weg stand das Schmelzwasser.

»Fahrt schnell, Leute, dass ihr noch herauskommt aus dem Hexenkessel«, rief der Unteroffizier ihnen nach.

Der Junge achtete scharf auf den Weg.

Nur halb lauschte er auf die Stimmen im Wagen. Doch Vaters Worte drangen deutlich zu ihm.

»Die Russen stehen noch jenseits des Flusses. Das Dorf lag wie tot. Die Hühner hatten inzwischen vierzehn Eier gelegt. Ich habe sie in das Mehl gesteckt, das im Rucksack ist. Gerade hatte ich den Sack verschnürt und auf das Rad gebunden, da wurde es taghell. Leuchtkugeln gingen am Fluss hoch, rote und weiße. Es war wie beim Feuerwerk auf dem Martinsmarkt vor dem Krieg. Dann begann die Artillerie von drüben aus allen Rohren zu schießen. Über das Dorf hinweg pfiffen die Geschosse. Sie sperrten mir den Rückweg mit einem dichten Vorhang aus Eisen, Feuer und berstendem Holz. Ich konnte nicht daran denken aufzubrechen. So ging es länger als eine Stunde. Dann war es mit einem Mal totenstill. Ich schwang mich aufs Rad. Doch war ich noch nicht am Gutshof vorbei, da ging es wieder los.«

»Ist Janosch noch dort?«, fragte Albert.

»Ja. Er lässt euch allen einen Gruß ausrichten, besonders dir, Konrad, hörst du?«

»Ja, ich höre.«

»Er sagte, du solltest das häufig gebrauchen, was er dir schenkte.«

»Was hat er dir gegeben?«, rief Albert.

»Schweigt, Kinder, lasst Vater erzählen«, fiel die Mutter ihnen ins Wort.

»Es dauerte wieder eine Stunde. Dann brach ich auf. Im Wald biss mir der Pulverqualm in die Nase. Viermal musste ich absteigen und mit dem Rad auf der Schulter über Stämme steigen, die von der Gewalt der Geschosse zerfetzt und geknickt worden waren. Der Wind stand mir vor der Brust und der Schneeregen machte das Fahren schwer. Aber jetzt bin ich bei euch.«

»Nicht mehr fortgehen, Vater«, klang das Stimmchen von Franz.

»Nein, Kinder. Jetzt bleibe ich bei euch«, versprach er.

»Wie war es in Eschenwalde?«

»Tante Elisabeth und Hubertus waren fort. Das Haus stand verschlossen.«

Sie erreichten die Landstraße. Einzelne Wagen fuhren nach Norden, meist zu dritt oder viert hintereinander. Dazwischen lagen große Lücken. Der Haupttreck war fortgezogen. Konrad trieb Lotter zu einem kurzen Trab. Das Pferd ließ sich an diesem kalten Morgen nicht lange dazu auffordern. So hatten sie bald eine Wagengruppe erreicht. Vor ihnen fuhr eine leichte Kutsche. Sie sah sonderbar aus, weil außen allerlei Gerät angebunden war, Kochtöpfe und Eimer, Körbe und sogar Gartenwerkzeug, ein Spaten und eine Harke. Hoch auf dem Bock saß eine Frau, breit und dick. Sie war bis an die Ohren in einen Schafpelz eingehüllt.

»Ob wir da durchkommen?«, rief sie statt eines Grußes.

»Wir müssen uns sputen«, antwortete Konrad.

Sie nickte.

»Ich bin allein«, fuhr sie nach einer Weile fort. »Das ist das Beste auf der Flucht. Allein schafft man es eher.«

Konrad schwieg und dachte bei sich, dass er nicht gern allein sein möchte, gerade jetzt nicht. Große Flocken fielen weich in das Gesicht des Jungen. Er spürte, wie sie hafteten, zu kleinen Tropfen schmolzen und die Wangen hinunterrannen.

»Wir sind zu sechsen«, rief er auf einmal. »Und das ist schön.«

Die beiden nächsten Tage schleppten sich dahin. Immer noch mussten sie Pausen einlegen. Mutter hatte Schmerzen. Manchmal hielt sie sich mit beiden Händen den Leib, als ob sie das Kind fassen wollte, das sich bei dem Holpern des Wagens stark bewegte.

»Den fünften Tag sind wir bereits unterwegs«, sagte Konrad. »Unser Dorf liegt schon weit weg.«

»Wohin fahren wir?«, fragte Albert.

Aber darauf gab es keine Antwort. Vater hätte sagen können nach Nordwesten. Aber das stimmte eine Stunde später nicht mehr. Denn da stand ein Soldat mitten auf der Kreuzung und hatte sein Auto quer hinter sich gestellt. Er wies die Wagen auf die Straße nach Nordosten, die Straße zum Haff hinein.

»Warum stehst du da?«, fragte ihn die dicke Frau auf dem Kutschbock.

»Die Russen sind durch. Sie können die Straße einsehen und schießen auf alles, was sich bewegt.«

Die Frau fluchte. »Was sollen wir am verdammten Haff? Es ist zugefroren und meine Kutsche ist kein Segelschiff.«

Sie hielten am Spätnachmittag wenige Kilometer vor dem Haff. Der Vater lenkte Lotter zu einer Scheune, die geduckt in einer Senke stand. Drei Wagen standen bereits davor. Konrad band Lotter neben die anderen Pferde und schnallte ihm den Futtersack um.

Lärm schlug ihnen entgegen, als sie die Scheune betraten. In einer zugigen Ecke fanden sie Platz.

»Braunsberg brennt«, sagte Vater, der noch einmal nach Lotter gesehen hatte.

Sie traten hinaus. Der Himmel glühte dunkelrot und der feurige Schein drängte sich bis unter die niedrig hängenden Wolken.

Braunsberg! Das war für Konrad ein Traumwort. Einmal hatte Vater Hedwig und ihn mitgenommen. Sie waren über den Markt gelaufen. Da hielten die Kinder die Hände des Vaters fest und zerrten ihn von Stand zu Stand, lauschten dem Gekeife der Fischweiber und den Anpreisungen der Marktschreier.

Konrad erinnerte sich genau an eine massige Frau hinter Bergen von blutigem Fleisch, die immerzu rief: »Herrliche Waren, blütenfrisch!«

»Eine riesengroße Stadt!«, hatte Konrad zu Vater gesagt. Doch der hatte nur gelacht und gemeint, Königsberg sei viel, viel größer.

»Brennt der Dom auch?«, fragte Albert.

»Das ist ein Höllenfeuer«, antwortete ein Bauer aus Neidenburg. »Das brennt alles nieder.«

Es wurde eine laute Nacht. Ein Säugling schrie lange, wütend erst und, als sich niemand um ihn kümmerte, jammernd und leise. Später begannen die Hunde vor der Scheune zu jaulen und wollten sich nicht zufrieden geben. Endlich trat ein Bauer hinaus und verprügelte sie, bis sie winselten. Und Bienmann hustete. Manchmal wachte Konrad halb auf und sah Vaters Schatten: gebückt saß er, vom Anfall zusammengezogen und geschüttelt. Die weite Fahrt mit dem Rad hatte ihm sehr zugesetzt. Er fieberte.

Gegen fünf Uhr brachen sie leise auf. Das Tauwetter war in der Nacht stärker geworden. Große Lachen blinkten auf den Wegen. Als sie die Küstenstraße erreicht hatten, sahen sie die ersten Wagen. »Da ist ja die Kutsche wieder!«, rief Konrad. Schnell trabte das leichte Gefährt vor ihnen her.

»Guten Morgen!«, wünschte er laut.

Die dicke Frau drehte sich mürrisch um. »Na, seid ihr auch schon aus den Federn?«

»Schon lange.«

»Vier Kinder und auf der Flucht«, hörte Konrad sie vor sich hin schimpfen.

An der Kreuzung gab es eine Stockung. Dann war auch Bienmanns Wagen in die Kolonne eingekeilt.

»Warum geht es nicht weiter?«, schrie die dicke Frau.

Vater lief nach vorn, um zu sehen, was es gab. Bald schon war er zurück. Er war blasser als sonst. Seine Lippen hielt er zusammengepresst und die Muskelstränge an seinen Backen lagen kantig unter der Haut.

»Zu spät«, sagte er leise. Mit einem Mal schien er sehr müde zu sein.

Er stützte sich auf Lotters Rücken.

»Was hast du, Johannes?«

»Die Wagen kommen die Küstenstraße zurück. Sie liegt unter starkem Beschuss.«

»Also eingeschlossen«, flüsterte die Mutter und legte einen Augenblick die Hand vor die Augen.

Zurück nach Leschinen?, dachte Konrad.

Doch vorläufig versperrten Karren und Kutschen, Wagen und Pferde den Weg in jede Richtung. Eine Frau trat heran.

»Nur keine Angst, Bauer«, sprach sie Vater an. »Gleich wird es weitergehen. Wir fahren über das Haff.«

»Übers Eis?«, stieß Vater hervor.

»Warum nicht? Die Ersten haben schon gestern den Weg gemacht.«

Vater hob eine Hand voll Schnee vom Straßenrand. Er war pappig und klebte. Das Wasser tropfte heraus.

»Ach, Bauer«, lachte die Frau, »du wirst mit deinem leichten Einspänner schon durchkommen.«

»Das Eis auf dem Haff ist nicht dick«, sagte Vater.

»Stimmt, Bauer, stimmt. Aber willst du hier stecken bleiben und verrecken? Sicher, manche sind eingesunken. Ohne Geschrei, Bauer, ganz schnell. Erst die Hinterräder, weißt du, dann sachte die Räder vorn. Schließlich zog die Last die Pferde nach. Andere waren Zielscheiben für russische Tiefflieger. Umgestürzt, erschossen, ertrunken. Aber viele sind durchgekommen, Bauer. Raus aus dem Kessel.«

Sie trat näher an den Wagen heran und fuhr leiser fort: »Es sollen in Danzig Schiffe abfahren nach Kiel. Sieh nur, Bauer, dass du sie noch erreichst.«

Unvermittelt brach sie ab, wendete sich weg und patschte mit ihren dünnen Beinen durch den Schlamm.

Sie schien sich nichts zusammengereimt zu haben. Die Kolonne kam in Bewegung, fuhr zehn oder zwölf Meter und stockte wieder, ruckte, musste noch einmal anhalten. An der Kreuzung standen Pioniere, die abwechselnd zwei Wagen von der Küstenstraße einbiegen ließen und einen vom Land her zum Haff einwiesen.

»He, du!«, schrie die dicke Frau auf dem Kutschbock. »Ist das gerecht? Einen von hier und einen von dort. So muss es gehen.«

Der Soldat kümmerte sich nicht um sie.

»Ich werde es dir gleich zeigen, du! Wir wollen auch auf das Haff!«

»Ruhe, Frau. Die Straße liegt unter Beschuss. Sollen die Leute darauf warten müssen, bis sie abgeschossen werden?« Inzwischen war dem Wagen vor der Kutsche die Fahrt freigegeben worden. Von der Küstenstraße bog ein schwer beladener Zweispänner ein. »Und dann bin ich an der Reihe«, schrie die Frau und trieb das Gespann an.

»Zurück!« Der Soldat griff in die Zügel. Vom Straßenrand liefen drei, vier zur Hilfe herbei.

»Macht euch fort!«

Die Frau stand breitbeinig, hielt in der linken Hand die Zügel und griff nach der Peitsche. Feurige Röte bedeckte ihr Gesicht bis zum Hals hin.

»Keinen Unsinn, Frau!«, mahnte ein besonnener, älterer Gefreiter.

»Unsinn?« Sie schäumte.

Die Soldaten drängten ihre Pferde zurück. Da schwang sie die Peitsche. Die Lederschnur traf den Gefreiten und schnitt ihm einen roten Striemen über das Gesicht. Dann schlug sie auf die Pferde ein. Die geängstigten Tiere versuchten, sich zu bäumen. Ihre Hufe blitzten auf, die Ohren pressten sie an die Köpfe.

Der Wagen rollte an den Rand der Kreuzung zur Straße hin, die ostwärts führte. Sie schlug wieder und wieder, rasend, außer sich, auf Pferde und Menschen. Da griffen die Soldaten in die Räder. Sie hoben den Wagen an und stürzten das leichte Gefährt in den Graben. Die Pferde schleiften ihn viele Meter. Die Räder drehten sich in der Luft.

»Weiter!«, rief der Pionier.

Da schnalzte Vater mit der Zunge. Die Kinder verkrochen sich verängstigt in den Wagen und rückten eng zur Mutter. Plötzlich spürten sie die Kälte. So sahen sie die Toten nicht, die am Straßenrand lagen. Kinder zumeist. Erfroren. In der Nacht erfroren. Klein und spitz waren ihre Gesichter. Der Vater saß steif auf dem Bock und starrte nach vorn.

Sie erreichten die niedrigen Häuser eines Fischerdorfes. Die Küste war nicht mehr weit.

Da sang plötzlich ein heißer Ton in der Luft und erstickte die Rufe von Wagen zu Wagen.

»Tiefflieger!«, gellte eine Frauenstimme.

»Raus!«, schrie Vater in den Wagen hinein. »In das Haus!« Konrad war mit einem Satz vom Wagen und half Franz. Hedwig kletterte heraus. Sie reichte Mutter die Hand. Da brausten sie heran. Schattenvögel mit riesigen Schwingen. Heulen und Dröhnen erfüllten die Luft. Dazwischen das harte, abgehackte Hämmern der Schnellfeuerkanonen. Konrad jagte in den Schutz des Hausflurs, zerrte Franz hinter sich her, warf sich zu Boden und zog den Bruder herab. Hedwig und Albert eilten hinzu. Beschwerlich kletterte Mutter vom hohen Wagen. Vater sprang ihr zu Hilfe. Da spritzte vor ihm der Schlamm auf, kleine Doppelreihen todbringender Einschläge. Nicht größer, als wenn Konrad kleine Steinchen in den Schlamm geworfen hätte.

Einen Augenblick donnerten die Motoren dicht über sie hinweg und übertönten die Abschüsse. Konrad sah die rotblauen Flämmchen an den Mündungen aufzucken, bevor er den Kopf in die Arme barg und sich mit den Handballen die Ohren hielt.

Vorsichtig schaute er nach einer Weile auf. In der Ferne klang das Geräusch der Flugzeuge wie das wütende Brummen einer Hummel. Dann verklang ihr Mordgeräusch.

Konrad raffte sich auf. Er zitterte. Mutter eilte von Vater weg. Konrad blickte ihr nach.

Da lag ein Junge ausgestreckt im Schlamm der Straße. Weit hatte er die Arme gebreitet, als ob er die Erde noch einmal fassen wollte. Noch bevor sie ihn erreichte, stürzte eine andere Frau neben ihm in die Knie, ohne auf den Morast der Straße zu achten. Sie hob den Knaben in ihren Schoß und wischte ihm den Schmutz aus dem Gesicht. Schlaff hing der Arm herunter und die Hand bewegte sich ohne Kraft, leblos. Hellrot lief das Blut den Ärmel entlang, sickerte in den Schmutz der Straße und vermischte sich mit dem schmutzigen, braunen Schneewasser.

Vorn zogen die Wagen an. Eine alte gebeugte Frau trat zu der Jüngeren in der Straßenmitte.

»Lasst die Toten ihre Toten begraben, Frau«, sagte sie mit harter, rissiger Stimme.

Wortlos ließ die junge Frau es zu, dass sie ihr das Kind vom Schoß nahm, es wie eine kostbare Last auf ausgestreckten Armen zum Rand der Straße trug und in den schweren Schnee bettete. Sie faltete dem Jungen die Hände, verweilte bei ihm und trat wieder zu der Frau, die immer noch zusammengesunken kniete und auf den schwärzlich roten Fleck auf der Straße starrte. Sie ließ sich von der Alten zu ihrem Wagen führen, schwankend, den Kopf tief gesenkt. Lotter zog an. Mutter saß stumm und strich Hedwig fortwährend durchs Haar.

Schon gelangten sie an die letzten Häuser, da lief ein Mann ihnen entgegen. Als er näher herankam, erkannte Vater den alten Schmidthaus aus Klein-Jerutten.

»He, Schmidthaus, das ist die falsche Richtung«, rief er.

Der Greis trat heran. »Lasst euch warnen, Bienmann. Sie haben am Ufer eine lange Kette gebildet und halten jeden Mann fest, ganz gleich, ob alt, ob jung.«

»Fieber hat er«, sagte Mutter ängstlich.

»Ich habe ja meinen Schein«, versuchte Vater sie zu beruhigen.

»Den werfen sie dir in den Dreck.« Der Alte lief weiter.

»Agnes, komm auf den Bock.«

Die Mutter kletterte neben Vater.

»Ich will vorlaufen und nachsehen, was am Ufer los ist.«

Er drückte Mutter die Zügel in die Hände, griff unter dem Sitz nach dem Eimer und lief davon.

Was mag er mit dem Eimer wollen?, dachte Mutter.

Schließlich ging es weiter. Hinter der letzten Düne breitete sich die ebene Fläche des Haffs, grau, endlos. Wie eine Perlenschnur zog sich die Wagenreihe in großem Bogen darüber hin, eine Kette ohne Ende. In der Ferne verschwand der Treck wie ein dünner, weicher Bleistiftstrich.

»Konrad«, rief Mutter. »Komm zu mir und schau nach Vater aus.«

Konrad stellte sich neben sie. Doch nirgendwo konnte er Vater sehen. Wagen, Soldaten, Flüchtlinge, einige Autos.

»Siehst du ihn?«

»Nein, Mutter.«

Noch fünf Wagen vor ihnen, dann waren sie auf dem Eis. Die Soldaten durchsuchten jeden Wagen. Dort holten sie einen Jungen heraus, kaum einen Kopf größer als Konrad.

»Er ist mein Neffe!«, schrie die Frau. »Gerade erst fünfzehn ist er. Lasst ihn mitziehen.«

»Er bleibt!«, antwortete ein Offizier. »Du willst doch deine Heimat verteidigen, nicht wahr?«, fragte er laut den Jungen.

Der nickte stumm und blass.

»Verteidigen?«, schrie die Frau. »Mit Kindern wollt ihr verteidigen?«

»Sei still, Tante«, bat der Junge leise.

»Los, weiter!«, drängte der Offizier und gab den Soldaten einen Wink. Mit einem Lederriemen klatschte er dem Pferd auf den Rücken. Es warf den Kopf hoch und trabte aufs Haff. Die Eisdecke zitterte.

»Siehst du Vater?« Angstvoll klang die Stimme der Mutter.

»Nein, nirgendwo.«

Noch drei Wagen. Auch der Greis auf dem Bock vor ihnen musste bleiben. Er war älter als siebzig. Still blickte er seiner Frau in die Augen und gab ihr die Zügel.

»Wir sehen uns bald wieder, Katharina«, sagte er und deutete nach oben.

»Komm, Alter, predigen kannst du später«, unterbrach ihn ein junger Soldat rau.

»Sieh nach Vater«, bat die Mutter.

Der Soldat trat heran. »Na, keinen Mann an Bord?«

»Nein«, sagte die Mutter fest.

»Lasst mich mal unter die Plane sehen.«

Er griff nach dem Verdeck.

»Finger weg!«, zischte die Mutter.

Der Soldat kuschte. Sie schlug selbst die Plane zurück.

Franz kniff, vom hellen Licht geblendet, die Augen zusammen.

»Schon gut«, knurrte der Soldat und gab den Weg frei.

Der Wagen rumpelte über die Bretterrampe auf das Eis.

»Wo ist Vater?«, hauchte die Mutter.

Konrad kamen die Tränen. »Ich kann ihn nicht sehen, Mutter, nirgends kann ich ihn sehen.«

Peter Härtling
Nenn mich Krücke

Auf einmal war der Einbeinige vor ihm. Wie aus dem Boden gewachsen. Thomas folgte ihm, er konnte gar nicht anders. Der hüpfende, hastende Mann, der zwischen zwei Krücken hing, zog ihn wie ein Zauberer hinter sich her.

Er war gekleidet wie einer vom Zirkus. Genau genommen sah er verboten aus. Auf dem Kopf trug er eine zu kleine Schirmmütze. Die blaue Jacke hatte bestimmt einmal zu einem vornehmen Anzug gehört. Nur war sie dem Einbeinigen viel zu groß. Sie hing an ihm wie ein zu weiter Mantel. Die Uniformhose erinnerte daran, dass er Soldat gewesen war und es wohl nie mehr sein würde. Das linke Hosenbein war auf Kniehöhe abgeschnitten und franste aus. Ein großer Stoffbeutel, den er sich umgehängt hatte, schwang bei jedem Krückenschritt mit. Er war dick gefüllt.

Der muss einer von denen sein, dachte Thomas, die hamstern können, die wissen, wo es was gibt, Pferdewurst oder frisches Brot. Solchen Kerlen war er öfter begegnet. Meistens waren sie Einzelgänger, legten Wert darauf, für sich zu bleiben.

Vielleicht, ging es ihm durch den Kopf, vielleicht ist der anders.

Unversehens verschwand der Einbeinige, zwischen seinen Krücken schwingend, in einer Ruine. Thomas blieb erschrocken stehen. Womöglich hatte der Mann ihn bemerkt und wollte ihn nur loswerden. Dann entdeckte er in der Ferne, in einer Staubwolke, einen Jeep. Wahrscheinlich eine russische Streife. Und wusste, weswegen sich der Mann verkrümelt hatte.

Er tat es ihm nach, kletterte über eine bröckelnde Mauer, ging in die Hocke, presste sich gegen den warmen Stein und wartete ab, bis sich der Motorenlärm entfernte.

Als es wieder still war, richtete er sich auf, lugte über die Mauer hinweg – der Einbeinige war bereits wieder unterwegs.

Thomas hielt einen größeren Abstand als zuvor. Auf keinen Fall wollte er vorzeitig entdeckt und von dem Mann verscheucht werden. Es interessierte ihn, wohin es ihn so zielstrebig zog.

Die Sonne begann zu stechen und es fiel ihm ein, wie er in dem Zug, den er Wagen für Wagen nach Mutter absuchte, gefroren hatte. Das war lange her.

Sie liefen nun durch Straßen, die von Bomben verschont geblieben waren. Menschen waren unterwegs. Eine Straßenbahn klingelte, trieb ihn zur Seite. Und dann endete die Stadt. Die Häuser wurden niedriger, schäbiger, lösten sich voneinander, standen nicht mehr eng in einer Zeile. Der Himmel weitete sich und Thomas hatte das Gefühl, er atme leichter.

Vor ihm breitete sich eine merkwürdige Landschaft aus, eine Steppe, in der sich wie auf Inseln Bäume zusammendrängten, struppige Büsche vergeblich versuchten, sich zu Hecken zu vereinen, vereinzelt Häuschen oder Hütten standen. In dieser Steppe gab es Leben. Wo immer sich Menschen bewegten, zu Fuß, mit dem Fahrrad oder mit einem Leiterwagen, wirbelten Staubwölkchen auf. Sie wanderten, trieben auseinander, sammelten sich von neuem.

Der Einbeinige sang. Thomas verstand kein Wort, aber es musste ein vergnügtes Lied sein.

Sie liefen in die Weite hinein. Nach einer Weile schwang sich der Mann über einen schmalen Graben, hüpfte auf einen räderlosen, aufgebockten Bauwagen zu, öffnete dort eine Tür und verschwand.

Unentschlossen setzte sich Thomas auf einen Feldstein vor dem Graben. Es war ihm klar, dass er eine Grenze markierte, die er nicht ohne Erlaubnis überschreiten durfte.

Er wartete.

Der Mann machte sich im Wagen zu schaffen, öffnete den Laden der Fensterluke. – Plötzlich stand er in der Tür und schaute zu Thomas hinüber.

Thomas richtete sich auf. Er schaffte es, den Blick des Einbeinigen auszuhalten. Der Mann hatte den komischen Jackenmantel ausgezogen, auch das Hemd, wenn er überhaupt eines darunter anhatte. Das zerrissene Unterhemd hing um einen ausgemergelten Brustkorb.

Hau ab, sagte der Mann, ohne dass sich seine dünnen Lippen bewegten.

Thomas rührte sich nicht und schaute dem Mann in die Augen. Es waren tief in den Höhlen liegende braune Augen.

Hau ab, wiederholte der Mann und hob drohend die eine Krücke. Mach 'ne Mücke.

Was, fragte Thomas, was soll ich machen?

'ne Mücke, wiederholte der Mann. Wenn du es so besser verstehst: Verkrümele dich, verpiss dich, zieh Leine! Ist das klar?

Klar war ihm das schon. Aber er hatte keine Lust, wieder alleine herumzustreunen. Jeden Abend von Angst gebeutelt zu werden, keinen Unterschlupf zu finden, um ein Stück Brot, ein paar Löffel Suppe betteln zu müssen. Das reichte ihm. Er hatte auch den Eindruck, dass es der Einbeinige nicht so ernst meinte.

Thomas setzte sich wieder auf den Stein. Er ließ sein Gegenüber nicht aus den Augen, blieb auf dem Sprung.

Der Mann lehnte sich locker gegen den Türrahmen, griff in die Hosentasche, fischte Tabak und einen Fetzen Papier heraus, begann sich eine Zigarette zu drehen. Mutter hatte das wutzeln genannt. Das Wort hatte ihm damals gefallen.

Soll ich dir Beine machen?, fragte der Mann. Mit der Zungenspitze fuhr er über den Papierrand und drückte die Zigarette zusammen. Er hatte mehr sich gefragt als Thomas.

Thomas entspannte sich. So wie es aussah, hatte er beinahe gewonnen. Nun musste er nur noch abwarten und jedes falsche Wort vermeiden.

Der Mann sah über ihn hinweg, als beobachte er in der Ferne irgendeine Bewegung. In seinem schmalen, knochigen Gesicht saßen die Schatten wie Wundmale.

Bist du allein?, fragte er, sog an der Zigarette und blies den Rauch aus der Nase.

Gleich kommt es ihm aus den Ohren raus, dachte Thomas. Dann antwortete er: Ja.

Hast du keine Eltern?

Mein Vater ist gefallen. Bei Woronesch, fügte er hinzu. So hatte es in der Zeitungsanzeige gestanden: Gefallen bei Woronesch.

Der Mann blies diesmal den Rauch zwischen den Zähnen durch. Woronesch, das kenne ich. War ziemlich beschissen. Nichts als Schlamm. Und deine Mutter?

Sie war plötzlich weg, als wir in Kolin miteinander auf den Zug gewartet haben. Ich hab sie nicht mehr gefunden. Und Wanda auch nicht. Hier in Wien.

Wer ist Wanda?

Meine Tante. Bei der wollten wir uns treffen, wenn wir uns mal aus den Augen verlieren. Aber das Haus steht nicht mehr.

Ja, sagte der Mann. Da ist eine Menge verschwunden.

Er schien über alle die Menschen und Häuser, die verschwunden waren, nachzugrübeln.

Ich darf bloß nichts Blödes sagen, dachte Thomas erleichtert, dann geht nichts mehr schief. Bestimmt nicht.

Er beobachtete, wie der Einbeinige, den Rücken gegen den Türrahmen gepresst, langsam in die Hocke ging und sich setzte.

Wie heißt du?

Thomas, antwortete er. Thomas Schramm.

Wie alt bist du?

Im August werde ich dreizehn.

Also bald, stellte der Mann fest. Es gelang ihm, die Kippe so weit zu schnipsen, dass sie zischend in den Wassergraben fiel.

Hast du Angst?, fragte der Mann.

Ja.

Der Mann lachte, strich sich mit der Hand über das heile Bein. Das war schon eine blöde Frage. Er sah Thomas wieder an. Seine Augen wurden eine Spur größer, trauriger, aber auch freundlicher.

Es hat keinen Sinn, dass wir uns belauern und bekriegen, was? Wir sind beide arm wie die Kirchenmäuse, obwohl ich noch nie eine arme Kirchenmaus gesehen habe. Das kommt davon, dass ich selten in Kirchen gehe.

Der Mann forderte ihn auf, über den Graben zu springen, doch da war Thomas schon drüber. Denn noch immer konnte der alles zurücknehmen. Dem wollte er zuvorkommen. Der Mann kniff die Augen zusammen, ließ ihn an sich vorbei, sagte: Geh mal rein in diese Villa. Auf dem Tisch liegt mein Sammel- und Vorratsbeutel. Pack das Brot aus, die Pferdewurst, hol aus dem Karton neben dem Öfchen Messer und Teller und deck uns den Tisch.

Thomas ließ sich das nicht zweimal sagen. Er erledigte alles ungeheuer schnell.

Fertig?, rief der Mann.

Klar, antwortete Thomas.

In dem Bauwagen gab es erstaunlich viel Platz. Alles Notwendige war vorhanden. Ein Tisch, zwei Stühle, ein Regal aus gestapelten Obstkisten, die mit Wäsche und Hemden vollgestopft waren.

In einer Ecke lag ein Strohsack, auf dem der Einbeinige wohl schlief.

Hilf mir den Tisch hinaustragen, forderte der Mann ihn auf. Hier drinnen ist es zu stickig. Und die Stühle bring nach.

Sie saßen sich gegenüber. Der Mann schnitt die Wurst, das Brot, legte das Messer ab und sagte: Es ist besser, wir reden beim Essen nicht. Wir genießen jeden Bissen. Aber sobald wir fertig sind, muss ich dir was sagen.

Und das tat er dann auch: Ich muss dir was sagen. Du stinkst. Du stinkst wie ein Geißbock, wie eine Tonne Jauche, wie ein Biber. Du stinkst, Junge, nach Dreck, nach Schweiß, nach Kohlenfeuer, nach Kellerschimmel. Wann, frage ich dich, hast du zum letzten Mal deine Sachen ausgezogen und gewaschen?

Ich weiß nicht.

Er konnte sich tatsächlich nicht mehr erinnern, wann er sich richtig gewaschen hatte. Sicher, das Gesicht und die Hände schon, wenn sich die Gelegenheit ergab, an kleinen Waschbecken in Hausgängen oder an Regentonnen.

Pass auf, sagte der Mann. Hinter unserer Villa gibt es eine Wasserpumpe. Und auf dem Öfchen steht ein Topf, den füllst du, doch nur dreiviertel voll, sonst kracht der Ofen zusammen. Dann machst du mit Papier und Holz ein Feuer und sobald das Wasser heiß ist, wäschst du dich. Deine Klamotten ziehst du aus und hängst sie hinten auf die Leine. Deine Unterhose solltest du am Ende auswaschen. Schmierseife gibt's auch. Also los. Ich räume inzwischen ab.

Bei jedem anderen hätte Thomas aufbegehrt. Bei dem nicht. Den fand er in Ordnung. Und das mit dem Geruch war ihm selber schon aufgefallen.

Der Einbeinige achtete nicht auf ihn, als er das Wasser holte, den Topf auf den Ofen stellte und sich auszog. Er schämte sich ein bisschen, als er die Schmutzstreifen auf dem Bauch und an den Beinen entdeckte und die bis zu den Knöcheln schwarzen Füße.

Das heiße Wasser tat ungeheuer wohl. Die Seife duftete. Der leichte Zug, der durchs Fenster wehte, trocknete seine Haut.

Er seifte sich ein und spülte sich ab, rieb seine Haut, konnte gar nicht genug davon bekommen. Bis der Mann ihn mahnte, genügend Wasser für die Unterhose übrig zu lassen.

Du kannst dir ein Hemd aus der Kiste nehmen. Wahrscheinlich geht es dir bis zu den Waden. Ich werde mich an deinen Anblick gewöhnen.

Dann sprach der Mann bis zum Abend kein Wort mehr. Er saß wieder an der Tür, blickte hinaus in die Ebene, in der nun kaum mehr Staubwölkchen wanderten. Noch immer war es warm. Und obwohl die Sonne noch über dem Horizont stand, schwebte schon der Mond über ihnen. Eine dünne, bleiche Sichel.

Thomas, der sich ins Gras unter der Wäscheleine gelegt hatte, kämpfte mehr und mehr gegen die Müdigkeit. Schließlich sprang er auf, lief um den Wagen herum und fragte den Einbeinigen, ohne ihn anzusehen: Wo kann ich schlafen?

Drinnen auf dem Strohsack.

Aber das ist doch Ihr Bett.

Solange wir nicht mehr zu futtern bekommen, passen wir beide drauf. Leg dich hin. Deck dich mit dem Mantel zu, der hinter der Tür hängt.

Danke, sagte Thomas, und weil die Gelegenheit günstig erschien, fragte er noch: Wie heißen Sie eigentlich?

Wie ich heiße? Der Mann grinste übers ganze Gesicht. Du kannst ruhig du zu mir sagen. Und nenn mich Krücke, so heiße ich nämlich seit zwei Jahren. Jetzt geh in die Falle und lass mich in Ruhe. Er begann sich eine Zigarette zu drehen. Ich bin schon eine Ewigkeit nicht mehr so viel gefragt worden. Gute Nacht.

Gute Nacht, sagte Thomas. Er schaffte kaum mehr die wenigen Schritte bis zum Strohsack. Bevor der Schlaf ihn mitriss, hatte er nur noch ein Wort im Kopf. Er sagte es vor sich hin und es machte ihn ruhig und furchtlos: Krücke.

Nach der bedingungslosen Kapitulation gab es Deutschland als Staat nicht mehr. Es wurde in vier Besatzungszonen aufgeteilt und von den Siegermächten regiert. Während die darüber entschieden, wie es politisch weitergehen sollte, räumten Frauen, Kinder und Männer die Trümmer weg und richteten sich ein, so gut es ging. Von allem gab es zu wenig und das Wenige musste noch mit den vielen Flüchtlingen und Vertriebenen geteilt werden.

Paul Maar
Kartoffelkäferzeiten

Die Küche ist das Herz des Hauses. Alle Wege, Beschäftigungen und Besorgungen enden früher oder später in der Küche. Hier ist es warm, hier wird das Essen vorbereitet und gekocht, ohne Küche kann ein Haus nicht leben. Wer hier das Sagen hat, regiert bald den ganzen Haushalt.

Vom Tag des Einzugs an saß Oma Elsbeth jetzt auf *ihrem* Stuhl zwischen Tisch und Küchenschrank, vom Frühstück bis zum gemeinsamen Abendbrot, das man Oma Elsbeth zuliebe nicht mehr im Nebenzimmer einnahm, sondern am Küchentisch. Dazu wurden vier Stühle aus dem Nebenzimmer geholt, an den Küchentisch gestellt und nach dem Essen wieder hinübergetragen. Nur Oma Elsbeths Stuhl blieb unverrückbar an seinem Platz.

Anfangs stand er den anderen nur zu oft im Weg. Früher hätten sie ihn in solchen Fällen einfach beiseite gerückt. Nun war das nicht mehr möglich. Oma Elsbeth saß ja darauf.

»Oma Elsbeth, kannst du bitte mal kurz aufstehn, ich will die Schüssel in den Schrank stellen«, bat etwa Johanna nach dem Geschirrspülen.

Aber Oma Elsbeth dachte nicht daran.

»Warum musst du die Schüssel da unten in den Schrank stellen?«, fragte sie. »Das ist doch unpraktisch.«

»Die Schüsseln stehen schon immer rechts unten im Schrank«, sagte Johanna.

»Dann wird es Zeit, dass wir das ändern«, sagte Oma Elsbeth und blieb ungerührt sitzen. »Schüsseln stellt man oben in den Schrank, dann muss man sich nicht ständig nach ihnen bücken, denn Schüsseln braucht man täglich. Nach unten stellt man die Dinge, die man selten benötigt.«

Das klang einleuchtend und so stellte Johanna die Schüssel links oben in den Schrank, zwischen die Eierbecher und die Mokkatassen. Als aber kurz darauf Oma Mariechen die Kaffeemühle aus dem linken Schrank holte und dabei die Schüssel im obersten Fach entdeckte, schimpfte sie mit Johanna, nahm die Schüssel heraus und stellte sie zu den anderen ins rechte untere Fach. Das war nicht einfach, denn Oma Elsbeth weigerte sich starrköpfig aufzustehen, verwies auf ihr steifes Bein und rückte gerade so weit zur Seite, dass Oma Mariechen die Tür halb öffnen und die Schüssel durch den schmalen Spalt schieben konnte.

Schon nach wenigen Tagen nahm die Familie Oma Elsbeths ständige Gegenwart zwischen Tisch und Schrank wie ein Naturereignis hin, in das man sich schicken muss wie in ein Gewitter oder einen plötzlichen Kälteeinbruch. Die Schüsseln und Saucieren wurden wirklich in den linken oberen Schrank geräumt und im rechten unteren Fach die Sachen verwahrt, die nur selten jemand benutzte, wie etwa die Ausstechformen für die Weihnachtsplätzchen oder kleine Tüten mit Ostereierfarben.

Niemand konnte Oma Elsbeth ernsthaft böse sein. Sie war zwar dickschädelig und schaffte es immer wieder, ihren Kopf durchzusetzen.

Andererseits zeigte sie aber viel guten Willen und half, wo

sie nur konnte. Sie schnitt Zwiebeln oder Kartoffeln, schöpfte vorsichtig den Rahm von der Milch oder entgrätete Heringe, die es als Sonderzuteilung auf dem Abschnitt F der Lebensmittelmarken gegeben hatte.

Am liebsten waren ihr die Arbeiten, die sie vor sich auf ihrer Schürze erledigen konnte, wie Kartoffeln schälen, Salat putzen oder Linsen verlesen. Dabei half ihr Johanna gern. Es war gemütlich, neben der Oma zu sitzen, dafür zu sorgen, dass der kleine Berg aus Kartoffelschalen in ihrer Schürze immer steiler in die Höhe wuchs, und die kleinen, bleichen Kartoffeln in die Schüssel mit kaltem Wasser plumpsen zu lassen.

Sonst hatte sie solche Arbeiten zusammen mit Oma Mariechen getan. Aber die zog sich immer mehr aus der Küche in die Gaststube zurück, sortierte dort die Wein- und Schnapsgläser und polierte die Deckel der Bierkrüge mit getrocknetem Zinnkraut.

Manchmal, wenn Oma Elsbeth gerade nichts zu tun hatte, weil es keine Arbeit gab, die sie sitzend verrichten konnte, dachte sie sich Verbesserungsvorschläge für den Haushalt aus.

Sie sagte: »Fanni, warum stehen eigentlich die Trinkgläser im linken Fach bei den Schüsseln und die Tassen bei den Suppentellern? Findet ihr das richtig? Das ist doch unpraktisch, ist euch das noch nie aufgefallen? Wir stellen jetzt alles, woraus man trinken kann, in ein Fach. Also die Gläser, die Tassen und die Becher. Und die Teller kommen zu den Schüsseln, dort gehören sie auch hin.«

Tante Fanni sagte vorsichtig: »Da müssen wir aber erst die Mama fragen, ich hol sie mal aus der Gaststube, ja?«

Oma Mariechen kam, wurde von dem Vorschlag unterrichtet und meinte brummig: »Die Tassen stehen jetzt schon vierundfünfzig Jahre im zweiten Fach von oben!«

»Vierundfünfzig Jahre?«, wiederholte Oma Elsbeth ungerührt. »Dann ist es höchste Zeit, dass hier mal was Neues eingeführt wird. Die ganze Küchenordnung ist einfach unmodern!«

Das Wort »modern« verwendete sie häufig, es war eines ihrer Lieblingswörter. Modern war bei ihr gleichbedeutend mit gut. Unmodern galt bei ihr als übles Schimpfwort.

Da Tante Fanni nicht unmodern sein wollte, fing sie auf der Stelle an, die Gläser und Tassen umzuräumen, während Oma Mariechen umgehend die Küche verließ, in den Schweinestall ging, das Tier fütterte und stundenlang mit ihm redete.

Ein paar Tage später gab Oma Elsbeth ein neues Kochrezept bekannt, nach dem in Zukunft die Kartoffelklöße anzurühren seien.

Oma Mariechen brauste gleich auf: »Was soll denn das schon wieder? Die Kartoffelklöße haben wir seit 1910 schon so gekocht!«

»Das ist es ja«, antwortete Oma Elsbeth. »Das Rezept ist von Grund auf veraltet. Schließlich schreiben wir das Jahr 1948, inzwischen hat man neue Erkenntnisse gewonnen. In Nürnberg haben wir das Salz immer erst ganz zuletzt in den Kartoffelteig gegeben, damit er kein Wasser zieht. Das ist wirklich besser. Glaub einer alten, erfahrenen Köchin!«

Johannas Mutter, die weder ihrer Mutter noch ihrer Schwiegermutter wehtun wollte, versuchte zu vermitteln und Oma Mariechen mit dem Vorschlag zu beruhigen, dass man das neue Rezept lediglich einmal ausprobieren wolle. Wenn sich herausstellte, dass es nicht deutlich besser sei, werde man natürlich sofort und ohne zu zögern zum alten zurückkehren.

Aber Oma Mariechen wollte sich nicht beruhigen lassen und ging in die Gaststube, wo sie Biergläser mit lautem, protestierendem Klirren abspülte. So heftig, dass sie zum ersten Mal in ihrem Leben ein Glas zerbrach.

Johanna rannte hinüber in die Gaststube, tröstete Oma Mariechen und half ihr, die Scherben einzusammeln. Danach blieb sie bei ihr und trocknete die Biergläser ab, obwohl Oma Mariechen ihr versicherte, das sei nicht nötig, sie würden auch von alleine trocken.

Oma Mariechen tat ihr Leid. Sie konnte gut verstehen, dass sie von Tag zu Tag schlechter gelaunt war.

Andererseits musste sich Oma Mariechen nicht wundern, dass Mama und Tante Fanni lieber mit der anderen Oma Kartoffeln schälten oder einen Kopf Wirsing putzten, wenn Oma Mariechen immer nur mit verkniffenem Gesicht und leise schimpfend in die Küche kam. Wenn sie ihr dann vorschlugen, doch lieber das Schwein zu füttern oder die Wäsche auf dem Dachboden abzunehmen, verfinsterte sich die Miene von Oma Mariechen noch mehr und sie knallte beim Hinausgehen mit der Küchentür.

Oma Elsbeth war einfach besser gelaunt, lachte rotbäckiger, sprach lauter und überzeugender, erzählte während der Arbeit Witze wie ein Mann und konnte stundenlang von der großen Welt im Allgemeinen und von der Großstadt Nürnberg im Besonderen berichten.

Vor allen Dingen hatte sie fest umrissene Vorstellungen davon, was bäurisch oder altmodisch und was schick oder modern war, von der Wohnungseinrichtung bis hin zur Kleidung. Auf das Äußere legte Oma Elsbeth allergrößten Wert.

Oma Mariechen besaß nur eine Sorte von Schürzen. Sie hatte sich vor Jahren sechzehn davon anfertigen lassen, alle waren gleich geschnitten, gleich groß, aus demselben grauweiß gestreiften Stoff.

Genauso verhielt es sich mit ihren Röcken. Sie waren alle gleich, alle schwarz. Obwohl sie ihre Schürze täglich und den Rock wöchentlich wechselte, sah es so aus, als trage sie jahraus, jahrein dieselbe Schürze über dem immer gleichen schwarzen Rock.

Oma Elsbeth besaß nicht mehr Röcke als Oma Mariechen

und eher weniger Schürzen. Aber alle hatten eine andere Farbe und unterschiedliche Muster.

Oma Elsbeth wechselte ihre Schürze nur jeden zweiten oder dritten Tag. Aber wenn sie mit einem neuen Blüten-, Schlangen- oder Karomuster in der Küchentür erschien, sagte Johannas Mutter bestimmt: »Eine hübsche Schürze hast du da an!« Oder Tante Fanni sagte: »Was ist das wieder für ein ausgefallenes Muster!«

Das hatten sie bei Oma Mariechen noch nie gesagt, wenn sie sich morgens vor dem Schweinefüttern eine frische Schürze umband.

Johanna fand das ungerecht. Und da sie an Oma Mariechens Schürzen mit dem besten Willen nichts Rühmenswertes finden konnte, lobte sie wenigstens ab und zu ihre Kopftücher.

Johanna musste sich erst daran gewöhnen, dass sie nun zwei Omas hatte, dass gleich zwei antworteten, wenn sie nur einfach »Oma!« rief.

Bei sich selbst nannte sie Oma Mariechen jetzt ihre »kleine Oma«, Oma Elsbeth aber, die eine große Frau war und aus Mangel an Bewegung immer fülliger wurde, hieß bei ihr die »große Oma«.

Den ersten heftigen Streit zwischen der großen und der kleinen Oma gab es nach drei Wochen, an einem Samstag kurz vor dem Frühstück. Die große Oma saß auf ihrem Stuhl zwischen Schrank und Tisch und schnitt Kartoffelwürfel für die morgendlichen Milchkartoffeln. Das war eine Neuerung, die sie vor einer Woche eingeführt hatte. Würfel werden nämlich schneller weich als Scheiben.

Tante Fanni holte gerade die Stühle aus dem Nebenzimmer, Johanna mahlte mit ihrer Mutter geröstete Gerste in der Kaffeemühle. Sie drehte oben die Kurbel, während ihre Mutter die Mühle festhielt.

Johanna freute sich heute ganz besonders aufs gemütliche

Frühstück mit der Familie, denn sie hatte schulfrei. Hauptlehrer Schopper war erkältet und litt an Ohrenschmerzen.

Die kleine Oma kam vom Schweinefüttern herein, stellte den Eimer an seinen Platz neben dem Herd und wärmte sich die Hände über der Ofenplatte. »Ganz schön frisch draußen!«, sagte sie.

Die große Oma antwortete nicht, hörte aber auf, Kartoffeln zu schneiden, und schaute zum Herd hinüber. Nach einer Weile fragte sie: »Findet ihr das eigentlich schön?«

»Schön? Was denn?«, fragte Johanna.

»Na, diesen schmutzverkrusteten Schweineeimer in der Küche!«, sagte Oma Elsbeth.

Die kleine Oma fuhr hoch und sagte sofort: »Der Eimer bleibt, wo er ist!«

Oma Elsbeth schaute erst Tante Fanni und dann Johannas Mutter an und fragte:

»Ist das nicht unappetitlich? Ein Schweineeimer direkt neben dem Herd, auf dem jetzt das Frühstück gekocht wird? Ich frage ja nur.«

»Der Eimer bleibt, wo er ist!«, sagte Oma Mariechen noch einmal.

»Aber er ist wirklich sehr, sehr schmutzig. Schau ihn dir doch mal an, Mama!«, sagte Tante Fanni zur kleinen Oma.

»Es ist praktisch. Es ist praktisch, dass er hier steht«, sagte Oma Mariechen. »Man kann die Küchenabfälle gleich hineinwerfen. Außerdem ist es kein Schweineeimer, sondern ein Futtereimer.«

»Dann eben ein Schweinefuttereimer«, schlug die große Oma vor. »Ich meine nur ...«

Die kleine Oma unterbrach sie wütend. »Du meinst, du meinst, du meinst!«, rief sie. »Wenn du dich mit Schweinen besser auskennst als ich, na bitte, dann kannst du ja in Zukunft das Schwein füttern!«

Das war natürlich ungerecht von Oma Mariechen, denn Oma Elsbeth hatte nie behauptet, sie würde sich mit Schweinen auskennen. Johannas Mutter sagte das auch so.

Das machte die kleine Oma noch viel zorniger: »Meine Töchter hast du schon auf deine Seite gebracht und die Kleine sicher auch bald«, rief sie. »Ich kann ja gehen, wenn ich hier nichts mehr zu sagen habe. Bitte, bitte, befiehl du ruhig, wo der Eimer zu stehen hat! Willst du nicht gleich auch den Herd umstellen, das ist doch sicher modern? Ich muss sowieso heute nach Haßfurt, um Saatgut zu bestellen. Dann geh ich lieber gleich, ihr braucht mich ja hier nicht, hier in der Küche …«

Sie holte ihr Kopftuch vom Haken an der Küchentür und band es sich mit eckigen Bewegungen unter dem Kinn fest.

»Also, Mariechen, ich verstehe deine Aufregung ganz und gar nicht. Alles nur wegen so einem Eimer. Von mir aus soll er stehen, wo er will!«, sagte die große Oma. »Es war nur ein Vorschlag.«

»Aber Mama, was hast du nur! Warum bist du derart wütend? So war doch alles nicht gemeint«, sagte Johannas Mutter aufgeregt. »Du kannst doch nicht ohne Frühstück weggehen! Jetzt setz dich doch erst mal an den Tisch!«

»Ich kann sehr gut nüchtern weggehen«, sagte Oma Mariechen und schlüpfte in ihren Tuchmantel.

Johanna stand von ihrem Platz auf, fasste sie am Arm und fragte: »Nimmst du mich mit, Oma Mariechen? Gehn wir zusammen nach Haßfurt?«

Oma Mariechen zögerte. »Das sind mehr als vier Kilometer!«

»Wir waren auch zusammen in Stessfeld«, sagte Johanna und nahm ihren UTSCH-ACH-Mantel vom Haken. »Das ist fast genauso weit.«

»Du kannst nicht nüchtern weggehen«, sagte Oma Mariechen. »Du hast noch nicht gefrühstückt.«

»Ich kann sehr gut nüchtern weggehen«, sagte Johanna und zog den Mantel an.

Oma Mariechen musste fast lächeln, als sie ihre Worte aus Johannas Mund hörte.

»Also gut, dann frühstücken wir eben noch«, sagte sie. Und zur großen Oma gewandt: »Gleich nach dem Frühstück bist du mich los. Dann gehört die Küche dir ganz allein!«

Als sie zusammen losgingen, war Oma Mariechen auffallend schweigsam. Bis zum Dorfrand sprach sie kein einziges Wort, selbst auf Fragen von Johanna gab sie keine Antwort.

Beim Ortsschild blieb sie stehen und fing schließlich doch an zu reden.

»Du kannst noch umkehren«, sagte sie. »Du weißt, bis nach Haßfurt ist es weit und es ist kalt. Du musst dir nicht aus Mitleid mit einer alten Oma die Ohren abfrieren. Wenn du lieber zu Hause in der warmen Küche sitzt, darfst du gerne umkehren, ohne dass ich dir böse bin. Ich bin nicht beleidigt, wirklich nicht«, sagte sie. »Du möchtest lieber daheim bleiben bei deiner Mama und bei Tante Fanni … und bei deiner neuen Oma, stimmt's?«

»Was du für einen Quatsch redest, Oma Mariechen«, sagte Johanna, hängte sich fest bei ihr ein und ging mit großen Schritten neben ihr her. »So ein Unsinn!« Sie drückte Oma Mariechens Arm.

Eine ganze Weile gingen Johanna und die kleine Oma stumm nebeneinander her, Arm in Arm, jede in ihre Gedanken vertieft, aber einander doch nah.

Schließlich brach Johanna das lange Schweigen. »Weißt du noch, Oma, was du damals gesagt hast, als der Krieg aus war?«

»Wie kommst du denn jetzt darauf?«, fragte Oma Mariechen. »Und was soll ich angeblich gesagt haben?«

»Ich hab gerade daran gedacht: Nun kann's nur noch besser werden!«

Die kleine Oma sagte: »Das mag schon sein.«

»Ich finde aber nicht, dass es jetzt besser ist.«

»Nicht? Schließlich werden keine Menschen mehr erschossen«, sagte Oma Mariechen.

»Und was ist mit Papa? Papa ist immer noch nicht da!«

»Nun, immerhin schon seine Mutter«, sagte Oma Mariechen bitter. »Die ist jetzt ein für alle Mal da.«

»Bereust du's denn, dass du Oma Elsbeth geholt hast?«, fragte Johanna.

Die kleine Oma antwortete ausweichend. »Das waren wir deinem Vater schuldig. Wir können seine Mutter doch nicht in Nürnberg verhungern und erfrieren lassen.«

Eine Weile gingen sie schweigend weiter.

Schließlich sagte Johanna: »Vielleicht zieht sie ja nach Nürnberg zurück. Wenn Papa da ist, baut er ihr Haus wieder auf.«

»Dein Vater?«, fragte Oma Mariechen. »Kind, dein Vater ist Koch von Beruf! Wie soll der ein Haus aufbauen? Meinst du, er backt ihr ein Lebkuchenhaus mit Fensterscheiben aus hellem Zucker? Nein, nein, Oma Elsbeth wird hier bleiben, ein für alle Mal. Sie hat doch alles, was sie will. Sie braucht nur den Mund aufzumachen, schon lauschen alle so andächtig, als ob sie das Evangelium verkündet! Was glaubst du, was der in meinem Haus noch alles einfällt, bis sie alles so modern hat, wie sie es gern möchte. Der Schweineeimer kommt in den Keller, die Einmachgläser zu den Bierkrügen und ich auf den Dachboden zum alten Eisen!«

Johanna lachte.

»Auf den Dachboden! Jetzt bist du aber ungerecht, Oma Mariechen.«

Der kleinen Oma war nicht nach Lachen zumute, sie redete

sich langsam in Wut. »Weißt du, was sie mich gestern gefragt hat?«

»Nein. Was denn?«

»Wann ich denn das Schwein schlachten lasse! Stell dir das vor: Ich füttere es jeden Tag, kümmere mich um das Tier, und sie kommt daher, ist kaum vier Wochen da und schon will sie Schnitzel aus ihm machen und Leberwürste!«

Johanna überlegte eine Weile. »Ich finde es ja auch schlimm, dass unser Schwein geschlachtet werden soll. Aber warum haben wir es denn eigentlich?«

»Ja, ja, ja. Natürlich werden wir es mal essen. Aber doch nicht jetzt, es ist viel zu jung, viel zu mager. Im nächsten Winter vielleicht.«

»Bis dahin ist Papa bestimmt auch da«, sagte Johanna. »Dann kann er gleich was daraus kochen.«

Oma Mariechen warf ihr einen missbilligenden Seitenblick zu. »Du denkst also auch gleich ans Kochen?«

»Nein, an Papa. Weil er doch Koch ist«, sagte Johanna.

»Er kann ja auch Kartoffelgemüse kochen oder Sauerkraut«, schlug Oma Mariechen vor.

»Oder einen großen Topf Bohnengemüse. Weiße und rote Bohnen gemischt, das esse ich am liebsten«, sagte Johanna. »Und wenn was übrig bleibt, kriegt es das Schwein!«

»Ja, den Rest geben wir dem Schwein«, sagte Oma Mariechen entzückt. »Es lohnt sich sowieso nicht, Bohnengemüse tagelang aufzuheben, es wird trocken und schmeckt nicht mehr. Ich hab dem Tier schon mal Bohnen verfüttert, das ist noch gar nicht lange her. Es muss kurz nach Dreikönig gewesen sein. Sein Trog war in null Komma nichts leer.«

Sie drückte Johannas Arm fest an sich und ging gleich viel beschwingter.

Weit hinter ihnen, in der Ferne, war eine Frauenstimme zu hören. Johanna blieb stehen. »Warte mal, Oma!«, sagte sie.

»Ich glaube, da ruft jemand nach uns. Klingt so, als ob es Tante Fanni wäre. Guck doch, da rennt eine Frau hinter uns her!«

Oma Mariechen blieb ebenfalls stehen. »Jemand ruft uns? Dann hast du bessere Ohren als ich«, sagte sie. »Ich habe nichts gehört.«

Die Frau hinter ihnen rief: »Mama! Johanna! Wartet doch mal! Ich bin's!«

Es war wirklich Tante Fanni, die da mit wehendem Schal angestürzt kam. Sie atmete heftig, eine weiße Atemwolke blieb hinter ihr in der Luft stehen. »Mama, du musst sofort heimkommen!«, rief sie keuchend, als sie die beiden erreicht hatte.

»Um Himmels willen, ist etwas passiert?«, fragte die kleine Oma erschrocken.

»Nein, nein. Ein Mann und eine Frau sind gekommen, ein Ehepaar, verstehst du, Flüchtlinge ...«

»Ja und?«, fragte Oma Mariechen.

»Sie haben ein Schreiben vom Bürgermeister dabei, vom Schellenberger. Wir müssen sie aufnehmen, sie sind bei uns einquartiert. Was sollen wir denn jetzt machen, wo tun wir sie nur hin?«, fragte Tante Fanni. »Oma Elsbeth hat mich losgeschickt, ich soll dich zurückholen ...«

»Ab und zu werde ich also doch noch daheim gebraucht«, sagte Oma Mariechen zufrieden, drehte sich um und ging mit Tante Fanni und Johanna den Weg zurück, den sie soeben gekommen waren.

Mit der Gründung der Bundesrepublik Deutschland und der Deutschen Demokratischen Republik im Jahr 1949 war die staatenlose Nachkriegszeit vorbei. Im Westen führte die großzügige amerikanische Unterstützung zu einem so kräftigen Wachstumsschub, dass man schon nach wenigen Jahren von einem »Wirtschaftswunder« sprach. Den Westdeutschen ging es – zumindest materiell – bald besser als je zuvor.

Irmela Brender
Schön und klug und dann auch noch reich

Was willst du mal werden?«

Alles, dachte sie und blies mit vorgeschobener Unterlippe die Ponyfransen aus der Stirn, alles, nur nicht so was wie du. Keine verhärmte Frau mit grauen Strähnen im Dutt, mit Falten um den Mund und rissigen Händen, die immer nach Kernseife riecht und sonntagnachmittags nach 4711. Samstags Bad und Haarewaschen, danach frische Unterwäsche für die nächste Woche. Zur Hautpflege Nivea, für die Hände Glyzerin vom Apotheker. Werktags Büro und Haushalt, sonntagmorgens im Radio die Stunde der Universität, sonntagnachmittags die Tante zum Kaffee. Einmal im Monat Kino, einmal in der Woche Gang auf den Friedhof. Abends manchmal Erinnerungen. Was ich schon alles durchgemacht habe ...

Viel durchgemacht und nichts daraus gelernt! Allein die Kellernächte – wie konnte man so viele Stunden im muffigen Luftschutzkeller verbringen und daraus nicht die Sehnsucht lernen nach herrlichen Düften? Hier roch es immer nach eingelegten Gurken, wie eingemauert war der Gestank, süßsauer und klebrig. Sie hatte Rosenblätter in eine Flasche gestopft und Wasser nachgefüllt, das duftete leicht modrig, sie dachte dabei an Schneewittchen und Kristina Söderbaum in dem Film, in dem sie ins Wasser gegangen war aus zu viel Herzeleid. Schlaf, Tod und Verwesung, aber immer noch besser als süßsaure Gurken.

»Was willst du jetzt tun?«

»Meinen Petticoat stärken.«

Eigentlich war es kein Petticoat. Ein richtiger Petticoat hatte zwei oder drei Reifen, dann stand er auch ungestärkt. Ihrer war ein sehr weiter Unterrock mit Spitzen, aus dem alten Koffer gewühlt, in dem Vaters Hemden lagen, aber wenn man ihn stärkte, wurde er doch so fest, dass der weite Rock mit der schmalen Taille sich darüber bauschte. Der weite Rock war auch kein richtiger New Look, dazu hätte er länger sein müssen und glockiger, eigentlich war es ein Bauernmädchenrock, aber er sah doch viel modischer aus als der gekürzte, enge blaue Kostümrock ihrer Mutter, den sie sonst tragen musste.

»Unsinn, Petticoat stärken! Bügle lieber noch ein Herrenhemd. Wer keine Hemden bügeln kann, kriegt keinen Mann!«

Die Mutter hatte schon die Sprühdose in der Hand und sprengte ein Hemd ihres toten Mannes ein. Diese Hemden waren aus der störrischsten Baumwolle, an Kragen und Manschetten durchgewetzt, oberschenkellang, weit und voller Möglichkeiten, Falten hineinzubügeln, die nicht drin sein durften. An guten Tagen schaffte sie es, zwei Hemden glatt zu bügeln, aber es dauerte Stunden.

»Nie werde ich einen Mann heiraten, der solche Hemden trägt! Meiner trägt mal Nylon.«

»Das denkst du! Keine Widerrede – hier, fang am Kragen an.«

Kragenecke rechts, Kragenecke links, lieber gar keinen Mann als einen mit solchen Hemden. Überhaupt trägt meiner mal Pullover wie Rudolf Prack. Oder Clark Gable oder Ernest Hemingway. Der Bibliothekar im Amerika-Haus hatte ihr ein Foto von Hemingway geschenkt, sie hatte es in den Rahmen gesteckt, in dem das Hochzeitsbild ihrer Eltern gewesen war, und bewahrte es unter dem Kopfkissen auf. Vor dem Einschlafen sah sie es an. Einen solchen Mann würde sie heiraten, einen, der boxen und schießen konnte und Fische fing und Bücher schrieb wie »Fiesta« und »In einem anderen Land«, Bücher mit kurzen Sätzen und einer Handlung, die spannend war und voll ziehender Traurigkeit.

»Geschlagen, aber nicht besiegt.«

Jeden Tag sagte sie sich das vor. Wenn sie aus der Schule kam, eine Stunde Weg hin, eine zurück, für die Straßenbahn war kein Geld da, das Fahrrad hatte jemand geklaut, ihre Schuhe waren zu eng, der Weg war eine Qual, und in der leeren Wohnung warteten wieder nur ein Tütchen Sahnepudding, ein halber Liter Milch und ein Ei auf sie – geschlagen, aber nicht besiegt! Wenn sie eine Drei in einer Mathematikarbeit bekam, das durfte nicht sein, sie hatte Schulgeldbefreiung und bekam einen Lernmittelzuschuss, aber der fiel weg bei einer Drei im Zeugnis, dann weinte die Mutter, hockte am Küchentisch und weinte Tränen durch die rissigen Finger, die sie vors Gesicht geschlagen hatte, dabei machte sie die Drei leicht im Mündlichen wieder wett, der Mathelehrer mochte sie, nur, diese Tränen anzusehen war so schrecklich.

»Jetzt guck dir dieses Hemd an! Voller Querfalten!« Die Mutter riss es ihr vom Bügelbrett, knüllte es zusammen und sprengte es erneut ein. »Und ich hab dich gefragt, was du mal werden willst!«

Geschlagen, aber nicht besiegt!

»Studieren will ich.«

»Und was?«

Du hast ja keine Ahnung, was es alles gibt. Vielleicht Russisch, und dann geh ich zu den bösen Kommunisten und werde Spionin und komm zurück und kriege Spesen, hundert Mark am Tag, dafür, dass ich ihnen verrate, was Adenauer denkt ...

»Medizin.«

»Schlag dir das aus dem Kopf, das dauert viel zu lange! Du brauchst einen Beruf, der dich bald ernährt.«

Büro nach deinem strahlenden Vorbild, wie? Lieber werde ich Kellnerin im *Cave*, wo die Studenten Jazz spielen, dann trage ich nur noch schwarze Röcke und schwarze Rollkragenpullover, und meine Haare, täglich frisch gewaschen, glänzen so, dass alle sich in mich verlieben und mir dicke Trinkgelder geben, damit studiere ich dann erst Russisch und danach Medizin und Sport auch noch dazu, schließlich war ich beim Wettschwimmen Erste, ich könnte Schwimmunterricht für Erwachsene geben, ich habe viel Geduld und pädagogisches Talent, hat der Trainer gesagt.

»Bloß nicht zu hoch hinaus wollen, sag ich immer. Lern etwas Vernünftiges, bleib bescheiden – denk an die Gerda.«

Ausgerechnet die Gerda! Die hatte Verkäuferin gelernt und sich einen Ami-Freund geangelt, weil sie dachte, der nimmt sie mit nach Amerika, aber er hatte sie sitzen lassen, und jetzt ging sie auf den Strich, Aminutte, schrien ihr die Kinder in der Straße nach – ausgerechnet die Gerda!

»Lass mich doch erst mal die Schule fertig machen.«

»Nach der Untersekunda musst du raus, da gibt's nichts. Einjähriges hat man das früher genannt, das berechtigt zur mittleren Beamtenlaufbahn, bei der Post zum Beispiel oder bei der Stadt – da hat man sein Sicheres und später Pension.«

Bei der Stadt oder bei der Post – das wäre das Letzte! Und im Urlaub in den Schwarzwald und zu Weihnachten eine Couchgarnitur in Grün oder Rost, dazu einen Nierentisch – so was bringt einem das Sichere ein. Danke, nicht für mich. Vor dem Pensionsalter bin ich sowieso längst tot. Alt werden, Falten kriegen, über Kreuz und Beine klagen, so weit wird es mit mir nicht kommen. Ich werde sein wie Lady Brett, unheilbar krank, aber immer noch so schön, dass es den Männern das

Herz zerreißt, unheilbar krank von der Liebe – »bin vom Stamme jener Asra, welche sterben, wenn sie lieben«, ach, ich möchte immerzu oder wenigstens noch viele Jahre in die Schule gehen.

»Jetzt sieh dir dieses Hemd an! Zum Verzweifeln ist es mit dir.«

Schon wieder zerknüllt, schon wieder eingesprengt.

»Was soll bloß aus dir werden?«

»Ich muss jetzt sowieso gehen. Prospekte austragen.«

Prospekte fürs Reformhaus Eden; wenn der Packen in die Briefkästen gesteckt ist, bekomme ich zwei Mark, fünfmal in der Woche zwei Mark macht zehn, nach vier Wochen kann ich mir den New-Look-Rock aus dem Schaufenster von Marion kaufen. Bloß möcht ich nicht, dass mich einer von den Gymnasiumsjungen sieht beim Verteilen, das wär mir peinlich.

»Warum trägst du eigentlich nicht das Gemeindeblatt aus?«

»Für Prospekte gibt's mehr Geld.«

»Aber der Pfarrer hat so darum gebeten und für viele ist das Gemeindeblatt ein Trost. Denkst du eigentlich immer nur an dich?«

Ja, ja, ja, ja! Ich denke nicht ans Gemeindewohl und nicht ans Volkswohl und nicht an alle für einen und einer für alle! Hättet ihr mal so gedacht, dann hätte es keine Nazis gegeben und keinen Krieg und keine Bomben und keine Ruinen und keinen Hunger. Ich denke an mich und meine Freiheit, und die anderen sollen an sich und ihre Freiheit denken, und keiner soll den anderen stören, das gehört zur Demokratie, dafür bin ich und auch für Völkerfreundschaft, deshalb habe ich einen Brieffreund in Amerika und einen in England. Aber leiden will ich für keinen anderen und kämpfen auch nicht, was daraus wird, sieht man an dir. Ich will anders sein, ganz anders – schön und klug und dann auch noch reich und glücklich bis an mein Ende.

»Ich denk auch an dich – wenn ich Geld kriege für die Prospekte, dann bring ich dir einen Blumenstrauß mit.«

»Kauf lieber ein Viertel Butter davon, das tät mich mal freuen. Aber so was fällt dir natürlich nicht ein, nichts als Flausen im Kopf – na ja, mit fünfzehn!«

Und mit fünfundzwanzig und fünfunddreißig soll es nicht anders sein. Lieber Blumen als Butter, du hattest mal einen Spruch, lieber Butter als Kanonen, aber was auch aus mir wird – auf keinen Fall so was wie du!

Mitte der 60er-Jahre fragte die kritische Intelligenz und vor allem die junge Generation, ob das Leben in der Bundesrepublik, das sich vorwiegend an materiellen Werten orientierte, wirklich lebenswert sei. Überhaupt wurden die alten Werte und Verhaltensweisen zunehmend in Frage gestellt. Schließlich hatten die preußisch-deutschen Tugenden nach Meinung der jungen Leute in den Nationalsozialismus geführt.

In ihrem Buch »Dies ist nicht mein Land« erzählt Lea Fleischmann, warum sie hier nicht mehr leben wollte.

Lea Fleischmann
Dies ist nicht mein Land

Jeden Tag fahre ich nach Wiesbaden und zurück und lerne die Bedeutung von Minuten kennen. 6.00 Uhr aufstehen, 6.35 zur Straßenbahn hasten, 6.59 Straßenbahn Linie 14, 7.12 Ankunft Frankfurt Hauptbahnhof, 7.16 Zugabfahrt, 7.47 Ankunft Wiesbaden, 7.49 Bus, 7.55 Schule, 7.56 Lehrerzimmer, Guten Morgen, Frau Ullmann, 8.00 Verlassen des Lehrerzimmers, 8.01 Klassenraum, Guten Morgen, Anwesenheit der Schüler feststellen.

Ich war bis dahin gewohnt, großzügig mit der Zeit umzugehen. Verabredete ich mich um acht, kam ich zehn nach acht, wurde im Jugendzentrum eine Veranstaltung für 15 Uhr angekündigt, dann fing sie eine halbe Stunde später an, versprach ich meiner Mutter, um neun Uhr abends nach Hause zu kommen, dann erschien ich gegen dreiviertel zehn. Sogar während meiner Schulzeit kam ich fast täglich zu spät zur Schule. Ich schrieb seitenlange Aufsätze über die Bedeutung der Pünktlichkeit, es nutzte nichts. In der fünften Klasse musste ich zur Strafe hundertmal schreiben: Ich darf nicht zu spät kommen, ich darf nicht zu spät kommen, ich darf nicht zu spät kommen ...

Ich brachte die Strafarbeit sauber geschrieben mit und kam wieder zu spät. Bevor ich Lehrerin wurde, merkte ich gar nicht, dass der Tag aus Minuten und Sekunden besteht.

Und nun spüre ich es umso deutlicher. Komme ich um 7.17 zum Abfahrtsgleis, dann sehe ich nur noch die roten Schlusslichter des Zuges. Eine Verspätung von einer Minute und ich ärgere mich unaussprechlich. Mein Magen rebelliert, das Herz schlägt schneller, mir bricht der Schweiß aus, denn ich weiß, der nächste Zug fährt erst zwanzig Minuten später und ich komme zwanzig Minuten zu spät zum Unterricht. Bleibt der Zug im Winter auf der Strecke stehen, dann sehe ich alle Sekunden zur Uhr, hoffentlich erreiche ich noch den Bus, hoffentlich. Die Minuten machen mich krank und fangen an, mein Denken zu beherrschen. Zeit ist das Wichtigste. Frau Ullmann kommt jeden Morgen um 7.55 Uhr ins Lehrerzimmer und begrüßt die Anwesenden. Unauffällig stellt sie fest, ob alle Lehrer da sind. »Guten Morgen, Frau Rosenzweig[*].« – »Guten Morgen, Frau Ullmann.«

Die Begrüßung ist beendet und ich habe meinen Pünktlichkeitstest bestanden.

Häufig aber, besonders im Winter, komme ich zu spät. Frau Ullmann weiß natürlich, dass zu spät kommende Lehrer die hintere Treppe benutzen, und manchmal steht sie wie zufällig dort.

»Frau Rosenzweig, der Unterricht hat bereits vor fünf Minuten begonnen, bitte beeilen Sie sich.«

»Entschuldigen Sie bitte, der Zug hatte Verspätung.«

»Frau Rosenzweig, darauf können wir keine Rücksicht nehmen. Sie müssen mit einem früheren Zug fahren. Ich muss auch jeden Morgen pünktlich sein. Wo kämen wir denn hin, wenn jeder kommen würde, wann er will.«

---

[*] Zum Zeitpunkt des Geschehens hieß die Autorin Rosenzweig.

Weil ich gelegentlich mal zu spät komme, stellt sie Grundsatzfragen, wohin wir kämen, wenn jeder unpünktlich wäre. Keine Ahnung, man würde wahrscheinlich nicht so pünktlich anfangen. Frau Ullmann will natürlich keine Antwort. Sie benutzt die Gelegenheit, ihre Macht auszuspielen, um zu zeigen, dass ich hier einen Fehler gemacht habe. Und sie kann mich dafür ausschimpfen auf eine strenge, aber gerechte Weise.

Ich hasse Pünktlichkeit, das Herz der deutschen Erziehung.

Die Konferenzen in der Berta-von-Suttner-Schule beginnen um 15 Uhr. Im Lehrerzimmer befindet sich eine große, runde Uhr wie auf einem Bahnhof. Um 14.58 sitzen alle Lehrer im Raum, spätestens um 14.59 sitzt Frau Ullmann am Kopfende des Konferenztisches und pünktlich, wenn der große Zeiger auf die Zwölf springt, beginnt sie: »Ich begrüße Sie zu der heutigen Konferenz. Auf der Tagesordnung stehen folgende Punkte ...«

Auch wenn alle Lehrer schon um 14.59 anwesend sind, sie beginnt um 15 Uhr, und wenn noch nicht alle erschienen sind, sie beginnt um 15 Uhr.

Kommt ein Lehrer 30 Sekunden später, dann hat sie die Begrüßungsformel bereits gesprochen, sie ist schon beim Verlesen des zweiten Tagesordnungspunktes, hält inne und schaut ihn streng an: »Wir haben bereits begonnen.«

Wegen einer halben Minute sackt der arme Mensch in sich zusammen, fühlt sich schuldig, als hätte er etwas verbrochen, und murmelt: »Entschuldigen Sie bitte, es soll nicht mehr vorkommen.« Ein erwachsener Mann wird zum kleinen Schuljungen, der sich bei der Lehrerin entschuldigt. Im Schweigen des restlichen Kollegiums geht er zum Konferenztisch. In dieser Stille dröhnt jeder Schritt, der Stuhl poltert beim Hinsetzen und Frau Ullmann kostet die Peinlichkeit der Situation aus.

Ich bin seit zwei Monaten Lehrerin und beginne mich allmählich in das Netz von Vorschriften und Angst einzufügen.

Heute war ich mit den Schülern in einer Ausstellung über Genussmittel, die man nicht genießen soll, und ich habe sie eine halbe Stunde früher als Schulschluss nach Hause gehen lassen. Wir hatten den Rundgang durch die Ausstellung beendet, und ich überlegte mir, dass es eigentlich unsinnig sei, nochmals zur Schule zu laufen und von dort aus die Schüler zu entlassen.

»Also meinetwegen könnt ihr von hier nach Hause gehen.« Als sie weg sind, kommen mir Zweifel. Bin ich überhaupt versicherungsmäßig abgedeckt? Was geschieht, wenn ein Schüler in dieser halben Stunde einen Unfall hat? Mit solchen Ängsten trete ich meinen Heimweg an und beschließe, das nächste Mal die Schüler zu zwingen, entweder eine halbe Stunde länger in der Ausstellung auszuharren oder mit mir zusammen den Weg zur Schule anzutreten.

Ich fertige das Protokoll der letzten Lehrerkonferenz an. Habe ich alle formalen Vorschriften beachtet? Beginn und Ende der Konferenz eingetragen? Sehr wichtig, damit künftige Generationen nachprüfen können, dass am 10. Oktober 1973 die Lehrer der Berta-von-Suttner-Schule laut Anwesenheitsliste von 15 bis 15.58 konferiert haben. Herr Müller fehlte entschuldigt, Frau Richter unentschuldigt, festgehalten im Protokoll, amtlich.

Abends plagte mich der Gedanke, ob ich den morgigen Unterricht genügend vorbereitet habe. Reicht das Unterrichtsmaterial über Jugendalkoholismus aus? Was mache ich, wenn der Alkoholismus nach 35 Minuten erschöpfend behandelt ist, weil die Schüler keine Alkoholiker sind und das Thema sie nicht interessiert, trotz der anregenden Ausstellung heute? Wie beschäftige ich sie, wenn Unruhe in die Klasse einzieht, sie laut zu schwätzen beginnen und der stellvertretende Direktor wieder wie gestern den Kopf zur Tür hineinsteckt, um nachzusehen, was denn eigentlich los sei. Er zitiert mich zu einem kurzen Gespräch in sein Zimmer.

»Aber bitte erst nach der Unterrichtsstunde.«

Herr Leuenberger sitzt hinter seinem Schreibtisch, der mir riesengroß erscheint, denn ich schrumpfe unaufhörlich, während mich der stellvertretende Herr der Schule rügt. Er macht mich zur Schnecke, im wahrsten Sinne des Wortes. Zur kleinen, schleimigen Schnecke, die sich am liebsten in ihr Schneckenhaus zurückziehen würde.

»Sie müssen auf mehr Disziplin und Ruhe achten, Frau Rosenzweig. Eine Klasse muss man im Griff haben. Bereiten Sie sich gründlicher vor, dann wird Ihnen der Unterrichtsstoff nicht ausgehen. Die Schüler haben ein Anrecht auf 45 Minuten Unterricht in Ihrem Fach. Wo kämen wir denn hin, wenn jeder Lehrer zehn Minuten weniger unterrichten würde.«

Ich, Lea Rosenzweig, 27 Jahre alt, Diplompädagogin, Akademikerin, Mutter, Ehefrau, Demokratin, bin zu einer winzigen Schnecke geworden, die am Boden hinter dem Schreibtisch kriecht und eine Schleimspur hinter sich lässt.

»Das soll nicht mehr vorkommen, Herr Leuenberger. Ich werde mich in Zukunft besser vorbereiten. Entschuldigen Sie bitte.«

In der Pause ist mein Lieblingsplatz am Fenster des Lehrerzimmers. Von dort schaue ich mir die Schüler an. Wie kleine bunte Spielzeugpüppchen sehen sie von meiner Warte aus. Sie stehen in Gruppen oder schlendern zu zweit oder mehreren im Schulhof herum. Eine farbige, ungeordnete Menschenmenge. Sie lachen, kichern, essen Brot oder Obst, rauchen Zigaretten oder knabbern Süßigkeiten. Ein Bild, leicht und beschwingt, locker und unproblematisch. Dann schellt es. Die Ruhe weicht der Hast. Schnell noch einen Zug an der Zigarette, ausdrücken, Papier zusammenknüllen, wegwerfen, zum Abfalleimer rennen und den Rest des Pausenbrotes hineinschmeißen. Und wie auf ein Kommando strömen alle Püppchen dem Eingang zu. Die diffuse Menge ordnet sich und nimmt die Form eines Dreiecks an und verschwindet allmählich im Haus.

Dieses Bild erinnert mich an einen Versuch, den wir im Physikunterricht gemacht haben, als ich selbst noch eine Schülerin war. Die Lehrerin warf eine Menge Eisenfeilspäne auf den Tisch. Sie lagen wirr und durcheinander da, kleine glitzernde Eisenteilchen. Dann nahm sie einen Magneten und plötzlich, wie durch eine unsichtbare Macht gezwungen, strömten die Eisenfeilspänchen auf den Magneten zu und legten sich um ihn herum. Sie konnten gar nicht anders, sie mussten gehorchen. Das Klingeln in der Schule ist auch so ein Magnet. Magnetisch zieht das Klingeln die Schüler von ihrem Platz weg, wie kleine Eisenspänchen strömen sie dem Eingang zu. Auf ein mechanisches Zeichen reagieren sie mechanisch.

Ich bin auch so ein kleines Eisenfeilspänchen, denke ich. Auch ich muss auf das Klingeln hin mein Brot zusammenpacken, das Lehrerzimmer verlassen und in eine Klasse gehen und 45 Minuten etwas vorspielen. Einmal Sozialkunde, einmal Pädagogik, einmal Spielerziehung, je nachdem, was auf dem Plan steht. Und nach 45 Minuten verlasse ich den Raum und gehe in einen anderen. Es spielt gar keine Rolle, ob ich gern in der Klasse bin oder nicht, ob ich gerade ein wichtiges Problem bespreche oder mich mit den Schülern langweile, wenn es klingelt, muss ich die Klasse verlassen und in eine andere gehen. Wie das kleine Eisenfeilspänchen dem Magneten, so gehorche ich der Klingel. Irgendwie sind wir alle Eisenfeilspänchen, kleine gepolte, seelenlose Eisenfeilspänchen, die einem Magneten gehorchen müssen. Wie eine Maschine halte ich einen Plan ein. Montags in der ersten Stunde Erziehungslehre, donnerstags in der dritten politische Bildung, dienstags in der zweiten Stunde Klasse FO 1, freitags in der fünften Stunde Klasse BU 4. Dem Lehrer ist ganz egal, welche Menschen darin sitzen, und diesen ist es egal, welcher Lehrer kommt. Ich spiele mein Programm herunter und sie notieren es auf. Und auf Kommando leiern sie es vor, der eine besser, der andere schlechter. Zweihundert Menschen unterrichte ich wöchentlich, zweihundert Namen stehen in meinem Notizblock und keinen kenne ich. Welche Sorgen und welche Probleme diese Namen haben, das gehört nicht in den Unterrichtsplan. Auch meine Sorgen und Freuden gehören nicht hinein.

»Ich kann heute nicht über den partnerschaftlichen Erziehungsstil sprechen. Ich habe mich mit meinem Mann gestritten und mein Sohn stand dabei und weinte.« Das kann ich nicht erzählen.

Ich sage: »Das Günstigste für die kindliche Entwicklung ist das partnerschaftliche Verhalten von Eltern und Erziehern. Schlagen wir im Buch Seite 26 nach, dort steht es.«

Und während eine Schülerin etwas vom Urvertrauen des Kindes vorliest, denke ich daran, wie mein Sohn weint, wenn ich morgens das Haus verlasse.

»Warum musst du denn wieder in die Schule gehen? Ich will nicht bei der Oma oder dem Kindermädchen bleiben.«

»Ich muss aber arbeiten, mein Süßer, ich muss weg.«

»Warum denn?«

»Ich muss.«

Dauernd muss ich etwas tun. In der Klasse FM 2 muss ich noch eine Klassenarbeit schreiben lassen. Mich interessiert die Klassenarbeit nicht, die Schüler interessiert sie auch nicht, aber ich muss zwei Arbeiten nachweisen, und deswegen schreiben wir sie und ich bringe Stunden um Stunden mit dem Korrigieren zu. Eine Freundin ruft an und fragt: »Hast du Lust, heute Abend ins Kino zu gehen?«

»Lust hätte ich schon, aber ich muss meine Arbeiten heute Abend fertig korrigieren. Ich brauche die Noten für die Notenkonferenz. Sei mir nicht böse, vielleicht ein andermal.«

Etwas stimmt nicht. Ich bin kein Pädagoge. In der Schule

kann man überhaupt kein Pädagoge sein. Als ich noch im Jugendzentrum arbeitete, war ich ein viel besserer Erzieher. Ich war Gruppenleiterin und wir trafen uns zweimal wöchentlich. Von jedem der Jugendlichen wusste ich, welche Probleme er mit den Eltern hat, ob er verliebt war oder nicht, und ich erzählte ihnen von meinen Erfahrungen. Ich verstand, wie bitter es ist, wenn der Freund plötzlich eine neue Freundin hat, und sie lernten von mir, dass andere und Ältere die gleichen Probleme haben. Ich hatte keinen Lehrplan und schrieb keine Arbeiten und doch lernten sie von mir ehrlicher und besser, als es in der Schule geschieht. Und ich musste sie nicht benoten, nicht in eine Schablone pressen. Sehr gut, gut, befriedigend, ausreichend, mangelhaft, ungenügend.

In der Schule sehe ich den Menschen nicht. Es sind zu viele Gesichter, zu viele Namen. Sie verschwimmen und ihr Eindruck ist nebelhaft. Es gibt in jeder Klasse einige, die auffallen, weil sie öfter reden, weil sie lauter sind, weil sie sich bemerkbar machen, aber was ist mit den anderen, den Unscheinbaren, den Schweigenden? Die kleine Blonde, die immer weggucht, wenn ich sie ansehe, warum tut sie das? Fürchtet sie mich? Schämt sie sich? Es ist ihr unangenehm, wen ich meinen Blick auf sie richte. Ich kann sie nicht fragen, warum sie sich so verhält. Sie würde sich vor der Klasse scheuen, etwas von sich zu erzählen, und ich brauchte viel Zeit, um ihre Hemmungen zu lösen und ihre Angst abzustreifen. Aber ich habe nur zwei Stunden Unterricht in der Klasse, und die Pause brauche ich, um ein paar Minuten abzuschalten. Kleine blonde Monika oder Birgit oder Hannelore, du bleibst ein Name in meinem Notizblock, schreibst zwei Arbeiten, keine mündliche Mitarbeit, schwache Note. Und am Ende des Jahres trage ich auf einem vorgedruckten Bogen den Namen und die Endnoten ein und danach vergesse ich Namen und Noten.

Lehrerkonferenz. Was mir an den Konferenzen am meisten auffällt, ist, dass man nicht lacht. Kein Witz, kein Scherz, nur ernsthafte Probleme. Jede Nebensächlichkeit wird zu einem Problem erhoben. Im Jugendzentrum hatten wir auch Besprechungen, aber wir haben wenigstens dabei gelacht. Der Unterschied zwischen den Juden und den Deutschen scheint mir der, dass die Juden über jedes Problem einen Witz machen und damit das Problem verharmlosen, während die Deutschen auch aus völlig unproblematischen Sachverhalten ein Problem herauskristallisieren.

Stundenlang wird bei uns an der Schule das Papierverteilungsproblem erörtert. Es geht um die Frage, wie das Abzugspapier, das für die Schule angeschafft worden ist, verteilt werden soll. Folgende Möglichkeiten werden ausdiskutiert:

1. Soll man das Papier zentral lagern, so dass es jedem Lehrer zugänglich ist? Hierbei bestünde die Schwierigkeit, die Kontrolle durchzuführen, wie viel Papier jeder Lehrer für seinen Unterricht verbraucht. Dies müsste festgestellt werden, damit es nicht zu Ungerechtigkeiten kommt. Es könnte beispielsweise ein Lehrer zu Anfang des Jahres eine sehr hohe Menge Abzugspapier für seinen Unterricht benutzen und dadurch kämen Lehrer, die eventuell später das Papier brauchen, zu kurz und würden in ihrer Unterrichtsvorbereitung eingeschränkt.

2. Es wird der Vorschlag gemacht, das Papier jedem Lehrer zu Beginn des Schuljahres zuzuteilen, so dass er mit seinem Papier haushalten muss. Benutzt er es bereits zu Anfang des Jahres, dann steht ihm kein weiteres Papier mehr zu. Es ist jedoch bei dieser Regelung problematisch festzustellen, nach welchen Kriterien das Papier verteilt werden soll. Ist es zweckmäßiger, das Papier je nach Stundenzahl oder abhängig vom Fach auszuteilen? Wie löst man bei diesem Vorschlag die Lagerungsprobleme? Es müsste gewährleistet sein, dass kein anderer Zugang zum Papier hat.

3. Es wird das Problem behandelt, ob Schüler Zugang zum Abzugspapier erhalten sollten, weil sie Referate schreiben müssen und diese abgezogen werden. Wie wird kontrolliert, dass die Schüler nicht leichtfertig mit dem Papier umgehen?

Es wird diskutiert und diskutiert und diskutiert. Als müsste man alle Probleme auf einmal lösen, damit ja keine Unsicherheit im Umgang mit dem Papier entsteht. Alles wird festgelegt und mich langweilen diese leeren, toten Diskussionen zu Tode. Es ist mir vollkommen egal, wie und wo das Papier verteilt wird, und hier wird problematisiert, argumentiert, debattiert, bis man sich endlich zu einer annehmbaren Entscheidung durchringt.

Andere Entscheidungen hingegen, die mir äußerst problematisch erscheinen, werden leicht und schnell getroffen.

Notenkonferenz. Die Noten von Gabi Schmidt werden besprochen. Deutsch befriedigend, Chemie ausreichend, Physik ausreichend, Englisch problematisch.

»Gabi Schmidt hat sich im letzten halben Jahr wesentlich verschlechtert, sie steht in Englisch zwischen Vier und Fünf«, sagt die Englischlehrerin.

Der Mathematiklehrer meldet sich zu Wort: »In Mathematik ist es ähnlich, sie ist von einer Vier auf eine Fünf abgerutscht.«

Etwas selbstsicherer argumentiert nun die Englischlehrerin: »Ja, ich sehe in der Tat die gleiche Tendenz in meinem Fach und muss mich zu einer Fünf in Englisch durchringen. Fräulein Schmidt wurde bereits in einem blauen Brief darauf aufmerksam gemacht und hätte sich mehr Mühe geben müssen.«

Um auch jede Gefühlsregung auszuschalten, bekräftigt der Mathematiklehrer:

»Wir tun ihr keinen Gefallen, wenn wir sie in die nächste Klasse übernehmen, sie wäre den Anforderungen ohnehin nicht gewachsen.«

»In zwei Hauptfächern Fünf, nicht versetzt«, kommentiert die Direktorin, »ich bitte um die Noten von Monika Schuster.«
Ein paar Sätze und Gabi ist nicht versetzt. Der gesamte Entscheidungsvorgang dauert höchstens zwei Minuten. Hätte nach der ersten Bemerkung der Deutschlehrer geantwortet: »In meinem Fach konnte ich an und für sich keine Verschlechterung feststellen. Man müsste bei der Notengebung die schwierigen Familienverhältnisse von Gabi Schmidt berücksichtigen« – die Entscheidung hätte einen anderen Verlauf genommen und das Mädchen wäre versetzt worden.

Manchmal sitze in Notenkonferenzen und staune, mit welcher Leichtigkeit über Menschenschicksal entschieden wird. Wie problemlos Lehrer Fünfen verteilen. Haben diese Lehrer je einen Gedanken an die Angst einer Gabi Schmidt verschwendet, haben sie ihre Tränen gesehen, fühlen sie nicht, wie Gabis Selbstbewusstsein schrumpft, oder empfinden sie gar Genugtuung bei dem Gefühl, einem Menschen einen seelischen Tritt zu versetzen?

Zwei Fünfen, nicht versetzt. So einfach ist das. Aber Papierverteilungsprobleme werden stundenlang besprochen. Das Papier wird von allen Seiten beleuchtet, der Mensch überhaupt nicht gesehen.

»Wo kämen wir hin, wenn wir uns bei jeder schlechten Note Gedanken machen würden. Das geht doch nicht.«

Vielleicht käme man zu einem bisschen mehr Menschlichkeit, zu einem bisschen mehr Gefühl für den anderen. Aber Menschlichkeit ist in der Schule nicht gefragt. Wichtig ist, dass der Apparat funktioniert und es keine Unsicherheiten im technischen Ablauf gibt. Deswegen muss genau festgelegt werden, wer wie viel Papier bekommt, wo es gelagert wird und wer dafür zuständig ist. Über Technik lässt sich sachlich reden und technisch funktionierte in Deutschland schon immer alles bestens.

Die Deutsche Demokratische Republik orientierte sich in allen wichtigen Fragen am »großen Bruder« Sowjetunion und errichtete faktisch einen Einparteienstaat, in dem das Politbüro der Sozialistischen Einheitspartei Deutschlands (SED) alle wichtigen Entscheidungen fällte. Bis 1961 flüchteten mehr als 2,5 Millionen Menschen in den Westen und machten so per »Abstimmung mit den Füßen« deutlich, was sie von dem System hielten. Um diese Fluchtwelle zu stoppen, ließ die SED eine Mauer zwischen Ost und West bauen.

Isolde Heyne
Lauter Lügen

Vielleicht wäre nach diesem Abend doch alles bald ins richtige Lot gekommen, wenn nicht die Sache mit der Zeitschrift passiert wäre. Irgendjemand aus der Klasse hatte die Illustrierte mitgebracht. »Wir haben eine Berühmtheit unter uns!«

Und plötzlich sah sich Inka im Mittelpunkt. Da hatte jemand in einer Zeitschrift etwas über sie geschrieben und eine Menge Fotos dazu gemacht. »Zeig mal her!«

Inka bekam die Illustrierte und sah sich mit ihren Fotos konfrontiert: solchen aus Leipzig und solchen, die an der Grenze entstanden waren. Sie konnte nicht lesen, was dazu geschrieben worden war, denn ihr verschwamm vor Aufregung alles vor den Augen und sie begann zu schwitzen. Allein die Fotos reichten aus, dass sie den ganzen Vormittag in der Schule unaufmerksam war. Wie konnte jemand sie fotografieren, als sie so verheult aussah! Sie empfand das als Bloßstellung, war in ihren Gefühlen verletzt. Und sie hatte nicht einmal davon gewusst.

Nach Schulschluss rannte sie nach Hause und durchsuchte den Zeitungsstapel, dann den Schreibtisch und den Schrank der Mutter. Nichts! Ob die Mutter auch nichts davon wusste? Inka wünschte es sich, aber die Zweifel darüber ließen keinen klaren Gedanken aufkommen.

Sie lief zum Zeitungskiosk und kaufte die Illustrierte von ihrem Taschengeld. Sie wusste genau, welche es war, denn sie hatte sich das Titelbild gemerkt.

Wieder zu Hause hatte sie richtiges Herzklopfen, als sie die Seiten umblätterte, bis sie das Foto wieder vor sich hatte. »Ein Wiedersehen nach acht Jahren/Das schwere Schicksal der Ina Karsten«, las Inka. Und dann eine reißerische Geschichte über die Zeit, die sie im Heim verbracht hatte, während ihre Mutter wegen Republikflucht hinter DDR-Gefängnismauern saß, sich nach ihrem Kind sehnte und ihren Mann beweinte, der bei dem Fluchtversuch ums Leben gekommen war.

Empört warf Inka die Zeitschrift von sich. Lauter Lügen! Da stimmte aber auch gar nichts, was dieser Mann über sie geschrieben hatte. Und sicher log er genauso, was ihre Mutter betraf. Inka wollte schon zum Telefon greifen und der Mutter empört davon berichten, doch sie hob den Hörer nicht ab und ging wieder in ihr Zimmer zurück. Sie wollte das Gesicht der Mutter sehen, wenn sie von der Sache erfuhr.

Aber woher hatten die Leute von der Zeitung das alles? Die Fotos zum Beispiel: Da war eins, das zeigte Inka als ganz kleines Kind mit einem Ball. War sie das überhaupt? Und dann das von dem Schwimmwettkampf in Dresden, als sie Dritte geworden war. Das Foto war auch in einer Leipziger Zeitung veröffentlicht worden. Inka kannte es genau, denn Frau Nogler, ihre Heimleiterin, hatte ihr erlaubt, es auszuschneiden und zu behalten. Und dann diese Fotos von der Grenze! Obwohl sie verweint und unglücklich aussah, stand darunter: »Das Mädchen Ina stürzt überglücklich der lang entbehrten Mutter in die Arme!« So eine Lüge!

Davon, dass sie von der Mutter umarmt wurde, hatte er natürlich kein Foto machen können, da gab es keins zu machen. Sie hatten sich fremd gegenübergestanden und nichts miteinander anzufangen gewusst. Und es stimmte auch nicht, dass sie dem Reporter Fragen beantwortet hatte. Kein Wort hatte sie gesagt! Damals war ihr die Kehle wie abgedrückt gewesen. Und nie hätte sie so etwas zusammengelogen: »Ich bin glücklich, dem Zwang entronnen zu sein. Das Heim war die Hölle für mich. Ich hatte Sehnsucht die vielen Jahre. Nur Sehnsucht nach meiner Mutter.«

Inka steigerte sich in Wut: Erstens war es schön bei Frau Nogler im Kinderheim, und wenn ich nach etwas Sehnsucht hatte, dann höchstens nach Maxi, die ich mir so sehr zur Pflegemutter wünschte. Von meiner Mutter wusste ich gar nichts. Wieso sollte ich da Sehnsucht haben?

Solche Lügner!

Mutter musste denen einen Brief schreiben und verlangen, dass sie noch einen Artikel veröffentlichen, aber so, wie es wirklich gewesen war. Ich werde ihnen schon sagen, wie gut es mir im Heim bei Frau Nogler ging und dass ich viele Freunde hatte, und vielleicht wäre ich doch zur Sportschule gekommen ...

Sie wartete ungeduldig darauf, dass die Mutter heimkam. Auf dem Esstisch im Wohnzimmer lag die Illustrierte. Als die Mutter ins Zimmer trat, sah sie die Zeitschrift sofort. Sie zog die Augenbrauen zusammen und Inka wusste, dass die Mutter den Artikel kannte.

»Hast du das gewusst?«

»Ja«, sagte die Mutter. »Ich kenne den Beitrag seit einer Woche.«

»Lauter Lügen haben die geschrieben!«, schrie Inka empört. »Da musst du doch etwas dagegen tun!«

Die Mutter setzte sich auf die Couch und ließ die Schultern hängen. »Da kann man nichts mehr tun.«

Inka ging zum Angriff über: »Nein? Kann man nicht? Schreibst du in deiner Zeitung auch solche – Lügen?«

»Inka! Bitte!« Erregt erhob sich die Mutter.

»Und von wem weiß der Mann das alles? Und woher hat er die Fotos?«

»Die Fotos hat er teilweise von mir. Und was er über die DDR-Kinderheime geschrieben hat, das hat er recherchiert. Da hat er sich erkundigt, genau erkundigt.«

Jetzt sprang Inka auch auf. »Bei wem denn? Bei mir nicht! Solche Lügen. Wenn das Frau Nogler liest und Tutty – und die anderen. Ich schäme mich so. Sie werden glauben, ich hätte sie so schlecht gemacht. Schreib einen Brief, gleich! Sie sollen einen neuen ...«

»Das geht nicht, Inka«, sagte die Mutter. Ihre Stimme war jetzt ohne Festigkeit, so als ob sie Tränen unterdrücken wollte. Sie schluckte auch ein paar Mal, bevor sie weitersprach. »Das geht nicht. Ich bin auch darauf reingefallen. Sie haben mir für unsere Geschichte Geld bezahlt. Viel Geld.«

Inka schaute die Mutter entsetzt an. »Du hast Geld dafür bekommen? Dafür, dass jetzt alle Leute Lügen über uns lesen können? Du hast uns verkauft!«

Über Inkas Rücken lief eine Gänsehaut, als sie daran dachte, wer alles diese Zeitschrift in die Hände bekommen könnte: Maxi, Johanna, Frau Nogler, die Leute vom Stadtbezirk.

Die Mutter versuchte, sich zu rechtfertigen. »Den Teil, der mich betrifft, habe ich vorher lesen können. Da stimmt alles. Ich hatte keine Ahnung davon, dass sie das andere so aufbauschen würden. Sonst hätte ich nie meine Zustimmung gegeben.«

»Aufbauschen!« Inka geriet in Wut über das Wort, das alles so verharmloste.

»Steht da auch was davon, dass ihr einfach abgehauen seid und mich zurückgelassen habt? Einfach zurückgelassen wie eine Katze, die man irgendwo aussetzt?«

Die Mutter wurde blass. Ihre Hände zitterten, als sie in ihrer Tasche nach den Tabletten suchte, die sie immer nahm, wenn sie sich beruhigen wollte. Sie schluckte sie gleich so hinunter. Ohne Wasser.

»Wir haben dich nicht hilflos zurückgelassen. Du warst bei deiner Oma.«

»Nein?« Inka spürte, dass sie eine ganz andere Stimme hatte als sonst. Richtig hart. Aber jetzt wollte sie der Mutter wehtun. »Aber jetzt hast du mich wohl gebraucht, damit du Geld kriegst von diesen Zeitungsleuten. Viel Geld.«

»Inka, ich bitte dich! Überleg, was du sagst!«

Befriedigt stellte Inka fest, dass ihre Worte die Wirkung hatten, die sie haben sollten.

»Das Geld ist auf einem Sparbuch angelegt. Für dich, Inka. Nicht einen Pfennig habe ich davon verbraucht.«

»Ich brauche es nicht«, antwortete Inka eisig. »Für Lügen nehme ich kein Geld.«

»Inka, bitte lass dir doch erklären, wie das alles gekommen ist.« Die Mutter versuchte es noch einmal. Aber Inka war keinem Argument zugänglich. Sie nahm die Illustrierte und ging in ihr Zimmer. Die Tür schloss sie von innen zu.

Als die Mutter immer wieder an diesem Abend an ihre Tür klopfte, um sie dazu zu bewegen zu öffnen, schrie Inka: »Lass mich doch in Ruhe! Ich will endlich meine Ruhe vor dir haben. Alles hast du mir kaputtgemacht. Ich hasse dich!«

Danach hörte sie, wie die Mutter in ihr Zimmer ging. Sie klopfte auch nicht mehr an Inkas Tür.

Inka lag die ganze Nacht angezogen auf ihrem Bett. Sie konnte nicht schlafen. »Ich hasse dich!« hatte sie der Mutter durch die geschlossene Tür zugerufen. Dabei benutzte sie die gleichen Worte, die sie schon einmal gedacht hatte, damals in Leipzig, als sie bei Maxi nachts im dunklen Flur stand und erfuhr, dass sie niemals von Maxi adoptiert werden könne, weil die Mutter einen Antrag gestellt hatte. Einen Antrag auf Familienzusammenführung. Bei dem Gedanken an Maxi zog sich Inkas Magen schmerzhaft zusammen. Immer wenn sie an Maxi dachte, bekam sie jetzt Magenschmerzen. Sie versuchte sich vorzustellen, wie Maxi, Susanne und ihr Vater, der Richter, nun in Berlin wohnten. Die Liege für Inka stand bestimmt nicht mehr in Susannes Zimmer. Und Susanne hatte vielleicht längst eine andere Freundin und vergessen, dass Inka ihr im Sommer im Schwielowsee das Leben gerettet hatte.

Inka suchte zwischen ihren Pullovern, bis sie das Medaillon fand, das sie dort versteckt hatte. Sie öffnete es und betrachtete im Lichtkegel der Nachttischlampe die beiden winzigen Fotos. Endlich konnte sie weinen. Der Kloß in ihrem Hals löste sich langsam auf.

Die löschte das Licht wieder aus und schaute durch das Fenster ins Dunkle hinaus. Gegen den Himmel hob sich das kahle Geäst des Ahorns ab. Zwischen den Ästen blinkte ein Stern. Ob Maxi den auch sehen konnte?

Es war mittlerweile zwei Uhr morgens geworden. Ab und zu hörte Inka die leisen Schritte der Mutter vor ihrer Tür. Aber sie klopfte nicht mehr an.

»Ich hasse dich«, sagte Inka leise vor sich hin, als sie wieder die Schritte hörte, die sich nun von ihrer Tür entfernten.

Aber dann dachte sie, mit einem Mal unsicher geworden: Stimmt das eigentlich?

Sie hatte der Mutter wehtun wollen, sie verantwortlich gemacht für alles, was ihr seit dem Tag geschehen war, als sich die Eltern allein auf den Weg nach dem Westen machten. Aber war das nicht ungerecht? Was war das überhaupt: Hass?

Das Gefühl, das in ihr vorherrschte, war Schmerz. Verletztsein. Nicht in Erfüllung gegangene Träume mischten sich mit dem Gefühl, im Stich gelassen, nicht gefragt worden zu sein. Aber Hass? Das war etwas anderes. Sie versuchte sich vorzustellen, welche Gefühle man haben musste, um jemanden zu hassen. Manchmal hatte sie vom Hass in Büchern gelesen, zum Beispiel bei all diesen Widerstandskämpfern, die ihre Feinde hassten, so sehr, dass sie bereit waren, sie zu töten.

Nein! So war es nicht, wenn sie an ihre Mutter dachte. Aber sie war verletzt worden. Sie verachtete die Mutter, die sich dafür bezahlen ließ, wenn sie anderen Leuten erzählte, wie es ihr ergangen war. Auch wenn das alles stimmte, was sie betraf. Aber das, was über sie, Inka, in dieser Zeitschrift stand, war eine Gemeinheit, alles als Lüge erdacht. Und sie musste sich jetzt dafür schämen, wenn andere das lasen.

Ihr kam der Brief der Mutter in den Sinn, der in ihrem Tagebuch versteckt gewesen war, bis die Genossen vom Stadtbezirk, von diesem Jugendamt, das Tagebuch aufgebrochen und mitsamt dem Brief an sich genommen hatten. Der Brief war einige Monate in ihrem Besitz gewesen, seit sie durch Tante Margot erfahren hatte, dass ihre Mutter noch lebte.

Und plötzlich dachte Inka: Auch das war Lüge! Lügen denn die Erwachsenen immer? Bis dahin war sie im Glauben gelassen worden, ihre Eltern seien beide bei einem Unfall ums Leben gekommen. Und Frau Nogler verschanzte sich dann hinter dem Satz: »Ich habe meine Verordnungen.« Durften denn Verordnungen bestimmen, dass jemand belogen wurde? Und belogen Erwachsene nur Kinder oder belogen sie einander auch gegenseitig?

Nun versuchte Inka, sich noch einmal die Worte des Briefes ins Gedächtnis zu rufen, den ihr damals die Mutter durch Tante Margot geschickt hatte. Es gelang ihr ganz gut, denn sie hatte den Brief viele Male gelesen:

... Es war eine dunkle Nacht, als wir in die Nähe der Grenzsicherungsanlagen kamen. Dein Vater hatte diese Nacht gewählt, weil uns da kein Mondlicht verraten konnte. Ich hatte

Angst, ganz schreckliche Angst. Mir schlugen die Zähne gegeneinander und die Beine wollten mich nicht mehr tragen.

»Komm, wir müssen weiter, Katja«, sagte dein Vater. Er nahm mich einen Augenblick in die Arme und gab mir einen Kuss. Als ob ich ahnte, dass es der Letzte sein würde, klammerte ich mich an ihn und flehte ihn an umzukehren.

»Dafür ist es jetzt zu spät«, sagte er und wir gingen weiter. Ich hatte nur einen Campingrucksack auf dem Rücken, damit ich besser laufen konnte, falls wir entdeckt würden. Dein Vater trug alle wichtigen Papiere in seinem Gepäck, das viel schwerer war, weil er noch Werkzeuge mitschleppen musste zum Durchtrennen des Stacheldrahts.

Das Unterholz, durch das wir bis zur ausgeholzten Schneise laufen mussten, verfing sich an meinen Hosenbeinen und riss mir die Waden blutig. Als wir einmal stehen blieben, um unseren keuchenden Atem zu beruhigen, sagte ich: »Und wenn doch Minen liegen oder Selbstschussanlagen?«

»Bei den Tschechen doch nicht!«, sagte dein Vater. »Das ist nur in der DDR so.«

Dann tappten wir weiter. Plötzlich lichtete sich das Unterholz und wir sahen vor uns den Stacheldraht. Dahinter war ein breiter Streifen gepflügten Bodens. Eine Furche wie die andere.

Dein Vater hielt mich mit einer Handbewegung zurück. Sprechen durften wir nicht mehr. Jeder Laut musste vermieden werden. Er zeigte mit der Hand nach drüben, und ich wusste, was er meinte: So nah ist die Freiheit.

Dann kroch er mit dem Werkzeug zum Stacheldraht. Ich blieb im schützenden Unterholz mit den Rucksäcken zurück. Mein Herz schlug so laut, dass ich meinte, es müsse zu hören sein. Und doch zuckte ich zusammen, als ich den sirrenden Klang hörte, mit dem der Stacheldraht unter der Drahtschere zersprang. Am liebsten hätte ich mir die Ohren zugehalten. Noch einmal – noch einmal.

Und dann geschah das Entsetzliche, das ich nie im Leben vergessen werde: Grelles Licht aus Taschenlampen traf genau die Stelle, an der dein Vater lag. Er sprang auf und wollte fliehen, verfing sich aber im Stacheldraht. Gleichzeitig riefen die tschechischen Grenzer etwas, was ich nicht verstand.

Dein Vater riss am Stacheldraht – und da kamen sie auch schon, die Schüsse aus der Maschinenpistole. Er fiel auf den Stacheldraht und blieb darin hängen.

Ohne zu überlegen, rannte ich hin, um ihm zu helfen. Als ich mich über ihn beugte, rissen mich die Grenzer zurück.

Dann war die Hölle los. Ich weiß gar nicht, woher die Grenzer so schnell kamen – sie und die Hunde, die immerfort bellten. So viele Menschen waren es, aber keiner half deinem Vater, der im Stacheldraht hing und vor Schmerzen schrie. Sie redeten auf mich ein und fragten mich etwas, was ich nicht verstand. Aber ich bettelte nur immer: »Helfen Sie doch! Er verblutet!«

Dann wurde es plötzlich still. Dein Vater war ohne Besinnung. Einer der Grenzer sagte: »Los jetzt!« Dann schob er mich in der Dunkelheit voran.

Ich riss und zerrte und wollte wieder zurück, aber ich wurde festgehalten und fortgestoßen. So lange ich etwas sehen konnte, drehte ich mich um. Aber ich sah keinen, der deinem Vater half.

Ich wurde wegen Republikflucht angeklagt und vor Gericht gestellt. Erst während der Gerichtsverhandlung erfuhr ich, dass dein Vater an der tschechischen Grenze umkam. Ich denke, er würde noch leben, wenn sie ihn nicht hätten verbluten lassen ...

Inka lauschte den Sätzen nach, die in ihrer Erinnerung auftauchten. Die klangen anders als die, die in dieser Zeitschrift standen. Und nun, da sie die Stimme der Mutter kannte, war es ihr, als spräche sie die Worte, die in dem Brief gestanden hatten.

Wieder tauchte das Wort Hass in Inka auf. Nein, es war nicht gerecht, der Mutter dieses Wort zu sagen. Hass war es nicht, was sie empfand. Vielleicht gab es dieses Gefühl in ihrem Leben noch gar nicht.

Sie musste irgendwann mit der Mutter darüber sprechen. Sicher konnte die das Wort genau erklären, empfand vielleicht so denen gegenüber, die Vater erschossen und sie selbst so lange im Gefängnis festgehalten hatten.

Schon wieder tauchte ein Wort auf, das sie lange beschäftigt hatte. In die Freiheit wollten ihre Eltern. War das nun hier die Freiheit?

Die Worte waren so abstrakt für Inka, so unfassbar, dass sie sich vornahm, auch nach dem Wort Freiheit zu fragen. Irgendwann, nicht gleich. Noch taten diese Worte weh.

Aber Inka riss einen Zettel von ihrem bunten Zettelblock, einen roten Zettel, wie ihr Stift so rot. Darauf schrieb sie: »HASS IST EIN FALSCHES WORT. ENTSCHULDIGE BITTE. INKA«

Den Zettel trug sie ins Badezimmer und klebte ihn mit Klebestreifen an den Spiegel. Dann schlich sie auf Zehenspitzen in ihr Zimmer zurück. Sie war jetzt ruhiger und zufrieden damit, dass sie sich für ihr ungerechtes Wort entschuldigt hatte.

Gegen Morgen schlief sie ein. Erst durch das Weckerklingeln wurde sie wach. Sie wusste, dass die Mutter schon aus dem Haus war, wenn sie aufstand.

Neben ihrem Frühstücksbrot fand sie einen Zettel.

»DANKE!« stand darauf. Nur dieses eine Wort.

Inka fürchtete sich vor dem Grenzübergang, obwohl sie es nicht eingestehen wollte. Sie bemerkte auch, dass die anderen in der Klasse eine Stimmung ergriffen hatte, die verkrampft wirkte. Ein paar waren betont lauter als sonst, andere wieder zu still.

Grit, die bis dahin geschlafen hatte, kramte in ihrer Tasche herum, und Inka fand, dass sie ziemlich nervös war. »Hör endlich auf damit, was suchst du denn eigentlich?«

»Ob die unsere Taschen kontrollieren?«

Inka wusste es nicht. Möglich war es schon.

»Ich habe nämlich einen Brief mit. Den soll ich in Ost-Berlin in den Kasten stecken.«

»Ist da was Besonderes drin?«

»Ich glaube nicht. Er soll nur nicht durch die Kontrollen gehen.«

Inka hatte sich abgewöhnt, darüber empört zu sein, dass manchmal Briefe einfach geöffnet und von fremden Menschen gelesen wurden. Eigentlich war das unfair, so wie fremde Tagebücher lesen, ohne die Erlaubnis dazu zu haben. Zuerst war es ein Schock für sie, als sie von der Mutter erfuhr, dass oftmals Briefe und Pakete kontrolliert werden. Inzwischen hatte sie sich angewöhnt, ihre Briefe so zu schreiben, dass alles harmlos wirkte. Sie schrieb sowieso fast nur an Tutty, und mit ihr hatte sie inzwischen eine Art Code entwickelt, aus dem sie beide herauslesen konnten, was damit gesagt werden sollte. Die gemeinsamen Jahre im Heim boten genügend Möglichkeiten für Umschreibungen. Deshalb freute sich Inka jetzt auch besonders auf das Treffen mit Tutty. Auf diese Weise konnten sie einmal über alles sprechen, ohne erst überlegen zu müssen: Darf man das oder darf man das nicht. Frau Herzog gab letzte Anweisungen vor der Grenze. Auch sie war nervös, ebenso wie die anderen Begleiter der Gruppe. Inka wünschte, der Grenzübergang wäre schon passiert, denn sie konnte sich auf nichts mehr konzentrieren. Dabei mussten sie noch einmal durch die Grenzkontrolle, wenn sie die Transitstrecke nach West-Berlin hinter sich hatten.

»Die leben in West-Berlin wie auf einer Insel«, sagte Grit. »Ich weiß nicht, ob ich da wohnen möchte.«

»Alles Gewohnheit.« Markus, der eine Reihe vor ihnen saß, beugte sich jetzt nach hinten. »Ich habe da einen Onkel wohnen, dem macht das gar nichts aus, jedes Mal durch die DDR zu fahren, wenn er nach Deutschland will.«

Inka schluckte eine Entgegnung hinunter. Wie oft hatte sie schon mit Markus darüber diskutiert! Er war ein prima Junge, ihr Freund sogar, aber dafür hatte er einfach keinen Nerv. Wie viele andere in der Klasse auch. Die Bundesrepublik war für ihn Deutschland, der andere Teil die DDR.

Während dieser Gedanken fuhren sie schon innerhalb des Grenzüberganges. Der Bus hielt und Frau Herzog stieg mit dem Fahrer und den anderen Erwachsenen aus. Alle Schüler aber hatten Anweisung, den Bus ohne Aufforderung nicht zu verlassen.

Auf der bundesdeutschen Seite ging es schnell. Als sie zur DDR-Grenzabfertigung kamen, war alles umständlicher und genauer. Zwei Grenzer kamen in den Bus und sahen sich um. Inka bemerkte auch, dass die Gepäckklappen außen am Bus geöffnet wurden.

Eigentümlicherweise hatten die Gespräche aufgehört. Selbst die, die sonst immer das große Wort führten, waren still geworden. Inka schaute einen Grenzer an, der draußen vor dem Bus stand. Sie konnte sich nur schwer vorstellen, dass er schießen würde, wenn jemand über die Grenze fliehen wolle. Er hatte ein so jungenhaftes und freundliches Gesicht. Inka konnte sich ihn eher in Jeans denken, wie er in eine Diskothek ging und dort nach Pop-Musik tanzte.

Beklommen dachte sie: Dass man Menschen nicht ansehen kann, wozu sie fähig sind!

Endlich ging es weiter. Sie fuhren durch DDR-Gebiet, aber der Bus hielt nicht mehr. An der Grenzkontrolle nach West-

Berlin lief dann alles im gleichen Zeremoniell ab, nur schneller und weniger umständlich.

»Na, nun haben wir es ja erst mal wieder geschafft.« Man merkte Frau Herzog die Erleichterung an, dass alles ohne Zwischenfälle abgelaufen war.

»Komisch«, sagte Grit. »Jetzt sind wir wieder lustig. Vorhin hat sich niemand mehr getraut, was zu sagen.«

Inka gab keine Antwort. Sie spürte auch, wie die Beklommenheit von den anderen wich. Ihr war auch jetzt nicht nach Reden zumute. Sie fuhren in einen Vorort West-Berlins, wo in einer Pension Zimmer für alle vorbestellt waren. Frau Herzog hatte Mühe, sich in dem Durcheinander, das bei der Schlüsselausgabe herrschte, Gehör zu verschaffen. »In einer halben Stunde treffen wir uns vor dem Haus zur Stadtrundfahrt. Pünktlich, das bitte ich mir aus!«

Mit Grit und Tina bezog Inka ein gemeinsames Zimmer. Sie kam sich fast vor wie im Heim, als sie mit Tutty und Angelika zusammen in einem Zimmer wohnte. Trotzdem war sie froh, dass die beiden anderen nicht auf ihre Einsilbigkeit achteten, weil sie alles erst genau untersuchen und ausprobieren mussten. Inka war es auch recht, das einzeln stehende Bett zu bekommen, denn sie hatte plötzlich das Gefühl, sich verkriechen zu müssen. »Wäre ich bloß nicht mitgefahren!« Sie dachte das immer wieder, auch während der Stadtrundfahrt. Nichts lenkte sie davon ab, immer wieder an das zu denken, was vor ihr lag: die morgige Fahrt nach Ost-Berlin und die Begegnung mit Tutty.

Nein! Das war es ja gar nicht. Da mache ich mir doch bloß was vor, dachte Inka. Es ist doch wegen Maxi und Susanne. In der gleichen Stadt schlafen wir, nur durch eine Mauer getrennt. Ich kann sogar nach drüben fahren und ich werde sie trotzdem nicht sehen. Ich will sie auch gar nicht sehen. Nie wieder im Leben.

Erst als sie sich das eingestand, wurde sie ruhiger. Ja, das war ihre Angst. Ihnen so nahe zu sein und sie doch nicht zu sehen. Weil Maxi nicht wollte, weil sie keine Beziehungen nach dem Westen gebrauchen konnte. Weil Inka ihnen schon gleichgültig war.

Von der Stadtrundfahrt bekam Inka durch diese Gedanken nicht viel mit. Auch als sie in einer Gaststätte ein verspätetes Mittagessen einnahmen, blieb Inka einsilbig. Frau Herzog schaute sie prüfend an: »Alles in Ordnung, Inka?«

»Weiß nicht. Da sind so viele Gedanken. Das macht mir alles Angst ...«

»Wenn du reden willst, sag's«, bot die Lehrerin an.

Inka nickte nur. Dann setzte sie doch hinzu: »Später, vielleicht.«

Dann fuhren sie zur Mauer am Brandenburger Tor. Am liebsten wäre Inka zurückgeblieben, aber dann lief sie doch mit. Vor vier Jahren hatte sie schon einmal am Brandenburger Tor gestanden und etwas über die Mauer erklärt bekommen, die Berlin seit dem 13. August 1961 in zwei Hälften teilt. Der kleinere Teil war Ost-Berlin. In der DDR hieß es: Berlin, Hauptstadt der DDR.

Wie hieß doch gleich dieser Lagerleiter aus dem Ferienlager damals? Harald? Sie konnte sich nicht mehr genau an ihn erinnern. Aber an das, was er gesagt hatte, erinnerte sich Inka ganz deutlich: »... Der Klassenfeind hatte vor, unser sozialistisches Land auszubluten. Die besten Spezialisten wurden abgeworben, Menschen, für deren Ausbildung der Staat viel Geld ausgegeben hatte. Und nicht nur das – durch die offene Grenze kamen Spione haufenweise, Agenten wurden hereingeschleust, Schundliteratur kam in Massen herüber ...«

Jetzt stand Inka auf der anderen Seite dieser Grenze. Ob die Menschen drüben auch über sie, über die Mutter, über Frau Herzog und alle anderen Leute so dachten, nur weil sie im

Westen wohnten? Inka konnte sich das nicht vorstellen. Genauso wie sie über das ärgerlich war, was in den Zeitungen oder im Fernsehen manchmal an Unsinn über die DDR gesagt wurde. Jeder sagt nur das, was ihm nützt, dachte sie traurig. Sie gab sich gar keine Mühe hinzuhören, was der Stadtführer über den Mauerbau erzählte, eine Mauer, die in der DDR den Namen »Antifaschistischer Schutzwall« trage, und von den Minenfeldern, die dort »Grenzsicherungsanlagen« hießen.

Inka dachte vielmehr daran, dass ihr damals die Gespräche der Leute, die neben ihr gestanden hatten, Schrecken eingejagt hatten. Zum ersten Mal hatte sie, wenn auch nur geflüstert und durch ängstliches Umhersehen gesichert, von den Leuten Worte gehört wie Schießbefehl, Todesstreifen, Selbstschussanlagen, Bluthunde, Wachtürme. Und dann: »So werden diese Kinder aufgehetzt. Eine Schande ist das!«

Inka tauchte aus diesen Erinnerungsbildern wieder auf. Sie betrachtete die Gesichter ihrer Klassenkameraden, die vieles widerspiegelten, was sie dachten: schönes Gruseln wie in einem Fernsehfilm, aber auch Betroffenheit und bei manchen so etwas wie ohnmächtige Wut. Vor allem Frau Herzog sah so aus, als könnte sie diesen Anblick nicht länger ertragen. Sie ging auch als Erste wieder zurück zum Bus. Inka lief langsam hinterher. Damals war ihr vor dem Brandenburger Tor schlecht geworden. Tutty hatte sie ohne Erlaubnis zu ihrer Mama abgeschleppt, die ja in Berlin wohnte. Von dort waren sie dann am anderen Morgen von Volkspolizisten abgeholt und wieder ins Ferienlager zurückgebracht worden.

Der Gedanke an Tutty und ihren ewig betrunkenen Vater lenkte Inka ab. Nun hatte Tutty auch nur noch ihre Mutter und sie durfte wieder bei ihr leben. Musste nicht mehr im Heim bleiben. Da hatte sich sicher viel ereignet, bevor das erlaubt worden war. Morgen werde ich Tutty viel fragen müssen, dachte Inka.

Wieder im Bus, ging Inka das Gerede der anderen auf die Nerven. Nun hatten sie wieder die große Klappe. Die schauten nach drüben, als wären sie im Zoo vor dem Affenkäfig!

Endlich nach einem Abstecher zum Wannsee und nach dem Abendessen ging es in die Pension zurück. Inka freute sich schon auf die Nacht. Endlich allein sein können mit ihren Gedanken. Aber zuvor lief sie zum Telefonhäuschen, das der Pension schräg gegenüberstand. Sie hatte mehrere Markstücke dabei. Zuerst rief sie die Mutter an. Die war froh zu hören, dass bisher alles reibungslos verlaufen war. Gern hatte sie nicht ihre Zustimmung zu dieser Fahrt gegeben. »Pass gut auf dich auf!«

Inka hängte den Hörer wieder auf. Dabei lächelte sie ein bisschen. Wer hatte hier auf wen aufzupassen? Die Mutter hatte Inkas Hilfe oftmals nötiger als Inka die ihre. Aber es war schön, einfach zu Hause anrufen zu können. Mutters Stimme hören. Und in diesen vier Jahren waren sie noch nie so weit voneinander entfernt gewesen.

Inka zögerte, als sie noch ein Markstück in den Münzenschlitz werfen wollte. Dann tat sie es doch und wählte eine Nummer. Drüben. Im anderen Berlin.

Erst kam nur das Rufzeichen. Es schien Inka ewig zu dauern. Dann Maxis Stimme: »Kirsten!«

Inka meldete sich nicht.

»Hallo, wer ist denn da? Melden Sie sich doch!«

Inka schluckte. Aber sie schwieg.

»Hallo!«, hörte sie nochmals Maxis Stimme. Und dann: »Immer diese Spielchen! Als ob die Leute nichts anderes zu tun haben.«

Irgendjemand in der Wohnung sagte etwas. Inka glaubte, die Stimme des Richters zu erkennen, aber sie konnte nicht verstehen, was er sagte. »Hallo!« Noch einmal Maxis Stimme, ungeduldig, verärgert, fremd geworden. Ja, sehr fremd geworden. Da hängte Inka ein.

Im Herbst 1989 begannen immer mehr Menschen in der DDR für politische und wirtschaftliche Reformen zu demonstrieren. Zunächst wurden sie noch niedergeknüppelt und verhaftet. Aber die Bewegung war nicht mehr aufzuhalten, die Demonstrationszüge wurden immer größer. In einer Mischung aus Zorn und wachsendem Selbstbewusstsein erschallte der Ruf »Wir sind das Volk!«.

Am Abend des 9. November öffneten sich die ersten Grenzübergänge nach Westberlin, und Deutsche aus Ost und West feierten ein Fest, wie in Deutschland noch keines gefeiert worden war.

Waltraud Lewin
Achterbahn

»Ich muss mich auf die Suche nach meiner verlorenen Zeit begeben«, sagt sie. »Muss herausfinden, was war.«

Er seufzt und seine andere Hand kommt über den Tisch und streicht sanft über ihre Wange.

»Ich werde zusehen, dass ich an die Protokolle und die Papiere komme.«

»Wie willst du das denn machen?«

»Hast du vergessen, was da draußen los ist? Alles geht drunter und drüber. Die alten Gesetze gelten nicht mehr.«

»Nein, nichts gilt mehr«, flüstert sie. »Und wir sitzen hier und – was hast du vor?«

»Es ist einfacher, als du denkst«, erwidert er. »Ich bin Journalist. Ich komme an viele Dinge ganz einfach heran. Das ist mein Beruf. Überall meine Nase reinzustecken.« Wieder lächelt er. Das gleiche spöttische Lächeln wie vorhin.

»Journalist! Das ist sehr gut. Leute wie du, die können uns helfen!«, sagt sie lebhaft.

Seine dunklen Augen sehen an ihr vorbei. »Sei ganz sicher, dass ich hilfreich sein werde«, sagt er.

Etwas in seinem Ton missfällt ihr. Und obgleich sich nichts geändert hat an der Atmosphäre, muss sie nun doch widersprechen. »Ich habe mich bisher immer ganz gut um mich allein kümmern können.«

Seine Hand, die bisher auf ihrer lag, rutscht höher, streift den Ärmel ihres Shirts hoch.

»Und dies hier?«

»Das sind meine Schrunden und Striemen. Meine allein«, sagt sie verstockt. »Lass mich bitte machen!«

»Aber was willst du denn machen, Karol!?«

»Die letzten Entlassungen aus den Gefängnissen erfolgten vor ungefähr zehn Tagen, nicht wahr? Selbst wenn wir annehmen, dass sie in all der Zeit, wo ich dort war, unablässig auf mich eingeprügelt hätten – Wo war ich? Das hier auf meinen Armen sieht doch aus, als wenn es von gestern oder vorgestern stammen würde.«

»Kümmere dich nicht jetzt darum. Es gibt Wichtigeres. Verschieb es auf später.« Es klingt wie ein Befehl. Sie versteht ihn nicht. Eben noch hat er sich selbst angeboten, ihr zu helfen.

»Und Kordula? Was ist mit ihr? Hat sie nicht auch diese Striemen?«

Er antwortet nicht. Sieht sie an.

Sie lässt nicht locker.

»Wir müssen dahinter kommen, wie das alles zusammenhängt. Nicht nur, dass wir beide gleich aussehen, sondern dass wir auch die gleichen Verletzungen haben. Wo meine Zeit geblieben ist. Und was mit diesen beiden Bildern ist. Zwei Frauen, die sich ähneln wie ein Ei dem anderen. Und zwei Bilder. Ich muss es wissen!«

»Du brauchst Klarheit, sicher. Aber nicht alles auf einmal.«

Er steht auf, geht um den Tisch herum und zieht sie an sich und sie verbirgt ihr Gesicht in seiner Halsgrube. Die Erinnerung an ihr Beisammensein da drüben auf dem breiten Lager überkommt sie und sie drängt ihren Körper gegen ihn. Seine Finger fahren zwischen Haar und Halsausschnitt, berühren die Haut des Nackens.

»Lass uns nach draußen gehn«, sagt er leise. »Die Menschen feiern. Seit gestern Nacht ist ganz Berlin auf den Beinen. Eine endlose Party diesseits und jenseits der Mauer. Es ist geschafft. Wir haben – ihr habt es geschafft. Meinst du nicht, dass du dazugehörst zu dieser Feier?«

Sie ist eingeschlossen in seinem Geruch. »Ich bin bei dir«, flüstert sie. »Und auf der anderen Seite. Wo soll ich hingehen?«

»Zu den anderen. Zu allen.«

Sie ist weit entfernt davon, ihm zu widerstehen.

Er zieht die Wohnungstür, die gleichzeitig die Küchentür ist, mit einer Hand hinter sich zu – hier hält man offenbar genauso wenig vom Abschließen wie drüben im ehemaligen Vorderhaus.

Arm in Arm gehen sie die vielen Treppen hinunter. Kaum sind sie durch die Haustür und den schmalen Gang zwischen Mauer und Wand hindurch, schlägt ihnen schon der Lärm wie eine Brandung entgegen. Die Gewalt der Emotionen der anderen trifft Karoline so, dass sie die Augen schließen muss.

»Wie fühlst du dich?«, fragt Damian.

Sie lächelt tapfer. »Wie auf der Achterbahn. Hoch und runter. Das ist verrückt.«

Er zieht sie mit sich, in die andere Richtung, zu dem alten offiziellen Übergang. Die Menge um sie herum wird immer dichter und Karoline drückt sich fest an den Mann. »Mir macht das Angst«, murmelt sie. »So viele Menschen und so dicht gedrängt. Wie eingepfercht. Wie damals, als wir zusammen im Dunkeln gingen und die Schneefräsen vor uns auftauchten und die Reihen der Polizei, ohne Gesicht ...«

»Nichts ist wie damals«, sagt er, fast ärgerlich. »Im Gegenteil.« Er stockt, sagt fast verlegen, mit einem Lachen: »Es ist die Freiheit, Karoline. Das, weswegen ihr losgegangen seid. Entschuldige.«

Sie schüttelt den Kopf. »Ich weiß nicht. Es ist im Augenblick nur ein Durcheinander. Nichts Genaues. Ein Chaos. Aber ein fröhliches. Trotzdem habe ich Angst, jemand könnte kommen und alles kaputtmachen. Der Boden schwankt.«

Sie sind jetzt an der Straße. Als würde eine Autofähre entladen, kommt Wagen auf Wagen dort drüben aus der weit geöffneten Mauerlücke, wo man sich noch gestern mühevoll im Slalom seinen Weg durch Straßensperren und Drahtverhaue suchen musste, wenn man denn überhaupt die Möglichkeit hatte hindurchzufahren. All diese Hindernisse sind beiseite geräumt. Stoßstange an Stoßstange rücken die Wagen vor, eingehüllt in die bläulichen Wolken ihrer Abgase, genauso unaufhaltsam wie es die Schneefräsen waren oder die Schützenkette. Was ist mit deinem Kopf, Karol!, redet sie sich zu. Das hier, diese Prozession ist ja das Gegenteil von dem, was sie vor einem Monat erlebt hat! Aber sie kann die Bedrückung nicht abschütteln.

Irgendetwas stimmt nicht.

Den Menschen um sie herum geht es anders. Jedes der Autos wird mit Jubel empfangen. Hände schlagen zur Begrüßung aufs Dach und die Kühlerhaube, Hände strecken sich nach drinnen und werden geschüttelt. Wildfremde umarmen sich und trinken aus gemeinsamen Weinflaschen. Irgendwo steht ein Gettobluster im offenen Fenster und laute Popmusik mischt sich mit den Geräuschen der Viertakter. Ein paar junge Leute tanzen.

Karoline schüttelt den Kopf.

»Was stört dich?«, fragt Damian, immer den Arm um sie.
»Sie singen nicht.«
»Was sollen sie singen? Die Nationalhymne? Die einen kennen die der anderen nicht.« Es klingt ironisch.
»Wir haben immer gesungen. Die Internationale oder Dona nobis pacem. Es müssen ja keine Hymnen sein. Ich sing in einem Kirchenchor mit und Lieder sind für mich ganz wichtig. Ich …«, sie bricht ab. »Was red ich da. Entschuldige. Ich bin nicht gut drauf in dem Gedränge. Bring mich woanders hin.«
»Aber wohin denn?«
»An eine Stelle, wo ich – ja, wo ich einen Überblick habe.«
Er sieht sie von der Seite an.
»Nichts leichter als das.«
Er nimmt sie am Ellenbogen. Seine Kunst, sich einen Weg zu bahnen, bestürzt sie fast. Rücksichtslos und schnell setzt er seine Schultern, seine Arme ein, schiebt dort jemanden mit dem Bein beiseite, verteilt einen kurzen Schlag gegen eine Magengrube – immer gerade so an der Grenze zwischen Rempelei, Spaß und Brutalität. Dirigiert sie durch die Menschen hindurch zu einer Stelle, wo man eine große schöne Malerleiter an die von dieser Seite her bunt besprühte Mauer gelehnt hat. »Rauf auf den Hochsitz!«, kommandiert er.
Sie macht sich von ihm los. »Lass das!«
»Was soll ich lassen? Wolltest du nicht woanders hin?«
»Ja, aber … Du hast mich hier durchlaviert, als wenn es um ein Kommandounternehmen gehen würde! Was soll das?«
Er zuckt die Achseln. »Gelernt ist gelernt«, sagt er scherzhaft. Und beiläufig: »Lass dich nicht von deinen jüngsten Erlebnissen einholen. – Komm. Man kann das Ungetüm nicht bloß in beiden Richtungen übersteigen. Man kann auch auf ihm thronen. Aber wart noch einen Moment. Bleib hier stehen, ja?«
»Wo gehst du hin?« Ihr Herz schlägt bis zum Hals. Was ist

denn? Habe ich Angst, auf einmal allein hier zu sein? Oder vor etwas anderem?

Aber er ist schon weg, verschwunden im Getümmel. Karoline lehnt sich mit dem Rücken an diese Mauer, diesen kalten harten Stein. Die Geräusche um sie herum sind so unwirklich, als wenn sie im Kino sitzen würde.

»So, da bin ich wieder.«

Damian steht vor ihr und schwenkt in der Hand eine entkorkte Rotweinflasche. »An jeder Ecke steht ein Händler«, sagt er mit seinem tiefen, ironischen Lachen. »Die machen heute das große Geschäft. Komm. Wir wollen da oben auf dem Ausguck sitzen, sozusagen mit einem Bein hier und dem anderen drüben, und auf die Zukunft anstoßen.« Er macht eine einladende Geste zu der Leiter.

Sie sind nicht die Einzigen, die da oben sitzen wollen. Stacheldraht und Glasscherben sind teils entfernt, teils von Jutesäcken und Sitzkissen bedeckt. Man macht ihnen bereitwillig Platz. »Aber passt uff, det ihr euch keen Splitter einreißt!«, sagt ein Typ mit Parka und Schnurrbart lachend. Seiner Fahne nach zu urteilen, trinkt er schon länger und Hochprozentigeres als Rotwein.

Damian zieht seine Lederjacke aus und legt sie für Karoline zurecht und sie lässt sich nieder mit gekreuzten Beinen, den Grenzübergang im Auge. Er nimmt den ersten Schluck aus der Flasche, hinter ihr stehend, gießt dann mit einem weiten Schwung einen Schuss Wein hinunter, über die Leute da unten, die lachend zu ihm hochgucken.

»Was machst du?«

»So etwas nannten die alten Römer eine Libation«, sagt er. »Eine Spende an die Götter des Ortes, um sie auch weiterhin gnädig zu stimmen.«

Sie nimmt die Flasche, schüttelt den Kopf. »Hier stimmst du nur die Menschen ungnädig. Rotweinflecke gehn schwer raus.« Dann trinkt sie, trinkt in langen Zügen, fühlt, wie ihr der Wein mit sanftem Feuer durch die Kehle rinnt.

Unten geht der Exodus immer weiter, die Blechkarawane ist auf der anderen Seite genauso unabsehbar wie hier. Überforderte Zöllner lassen sich Ausweise zeigen, winken durch. Neben der Fahrzeugkolonne rechts und links der Strom der Fußgänger, unaufhaltsam, als sei ein Damm gebrochen.

Sie sieht sich um nach Damian, der hinter ihr hockt und ihr die Flasche wieder abnimmt.

»Weißt du, was merkwürdig ist, Damian? Dass sie alle nur in die eine Richtung gehen. Dass es keinen gibt, der von West nach Ost will. Als würden sie immer noch alle auswandern.«

»Das ist sicher nur für den Anfang so. Die Gier herauszukommen ist eben übermächtig. Und ich denke, sie alle gehen auch wieder zurück.«

»Ich hoffe«, sagt sie. Das Durcheinander von Eindrücken, das auf sie einstürzt, und der Wein haben ihre Fähigkeit zu fühlen ertauben lassen. Nur ihn kann sie noch spüren, seine Wärme und sein Wunsch, bei ihr zu sein, liegen wie ein Schutzring um sie, und seine Hand ist wieder an ihrem Hals.

»Aber wie konnte es geschehen? Wie war das möglich?«, fragt sie und sieht verwirrt nach unten.

Der Junge in dem Parka hat ihre Frage gehört. »Na, Mann eh, weil wir det Volk sind«, sagt er und rülpst. Hält sich die Hände vor den Mund. »'schuldigung, ick gloobe, ick muss ...«

Er trollt sich halb fallend die Leiter hinunter.

Karoline und Damian kichern und trinken. »Das ist das Verrückte«, sagt er. »Ich glaube, es war ein Versehen.«

»Ein Versehen?«

»Ich weiß nicht, wie ich es beschreiben soll.« Er verfällt wieder in seinen ironisch gehobenen Stil. »Der alte Popanz, gegen den ihr so beharrlich und sanft gekämpft hattet – keiner konnte ahnen, wie brüchig er schon war, wie am Ende seiner

Kraft. Du und all die anderen in Berlin, in Leipzig und Dresden, die in den Wochen um diesen Jahrestag verhaftet wurden ... Als wärt ihr eine Sprengkraft gewesen im Innern der Gefängnisse. Das Ding, die Republik, zerfiel wie eine tönerne Figur und vieles wird wohl immer ungeklärt bleiben. Zehn Tage nach der großen Jubelfeier ist euer Regierungschef zurückgetreten. Die Geschehnisse rasten. Und je mehr Zugeständnisse die oben machten, umso kraftvoller wurden die Forderungen von unten. Du hast ihn gehört, den Typ da, der zu viel getrunken hat. Wir sind das Volk.«

Karoline sitzt an ihn gelehnt, hält die Rotweinflasche zwischen den Knien. Sie hört ihn und hört ihn nicht. Spricht er von fernen Welten oder von hier und heute?

»Wir haben einfach gewonnen?«, fragt sie ungläubig und nimmt noch einen Zug.

»Man könnte das so sagen«, bemerkt er. »Ihr habt einfach gewonnen.«

»Komisch«, sagt sie nach einer Pause, »dass ich mich so gar nicht als Gewinnerin fühle.«

»Wie fühlst du dich denn, Mädchen?«

»Wie zu Besuch auf dem Mond.«

»Dann willkommen auf dem Mond«, sagt er und küsst sie, beugt sich über sie und küsst sie auf eine fordernde, besitzergreifende Weise. Es schnürt ihr fast die Luft ab, bringt sie nah an einen Zustand der Starre. Fast als würde er sie bedrohen. Sie beginnt sich zu wehren, schiebt ihn zurück. Es ist zu viel auf einmal. Sie lenkt ihn ab.

»Und was war mit dem Versehen?«

Er lacht. »Gestern Abend in einer der Routine-Pressekonferenzen, wie jeden Abend im Fernsehen. Jemand schob dem Sprecher einen Zettel hin, von dem er ablas, dass uneingeschränkte Reisefreiheit herrschen soll ab Mitternacht. Ob er sich vertan hat oder ob es ein Trick war? Jedenfalls standen um Mitternacht Hunderte an den Grenzen und forderten das Versprechen ein …«

Karoline schaudert.

»Was ist dir?«

»Ich weiß nicht. Es sitzt sich nicht gerade warm hier oben. Ein Versehen. Ein Trick. Ist so was möglich?«

»Geschichte läuft nicht immer nach hehren Mustern ab.«

»Ich fühle mich gar nicht gut dabei. Und es macht mich wütend. Sie haben mich grün und blau geschlagen und dann wird alles durch einen Gag entschieden, einen Witz.«

»Du bist beleidigt«, sagt er und es klingt erstaunt.

»Ich finde es beleidigend«, erwidert sie und trinkt noch einmal von dem Wein.

In einer Seitenstraße fährt ein Lieferauto vor, schiebt sich dicht an den Menschenstrom heran. Jemand steigt aufs Dach des Wagens.

»Sieh mal«, sagt Damian und zeigt mit dem Finger. »Vielleicht will jemand eine Rede halten.«

Sie reckt den Hals. »Das sieht anders aus.«

Aus dem Wageninneren werden Kartons verschiedener Größen hochgereicht zu dem, der da oben steht. Und dann beginnt es. Er hält ein Büschel Bananen hoch, erregt die Aufmerksamkeit, man schart sich mit Lachen, Rufen, erhobenen Händen um das Fahrzeug. Der Mann da oben beginnt die Bananen einzeln abzureißen und in die ausgestreckten Hände zu verteilen. Ein Zweiter kommt dazu, nimmt aus einer anderen Kiste kleinere Dinge. Karoline kann es sehen: Es sind Kugelschreiber. Er wirft sie in die Menge, die sich raufend auf die Geschenke stürzt. Die Fröhlichkeit wird zu einem wütenden Gerangel um Beute.

»Mist«, sagt Damian.

»Glasperlen für die Eingeborenen.« Karoline stöhnt leise. »Das fängt nicht gut an, Damian«, murmelt sie.

»Lass uns weg von hier. Du wirst mir hier noch runterfallen – nach dem, was du getrunken hast.«

»Ich sitze hier gut«, sagt sie trotzig und wischt sich übers Gesicht. »Ich bin betrunken, ich spüre nichts und ich habe den Überblick.« Die Flasche ist fast leer.

»Es war wohl ein Fehler, mir dir hierher zu gehen.«

»Es war sehr richtig. Mir ist jetzt auch nach Singen. Dir nicht? Kennst du das Kinderlied? Das musst du doch kennen. Das hat man doch diesseits und jenseits dieses Dings gesungen, auf dem wir gerade hocken.«

Sie beginnt mit der Hand den Takt auf der rissigen Betonkrone der Mauer zu schlagen.

Singt. Sie hat eine schöne laute und tragende Stimme. Eine Stütze des Kirchenchors in der Pfingstgemeinde am Kottikowplatz.

»Auf der Mauer, auf der Lauer sitzt 'ne kleine Wanze. Seht euch mal die Wanze an, wie die Wanze tanzen kann ... Komm, sing mit! Singt alle mit!«

Damian betrachtet sie mit gerunzelter Stirn. Aber ihre verzweifelt überdrehte Lustigkeit wird von denen, die um sie herum sind, positiv missverstanden.

»Super Idee! Los, schunkeln! Und alle!«

Ja, da hocken sie auf der Mauer und singen das Lied von der kleinen Wanze, Arm in Arm und selig.

Damian zieht Karoline hoch. Sie taumelt, hält sich mit Mühe auf den Beinen. Er bugsiert sie vorsichtig zu der Leiter, trägt sie mehr, als er sie stützt. »Wir gehen jetzt zu dir.«

Quellennachweis

Gabriele Beyerlein, Wie ein Falke im Wind. Aus: dies., Wie ein Falke im Wind. C. Dressler Verlag, Hamburg 1993
Irmela Brender, Schön und klug und dann auch noch reich. Aus: Angelika Kutsch (Hrsg.), Schön und klug und dann auch noch reich. C. Dressler Verlag, Hamburg 1985
Willi Fährmann, Das Jahr der Wölfe. Aus: ders., Das Jahr der Wölfe. © 1962 by Arena Verlag GmbH, Würzburg
Lea Fleischmann, Dies ist nicht mein Land. Aus: dies., Dies ist nicht mein Land. © bei der Autorin
Traugott Haberschlacht, Die listige Hildegard oder Der Vater Europas. Aus: ders., Kleine Geschichte(n) von Baden-Württemberg. Konrad Theiss Verlag, Stuttgart 1985
Peter Härtling, Nenn mich Krücke. Aus: ders., Krücke. Beltz & Gelberg, Weinheim 1986
Isolde Heyne, Lauter Lügen. Aus: dies., Treffpunkt Weltzeituhr. © 1984 by Arena Verlag GmbH, Würzburg
Josef Holub, Sohn eines Räubers. Aus: ders., Bonifaz und der Räuber Knapp. Beltz & Gelberg, Weinheim 1996 – *Jungmann Böhm.* Aus: ders., Lausige Zeiten. Beltz & Gelberg, Weinheim 1997
Eckhard Jander, Von Göttern und Gott. Aus: ders., Geschichten zur Geschichte. © Verlag Moritz Diesterweg, Frankfurt am Main 1999
Klaus Kordon, Die oder wir! Aus: ders., 1848 – Die Geschichte von Jette und Frieder. Beltz & Gelberg, Weinheim 1997 – *November 1918.* Aus: ders., Die roten Matrosen oder Ein vergessener Winter. Beltz & Gelberg, Weinheim 1984
Paul Kustermans, Direkt ins Paradies. Aus: ders., Der längste Weg. Aus dem Niederländischen von Siegfried Mrotzek. Anrich Verlag, 1986
Othmar Franz Lang, Hungerweg. Aus: ders., Hungerweg. Erika Klopp Verlag, München 1989
Waltraut Lewin, Achterbahn. Aus: dies., Mauersegler – Ein Haus in Berlin 1989 © by Ravensburger Buchverlag, Ravensburg 1999
Paul Maar, Kartoffelkäferzeiten. Aus: ders., Kartoffelkäferzeiten. Verlag Friedrich Oetinger, Hamburg 1990
Manfred Mai, Wie ein Mann. © beim Autor

Heinrich Mann, Der Untertan (Ein Auszug). Aus: ders., Der Untertan. © S.Fischer Verlag GmbH, Frankfurt am Main 1995
Mirjam Pressler, Malka Mai, 7 Jahre. Aus: dies., Malka Mai. Beltz & Gelberg, Weinheim 2001
Dietlof Reiche, Siegel und Zeichen. Aus: ders., Der Bleisiegelfälscher. Anrich Verlag, Modautal 1977
Hans Peter Richter, Herr Schneider. Aus: ders., Damals war es Friedrich. © Leonore Richter-Stiehl, Mainz
Tilman Röhrig, Erzähl mir vom Frieden. Aus: ders., In dreihundert Jahren vielleicht. © 1984 by Arena Verlag GmbH, Würzburg
Karla Schneider, Endlich kann Filo weinen. Aus: dies., Die abenteuerliche Geschichte der Filomena Findeisen. Beltz & Gelberg, Weinheim 1992
Frieder Stöckle, Peinliche Befragung. Aus: ders., Bis er gesteht. Folter und Rechtsprechung. Arena Verlag, Würzburg 1984. © beim Autor
Wiebke von Thadden, Lesen tut man nur im Winter. Aus: dies., Thomas und die schwarze Kunst. © Carlsen Verlag GmbH, Hamburg 1996
Werner Völker, Die Entscheidungsschlacht. Aus: ders., Ein gewisser Arminius. Anrich Verlag, Modautal 1982
Sven Wernström, Der schwarze Tod. Aus: ders., 1980, Basis Verlag, Berlin 1980
Ursula Wölfel, »Bös!« Aus: dies., Ein Haus für alle. © 1991 by K. Thienemanns Verlag, Stuttgart-Wien